エコロジカル・
マルクス経済学

長島誠一（著）

桜井書店

目　次

はじめに　9

序　章　エコロジーと唯物史観 …………………………… 17
第1節　自然環境破壊による損失 ……………………………… 17
第2節　環境経済学の課題 ……………………………………… 21
第3節　唯物史観の現状と課題 ………………………………… 26
　第1項　教条主義批判　27
　第2項　唯物史観の創造的発展　29

第1章　マルクス経済学の課題 …………………………… 39
第1節　『資本論』の方法と現代的意義 ……………………… 39
第2節　マルクスの歴史観 ……………………………………… 42
第3節　マルクス＝エンゲルスのエコロジー論 ……………… 45
　第1項　自然と人間との物質代謝過程　46
　第2項　富の母としての大地　50
　第3項　資本主義による労働力と土壌の破壊　51
第4節　使用価値・社会的個人・自由時間に立脚する
　　　　社会——マルクスの展望 ……………………………… 52
　第1項　交換価値の世界から使用価値の世界へ　52
　第2項　発展すべき課題——マルクス＝エンゲルスが残した問題　57
　第3項　「維持可能な社会」とエコロジカル社会主義　61

第2章　自然と人間 ………………………………………… 65
　　　　——唯物史観と生態史観——
第1節　自然と労働と文化 ……………………………………… 65
第2節　エコロジカル歴史観 …………………………………… 68
　第1項　環境決定主義と文化決定主義の批判　68
　第2項　「資本＝賃労働」関係と自然　69
第3節　生産力概念と生産関係概念の展開 …………………… 71

第3章　資本主義と生産条件 …………75
—体制による素材の包摂—

第1節　資本主義と環境問題 …………75
- 第1項　資本主義と公害　75
- 第2項　資本主義と環境問題（環境史）　77

第2節　生産条件の再生産——労働力と土地の商品化 …………81
- 第1項　マルクスの告発　81
- 第2項　生産条件の再生産　85

第3節　国家・市民社会と生産条件（環境） …………87

第4節　資本主義と技術——科学＝産業革命 …………93
- 第1項　啓蒙主義（進歩史観）批判　93
- 第2項　資本主義の技術開発　95
- 第3項　技術と労働管理　96
- 第4項　大衆消費社会と技術　97

第4章　資本蓄積の矛盾と環境危機 …………101

第1節　伝統的マルクス主義とエコロジカル・マルクス主義 …………101

第2節　資本蓄積と環境危機 …………104
- 第1項　恐慌の二つの機能　104
- 第2項　資本蓄積と環境危機　106
- 第3項　恐慌と環境危機　107

第3節　不均等発展と複合発展と環境危機 …………109
- 第1項　不均等発展と複合発展　109
- 第2項　不均等発展と汚染　111
- 第3項　複合発展と汚染　113

第5章　エコロジカル社会主義の理論 …………115

第1節　ポスト・マルクス主義批判 …………115

第2節　「旧社会主義」とエコロジー …………117
- 第1項　ソ連社会とエコロジー　117
- 第2項　マルクス＝エンゲルス以降のエコロジー論の停滞　121

第3節　フェミニズムとエコロジーと社会主義 …………123

第4節　新社会運動の理論化……………………………………………125
　第5節　エコロジカル社会主義の理論的基礎…………………………127
　　第1項　「資本の過剰生産」と「資本の過少生産」　128
　　第2項　新しい社会的生産の準備　129
　第6節　「維持可能な資本主義」は可能か……………………………131
　第7節　維持可能な社会……………………………………………………133
　　第1項　現代的貧困の解決方向　135
　　第2項　労働の復権，"Preservation First！"　136
　　第3項　内発的発展論　137
　　第4項　「維持可能な社会」の可能性　138

第6章　エコロジカル社会主義の運動……………………………………141
　第1節　アメリカ合衆国におけるエコロジー運動……………………141
　　第1項　エコロジカル無政府主義とエコロジカル社会主義　141
　　第2項　エコロジー運動の諸潮流　144
　　第3項　レッド・グリーン政治の可能性　148
　第2節　日本における環境運動……………………………………………150
　第3節　資本主義のグローバル化とエコロジカル社会主義の
　　　　　現実性………………………………………………………………153
　　第1項　世界長期停滞のエコロジカル帰結　154
　　第2項　国際環境運動の盛り上がり　156
　　第3項　国際エコロジカル社会主義　159
　第4節　新グローバ経済ともう一つの選択……………………………164
　　第1項　世界蓄積モデルの矛盾　164
　　第2項　利潤原理 vs Preservation First！　166

第7章　社会主義への多様な道……………………………………………171
　第1節　伝統的社会主義とエコロジカル社会主義の比較……………171
　第2節　分配正義から生産正義へ…………………………………………182

補論1　成長の臨界点の可能性……………………………………………185
　　　　―GPI（真の進歩指標）分析を中心として―
　Ⅰ　都留重人のGDP批判とクオリティ・オブ・ライフ（QOL）概念……186

Ⅱ　GDPの幻想 …………………………………………………… 189
　　Ⅲ　基礎的進歩指標 ……………………………………………… 194
　　Ⅳ　進歩指標（GPI）に追加すべき労働 ……………………… 195
　　Ⅴ　退歩指標として控除すべき費用 …………………………… 197
　　Ⅵ　GPIが診断するアメリカ社会の進歩と退歩 …………… 202
　　Ⅶ　GPI分析とエコロジカル社会主義 ……………………… 205

補論2　さまざまな社会主義論 ……………………………………… 211
　　　　　　―独占研究会の記録より―

　　Ⅰ　大谷禎之介「賃労働からアソシエートした労働へ――アソシエート
　　　　した諸個人への生成と発展」（2007年12月15日）…………… 211
　　Ⅱ　小松善雄「資本主義から協同社会主義への移行」
　　　　（2007年11月24日）…………………………………………… 216
　　Ⅲ　村岡到「社会主義経済システムは〈協議経済〉」（2007年10月27日）…… 219
　　Ⅳ　岡本磐男「新しい社会経済システムを求めて」（2006年2月25日）…… 221
　　Ⅴ　小谷崇「現代資本主義論の移行論的解釈――混合経済的資本主義
　　　　から混合経済的社会主義へ」（2003年10月25日）…………… 224

　引用・参照文献　227
　あとがき　233

エコロジカル・マルクス経済学

はじめに

　環境問題と貧困・失業問題は21世紀初頭の世界が直面している最大の課題である。ともに資本主義が生みだした固有の問題であるが，20世紀の四半世紀におよぶグローバル化した世界資本主義の跋扈によって，いっそう激化した。新自由主義イデオロギーのもとで，アメリカの金融資本を先導とする多国籍企業が進めてきたグローバリゼーションは，その矛盾を21世紀型恐慌（世界金融危機と世界同時大不況）と未曾有の環境破壊として爆発させ，その深化と整理（清算）の過程が進行しているのが現時点の世界である。環境破壊と21世紀型恐慌の被害は，南の世界の貧困層に集中的に襲いかかっている。環境破壊と貧困は資本主義システムの内部で解決可能なのか？　それとも資本主義を超えた新しい経済社会システムに向かうべきなのか？

　2009年1月に成立したオバマ政権は，核兵器の廃絶と「グリーン・ニューディール」を打ちだした。戦争そして核汚染の危険性はいぜんとして環境破壊の最たるものであり，核兵器廃絶に向かってさらに進まなければならないが，オバマ政権がグリーン戦略を提起したこと自体は評価すべきである。「グリーン」の表現は21世紀初頭の人類が直面する課題が環境問題であること，「ニューディール」の表現は世界的な失業・貧困問題の解決に直面していることを立証している。はたしてオバマ大統領の公約が，アメリカ資本主義そして世界資本主義体制の枠内で実現できるものなのか否かを，真剣に問い詰めなければならない。

　本書の結論を先取りしていえば，環境破壊と21世紀型恐慌を解決するためには社会主義的計画化の方向に向かわざるをえない，ということになる。しかし旧ソ連を中心とした社会主義は失敗し崩壊した。ソ連型社会主義は中央指令型計画経済であり，未来の社会主義を展望するためには，ソ連型社会主義崩壊の原因を明らかにすることは避けて通れない。本書ではソ連型社会主義を「旧社会主義」と表現し，21世紀の社会主義は環境問題（自然）を基底においた「新しい社会主義」を目標としなければならず，それを「エコロジカル社会主義」

と呼ぶことにする。

　公害や環境問題の研究は星の数ほど公表されてきたし，学際的研究の必要性が叫ばれてきたが，ともすれば環境研究者と社会科学者ないし経済学者は別個に研究し，その間の交流は一部の先駆的研究者を除き少なかった[1]。もちろん経済学者たちも積極的に環境問題を扱ってきた。しかし近代経済学の環境研究は資本制商品経済を前提にしたものであり，環境問題を量的に交換価値（貨幣）に還元して費用損益分析によって解決しようとするものである。それはそれなりの一定の有益性を持っているが，そこでは環境問題の質的側面なり体制的側面が無視されている。自然と人間と社会と思想を全面的に扱わなければ，環境問題の全貌は把握できない。こうした視角に立つとき，マルクス＝エンゲルスが提起した唯物史観（史的唯物論）を無視することはできない。そして，従来のマルクス主義そしてマルクス自身が軽視ないし無視してきた領域をはっきりと認めたうえで，『資本論』と資本主義経済（資本制生産様式）分析に結実しているマルクスの弁証法的唯物論を武器として，環境問題を理論的に分析しなければならない。日本においても，エコロジーを哲学やマルクス主義の立場から論じた先駆的文献は多数存在する[2]。

---

1)　日本において先駆的に政治経済学やマルクス経済学の立場から公害や環境問題に取り組んできた代表的経済学者は，都留重人と宮本憲一たちである。たとえば，都留重人『公害の政治経済学』（岩波書店，1972年），Shigeto Tsuru, *The Political Economy of the Environment: The Case of Japan*, Vancouver: UBC Press, 1999．宮本憲一『環境経済学（新版）』（岩波書店，2007年），宮本憲一『社会資本論』（有斐閣，1967年），宮本憲一『日本社会の可能性』（岩波書店，2000年），宮本憲一『維持可能な社会に向かって』（岩波書店，2006年），清水嘉治『日本の経済政策と公害』（汐文社，1973年），清水嘉治「地球環境の危機に対応する経済学と政策課題―環境経済学の国際的課題」（『商経論集』（神奈川大学）第29巻第2号，1993年12月），などである。都留重人を中心とする公害研究委員会（1963年春に統計研究会のなかに発足）の人たちの先駆的活動については，宮本憲一「都留重人先生と環境研究」（『学際』No. 19），参照。公害研究委員会の成果は，都留重人編著『現代資本主義と公害』（岩波書店，1968年）や季刊の機関誌『公害研究』（岩波書店，1972年創刊）で知ることができる。宮本憲一「地球環境を守るために」（『経済』1996年5月号）は，1「現代の環境問題をどうみるか」，2「現代の環境問題を解決するために」，3「何をどのように学ぶのか」，について経済学を学ぶ人たちにやさしく環境経済学の課題を解説している。Ann-Mari Jansson ed., *Integration of Economy and Ecology: An Outlook for the Eighties*, Proceedings from the Wllenberg Symposia, 1984 は，1980年代における環境経済学を求めての国際シンポジウムの記録である。

本書は，環境問題を唯物史観のなかに取り入れ，唯物史観を創造的に発展させることを目標としており，環境それ自身を直接の対象にはしない。環境（自然）そのものは直接的には自然科学の研究対象であり，筆者にはその知識が決定的に不足している[3]。また公害や環境問題を政治経済学の立場から全面的に論じた成果は，わが国ではたとえば，都留重人『公害の政治経済学』や宮本憲一『環境経済学』として存在している。これらの先学の書物に学びながら，本書は，自然と人間と社会と思想の相互関係と全体構図（唯物史観）のなかで環境問題を理論的に考察しようとする試みである。いいかえれば，厳しい環境破壊に直面している現代資本主義社会を，マルクス＝エンゲルスの作業仮説であった唯物史観の側面から光をあて，そしてその解決の方向はやはり彼らの展望した社会主義・共産主義であることを，明らかにしたい。

　このような問題意識からすれば，マルクスは環境問題を軽視ないし無視していたとのエコロジストたちからの批判に反論し，マルクスとエコロジーを結び

---

[2] たとえば，玉野井芳郎『科学文明の負荷』（論創社，1957年），玉野井芳郎『転換する経済学』（東京大学出版会，1975年），玉野井芳郎『エコノミーとエコロジー』（みすず書房，1978年），玉野井芳郎『市場志向からの脱出』（ミネルヴァ書房，1979年），玉野井芳郎『生命系のエコノミー』（新評論，1982年），関根友彦『経済学の方向転換』（東信堂，1995年），広松渉『生態史観と唯物史観』（講談社，1991年），小松善雄「物質代謝論とエコ社会主義論―物質代謝論の社会経済システム論的射程（上）（中）（下）」（『立教経済学研究』第54巻第3号（2001年1月），第54巻第4号（2001年3月），第55巻第1号（2001年7月）），岩佐茂『環境保護の思想』（旬報社，2007年），岩佐茂編『環境問題と環境思想』（創風社，2008年），尾関周二『環境思想と人間学の革新』（青木書店，2007年），尾関周二『エコフィロソフィーの現在』（大月書店，2001年），島崎隆『エコマルクス主義』（知泉書館，2007年），などがある。高島善哉の「生産力の理論」や「民族・風土論」は直接に環境問題を扱ったものではないが，生産力（使用価値）次元から唯物史観を創造的に発展させようとしたものである。それを紹介・整理したものとして，拙稿「未完の社会科学―高島善哉の遺したものは何か」（『東京経大学会誌』207号，1998年2月），同「生産力と生産関係とイデオロギー」（『東京経大学会誌』227号，2002年1月），がある。

[3] 室田武『エネルギー経済とエコロジー』（晃洋書房，2006年）は，環境問題への環境経済史的なアプローチであるが，初歩的な自然科学の知識が平易に解説もされている。しかし，吉田文和『環境と技術の経済学』（青木書店，1980年）は，「熱力学第二法則（エントロピー増大法則）やエコシステム論（生態系論）を，自然科学の法則として絶対化し，しかも一面化して，さらに社会の運動法則をそれに還元することによっては，自然と社会，そして人間と自然との関係を正しく全面的にとらえることはできないのである。」（87-88頁）と自然科学を絶対視することに警告している。

つけようとするアメリカ合衆国のマルクス主義者たちの最近の研究成果（エコロジカル・マルクス主義やエコロジカル社会主義）から多くを学ばなければならないと考える[4]。ジェームズ・オコーナーは[5]，近著 *Natural Causes*[6] において，エコロジカル社会主義（エコロジカル・マルクス主義）を提起している。書物は三部構成で，自然と人間との相互関係に関するマルクス主義の唯物史観（弁証法的唯物論）の検討（第1部），現代の世界資本主義の自然と社会の統合の諸矛盾の研究（第2部），新社会運動とくに環境・エコロジー運動の理論化（エコロジカル社会主義の提唱）（第3部）が試みられている。オコーナーたちは『資本主義・自然・社会主義（CNS）』に依拠して活動しているが，この雑誌の創刊者であるジョエル・コヴェル『エコ社会主義とは何か』はオコーナーと連携して，資本主義・自然の支配・エコ社会主義を全般的に論じている[7]。ジョン・ベラミー・フォスターの『マルクスのエコロジー』は[8]，『資本論』において唯物論的自然観と唯物論的歴史観が統合されているとの立場から，マ

---

4) なお，島崎隆は，オコーナーは「ソーシャリスト・エコロジー」を提唱するマルクス主義経済学者と分類され，マルクスを「深く読解しようとする」フォスターやバーケットたちをそれと区別して「エコロジー的マルクス主義」（「エコマルクス主義」）と呼んでいる（島崎『エコマルクス主義』17-18頁）。彼らのマルクス解釈とマルクス主義理解は本書で順次紹介し検討したい。なお，オコーナーの新著では，エコロジー論が論文集として集大成されており，かつ「エコロジカル社会主義」が体系的に提起されている。

5) J.オコーナーは，カリフォルニア大学サンタ・クルス校の教授を長く務め，現在は同大学の名誉教授（経済学）である。また，環境問題の Center for Political Ecology の理事を務めている。なお，日本ではオコンナーと訳されているが，アメリカ人が発音するようにオコーナーとする。

6) James O'Connor, *Natural Causes: Essays in Ecological Marxism*, The Guilford Press, 1998. オコーナーはマルクス経済学者であるとともに社会学やエコロロジーの研究者でもある。その著作は多方面にわたり，邦訳されたものとして，財政問題としては J. オコンナー著，池上惇・横尾邦夫訳『現代国家の財政危機』（御茶の水書房，1980年），現代資本主義論として佐々木雅幸・青木郁夫ほか訳『経済危機とアメリカ社会』（御茶の水書房，1988年）がある。現代資本主義の危機論を展開したものとして，James O'Connor, *The Meaning of Crisis*, Basil Blackwell, 1987, がある。拙稿「現代資本主義の経済・社会・イデオロギー危機」（『東京経大学会誌』第149号，1987年1月）はオコーナーの *Accumulation Crisis*, Basil Blackwell, 1984 を，拙稿「オコーナーの危機論」（『東京経大学会誌』第237号，2004年1月）は，*The Meaning of Crisis*, を論じたものである。

7) ジョエル・コヴェル著，戸田清訳『エコ社会主義とは何か』（緑風出版，2009年，原書は2002年初版，2007年第2版）。

ルクス周辺の社会思想と対比しながら初期マルクスを中心としたエコロジー論を詳細に文献的に考証している。ポール・バーケットの *Marx and Nature* は[9]、第1部「自然と史的唯物論」、第2部「自然と資本主義」、第3部「自然と共産主義」から構成されており、マルクスのエコロジー論全体が詳細に検討されている。フォスターは社会思想史・学説史的アプローチであり、バーケットはマルクス学説の文献考証学的アプローチであり、オコーナーは蓄積論・危機論的アプローチ、コヴェルは社会学的・危機論的アプローチであるといえよう。それぞれマルクスのエコロジー論全体を検討しており、マルクス経済学の立場から環境問題を分析しようとする際には必読の文献であろう[10]。

さて、日本のマルクス経済学（経済理論学会といってもよい）はあまり環境問題やフェミニズムなどの新社会運動を取り上げてこなかった。新自由主義の市場原理主義攻勢と旧ソ連の崩壊とを前にして、マルクス経済学は本来の活力

---

8) ジョン・ベラミー・フォスター著、渡辺景子訳『マルクスのエコロジー』（こぶし書房、2004年）。フォスターは *Monthly Review* の編集者として精力的にエコロジカル社会主義論を執筆している。同誌の Jul-August 2008年は「エコロジー」と題する特集号である。同誌の最近のエコロジー論として、以下のような論文がある。John Bellamy Foster and Brett Clark, "Rachel Carson's Ecological Critique", *Monthly Review*, Vol. 59, No. 9, February 2008; Jason W. Moore, "Ecological Crises and the Agrarian Question in World-Historical Perspective", *Monthly Review*, Vol. 60, No. 6, November 2008; John Bellamy Foster, "Ecology and the Transition from Capitalism to Socialism", *Monthly Review*, Vol. 60, No. 6, November 2008; Brett Clark and Richard York, "Rifts and Shifts: Getting to the Roots of Enviromental Crises", *Monthly Review*, Vol. 60, No. 6, November 2008; John Bellamy Foster, Brett Clark and Richard York, "Ecology: The Moment of Truth—An Introduction", *Monthly Review*, Vol. 60, No. 9, July-August 2008; John Bellamy Foster and Brett Clark, "The Paradox of Wealth: Capitalism and Ecological Destruction", *Monthly Review*, Vol. 61, No. 6, November 2009; Samir Amin, "Capitalism and the Ecological Footprint", *Monthly Review*, Vol. 61, No. 6, November 2009; John Bellamy Foster, "The Vulnerable Planet: Fifteen Years Later", *Monthly Review*, Vol. 61, No. 7, December 2009; John Bellamy Foster, "Why Ecological Revolution ?", *Monthly Review*, Vol. 61, No. 8, January 2010; Fred Magdoff and Michael D. Yates, "What Needs to Be Done: Socialist View", *Monthly Review*, Vol. 61, No. 8, January 2010.

9) Paul Burkett, *Marx and Nature: A Red and Green Perspective*, New York: St. Martin's Press, 1999.

10) アンドレ・ゴルツ著、杉村裕史訳『資本主義・社会主義・エコロジー』（新評論、1993年）はソ連崩壊前後のドイツ社会民主党の状況が反映されており、エコロジー論やエコロジカル社会主義論としては未成熟であるが、社会主義の立場からエコロジーを論じた先駆的文献である。

を失いかけていた。しかし良心的な人々は新しい社会主義像を求めて研究や活動をつづけてきたし、今日の環境危機と経済危機に直面してマルクスが再評価されはじめたことは、歓迎すべき傾向である。危機の時代は同時に転換の時代でもある。「自由と平等と博愛」の精神を現実に実現する方向に進むか、それを否定するファシズムの方向に進むかの歴史的選択の時代でもある。現代資本主義が1970年代にスタグフレーションに陥り、ケインズ主義とケインズ経済学が失敗した後に、新自由主義と新古典派経済学が主流派経済学となったが、それがもたらしたものが、今日の貧困・格差拡大と世界金融危機と世界同時大不況であった。新自由主義とケインズ主義の間を振り子のように揺れ動くかぎり、環境破壊と貧困から抜けだすことはできないだろう。いまこそマルクス派が活力を回復し、マルクス経済学そして唯物史観が創造的に展開されることを筆者は願望している。

オコーナーは文献考証を超えて、商品・貨幣・資本蓄積・恐慌・集積と集中などのマルクス『資本論』をベースにしながら、現代の世界的資本蓄積のグローバルな展開の危機として環境危機と経済危機を論じており、また世界的なエコロジーの理論と運動を論じている。こうした問題意識には筆者も全面的に共鳴する。したがって本書は、オコーナーのエコロジカル社会主義論を中心としてエコロジカル・マルクス主義の諸問題を検討するが、筆者自身が構想する経済社会システム論（唯物史観）のなかにこれらの諸問題を位置づけるように再構成した。オコーナーもコヴェルもフォスターもバーケットも、ともに自然と人間と社会（社会体制）という唯物史観の基本的枠組みのなかでエコロジー論を展開している。広い意味での社会システム全体のなかで自然を根源的要素として位置づけようとしている。したがって、生産力概念を拡充（本源的生産、人間の再生産、社会の再生産、文化的生産）し、生産関係視点を自然との関連において労働過程・労働関係・生産関係にまで拡充し[11]、かつ変革視点に立ってあるべき生産関係・人間関係・社会関係（未来の社会主義社会・共産制社会）を構想するなかで、オコーナーたちのエコロジー論を位置づけていきたい。

---

11) 生産力と生産関係とイデオロギーの関係については、前掲の拙稿「生産力と生産関係とイデオロギー」および拙著『経済と社会』（桜井書店、2004年）の第1部、参照。

日本におけるマルクスのエコロジー論の文献考証は遅れているが，都留重人や宮本憲一たちの環境問題への先駆的な政治経済学的アプローチがあり，反公害運動や環境政策の提言と実現において先進的な仕事がなされてきた[12]。宮本憲一の『環境経済学（改訂版）』は，日本における公害や環境問題の理論と運動と政策を総括しており，また，環境問題の国際的運動と理論が整理されており，まさに環境問題を集約した書物である。オコーナーの書物は壮大かつ広くまた野心的でもあるが，論文集であるから論点が絶えず繰り返して論じられているし，そのねらいは環境経済学の確立よりもマルクスを創造的にかつ実践的に発展させ，エコロジカル社会主義を宣言し実践することにある。したがって本書では，筆者自身の問題意識に引きつけてテーマを再構成し，日米の代表的な「環境の政治経済学」者たちの見解を基軸にして，日米の公害・環境問題の理論・運動・政策を比較していくことにもなる。オコーナーのオリジナルな実践的意気込みを知りたい読者には，直接に原書を読まれることが望ましい。

---

[12]　このような先進的書物として，都留重人編『世界の公害地図（上）（下）』（岩波新書，1977年）がある。Shigeto Tsuru, *The Political Economy of the Environment* は，方法論や国際環境問題や運動とともに戦前と戦後の日本の公害が詳細に紹介されている（第1章「方法論的序文」，第2章「歴史分析・戦前」，第3章「歴史分析・戦後1」，第4章「歴史分析・戦後2―主要な公害事件」，第5章「ストックホルム（1972年）からリオ（1992年）」，第6章「汚染コントロールのための基準・補償・アセスメント基準をめぐる進歩と後退」，第7章「薬害その他の汚染」，第8章「環境問題のグローバル化の意味するもの―維持可能な発展」，第9章「新しい生活スタイル思想」）。

序章　エコロジーと唯物史観

　21世紀になり環境破壊はますます地球的規模で生態系を脅かすにいたっている。人類そのもの生物そのものの危機が進行している。「はじめに」で述べたように，環境問題が新ニューディール（「グリーン・ニューディール」）による資本主義システム内部の改革によって解決されるのか[13]，それとも社会主義的な計画化に向かわなければ解決できないのかは，本書の最大テーマでもある。そのための準備として，環境破壊の実態を直視し，経済学が環境問題をどう扱ってきたかを省みて，そして唯物史観理解の現状を反省しておこう。

第1節　自然環境破壊による損失

　「グローバル環境危機」は，世界の経済成長や発展が自然環境に与える影響をめぐる重要な議論の中心的な問題として意識されるようになってきた。しかも，世界金融危機に襲われた世界資本主義は，恐慌からの脱出策としてグリーン産業の創出と投資を提起せざるをえないところまできている。しかし，自然科学者たちは早くから警告してきた。たとえば，1960年代後半に生物学者アシュビー卿（Lord Ashby：イギリス政府の環境汚染に関する常任委員会の議長）は，産業汚染と主要資源の枯渇の波によって，一連の自然システムが崩壊する危機の時

---

13)　「グリーン・ニューディール」の「グリーン」が「新ニューディール」として国家主導で実施されるのか，民間資本（企業）主導で実施されるのかについては，現時点でははっきりしていないことに注意しておこう。アメリカの左翼グリーン派たちが検討した文献として，J. B. Foster and R. W. McChesney, "A New New Deal under Obama?", *Monthly Review*, Vol. 60, No. 9, February 2009; R. Pollin, H. Garret-Peltier, J. Heintz and H. Scharber, *Green Recovery: A Program to Create Good Jobs and Start Building a Low-Carbon Economy*, Political Economy Research Institute（PERI）, University of Massachusetts-Amherst, 2008, がある。ポーリンたちの *Green Recovery* は，オバマ政権の経済戦略作りをしている Center for American Progress と連携して，社会資本を中心とした1000億ドルの投資によって200万人の雇用を創出しようとするプログラムである。佐和隆光『グリーン資本主義』（岩波書店，2009年）は書名が示しているように体制内エコロジー論である。

期を迎えている，と示唆した。1990年にムスタファ・トルバ（Mustafa Tolba：国連環境プログラム事務局長）は，地球温暖化・オゾン層破壊・生物多様性の破壊を自然界への最も重要な脅威とし，「グローバル・ジェノサイト」を警告した。保護生命学の創始者であるマイケル・ソウル（Michael Soule）も，世界の雨林を守るための行動がとられなければ，エコロジカルな天災が起こるだろうと述べた[14]。ジョエル・コヴェルも「破局的なスペクタクル」を警告して，「これらのいくつかは束になって，恐ろしい破局的なスペクタクルをもたらす。それらは歴史に属しており，危機の進化を特徴づける。本書の初版の刊行以来，私たちは国際赤十字・赤新月連盟の総裁が『超破局をもたらす破壊の連鎖反応』の到来について警告するのを見てきた」[15]と警告している。しかもその帰結を予想することは不可能であるとして，「エコロジー危機の帰結を予測することは，二重に不可能である。何よりもそれが数え切れないほどの広大な生態系プロセスの非線形でカオス的な相互作用に依存しているからである。」[16]という。

　環境破壊を警告する文献は星の数以上にあるといわれるが，ここでは，環境破壊とそれによる損失額を貨幣で測定している資料を紹介しておこう。アメリカの民間のシンクタンク Redefining Progress 社は，GDP 概念を批判して GPI（Genuine Progress Indicator：真の進歩指標）を測定する一環として，環境破壊による損失額を計算している[17]。なお，GPI は，進歩指標として追加すべき価値として，家事・育児労働，高等教育，ボランティア労働，耐久消費財のサービス，

---

14) James O'Connor, *Natural Causes*, p. 135. グローバル化した環境危機については，盛田恒幸・天野明弘編『地球環境問題とグローバル・コミュニティ』（『岩波講座 環境経済・政策学』第6巻，岩波書店，2002年）。日本における環境破壊・防止策・国際的協力については，OECD の審査報告が包括的にレポートしている。OECD 編集，環境庁地球環境部企画課＋外務省経済局国際機関第二課監訳『OECD レポート 日本の環境政策 成果と課題（1994年版）』（中央法規，1994年），および，OECD 編集，環境省・総合開発政策局環境計画課監訳『OECD レポート 日本の環境政策 成果と課題（新版）』（中央法規，2002年）。

15) ジョエル・コヴェル『エコ社会主義とは何か』47頁。

16) 同上書，56頁。

17) John Talberth, Clifford Cobb and Noah Slattery, *The Genuine Progress Indicator 2006: A Tool for Sustainable Development*, Redefining Progress, インターネット版，http://www.progress.org/publications/2007/GPI%202006.pdf（2008年11月16日付）。GPI 分析全体については，補論1，参照。

ハイウェーと道路のサービス、を取り上げている。逆に退歩指標として控除すべき費用として、犯罪の費用、余暇時間の喪失、過少雇用の費用、耐久消費財購入、通勤費用、家庭用汚染防止費用、自動車事故なども計上しているが、ここでは自然環境の破壊のみを紹介しておく。詳しくは補論1で紹介する。2004年における損失額は以下のようになる。ただしこの額はアメリカ合衆国のみの計算であるから、地球全体の環境破壊による影響はこの数倍になるであろう。仮に、環境破壊がGDPの大きさに比例するとすれば、アメリカのGDPシェアは約20%であるから、世界全体の損失額はその5倍となるだろう。

(1) **水汚染**　水資源の質の悪化、川・湖・海などへの沈澱物による被害、土地浸食による被害は1197.2億ドル。

(2) **大気汚染**　農作物収穫への影響、塗装・金属・合成ゴムへの物質的打撃、土壌から生産される生産物のクリーニング費用、酸性雨の影響、都市の自然景観の喪失、身体への影響などを総合的に測定すると400.5億ドルとなる。

(3) **騒音**　WHO (World Health Organization) の計算を基準に計算すると、182.1億ドルとなる。

(4) **湿地喪失**　湿地は生物への重要な生息環境を提供している。湿地喪失の効果は累積するから、喪失した面積全体から損失を計算すると532.6億ドルとなる。

(5) **農地喪失**　農業の破壊は、維持可能な食糧供給という根源的サービスを奪うばかりではなく、景観的・美的・歴史的価値、洪水による被害、水質悪化、生物の生息環境の破壊などをもたらす。湿地と同様に農地喪失の影響は累積するから、喪失した農地全体から計算される。さらに、土壌浸食、土壌の凝固による損失を加えると、2638.6億ドルとなる。

(6) **原生林喪失**　森林には、洪水予防、空気と水の浄化、生物の生息環境の提供、景観・レクリエーション・健康の維持というような環境保全機能がある。原生林だけの累積喪失面積のみで計算し、さらに地盤低下、山崩れ、生息環境の破壊、道路建設による打撃も加えると506.4億ドルとなる。

(7) **再生不能エネルギー資源の損耗**　こうした資源は次世代へのコストとなる。その費用は、再生可能エネルギーに換算して計算される。再生不能エネルギーを石油に換算し、石油をバイオマス燃料によって補塡するとすれば、その

費用は1兆7612.7億ドルとなる。環境破壊の最大項目でもある。

　(8)**二酸化炭素排出**　地球温暖化の元凶であり，それによってハリケーン・洪水・旱魃などの影響が出てくる。二酸化炭素1トンによる損失が89.57ドルと発見されたので，アメリカの排出能力を大雑把に40億トンと見積もると，1兆1828.2億ドルとなる。環境破壊の第2番目の項目となる。

　(9)**オゾン層破壊**　フロンガスの年間排出量が劇的に低下したとしても，オゾン層破壊への累積的影響は続いていく。アメリカの排出量から計算すると，4789.2億ドルとなる。

　以上の自然環境の破壊による損失の合計は3兆9687.5億ドルとなり，アメリカのGDPを仮に10兆ドルとすれば，その約4割が喪失していることになる。彼らはGPI全体の計測結果を次のように総括している。

　　貨幣を毎年より多くの財・サービスに多く支出すれば，健全な経済とうまくいっている社会のサインとみなされる。GDPが絶えず増加し1人当たり個人消費支出が1950年以降3倍以上になったという事実は，アメリカは繁栄したことを意味するだろう。……しかしGPI計算は，1人当たり財・サービスの個人消費が増加し続けたが，平均時間当たり賃金は低下し，個人債務は増加し，個人貯蓄が低下し，われわれの家庭での時間や建設的に市民活動に参加する時間や自己向上を追求する時間が質的に侵害されたことを示している。……GPI計算での非市場時間の比重低下は，われわれの豊かさは増加しているかもしれないが，われわれの個人的・集団的幸福が脅かされているということを示す憂うべき傾向でもある[18]。

---

18)　*ibid*., p. 20. The group "Redefining Progress" の計測については，その測定方法については議論がありうるが，資源枯渇・環境破壊・家計セクター・不平等・社会的コストに価値をつけようとする重要な努力である，と高く評価されている (Marc Breslow, "Is the U.S. Making Progress?", *Dollars and Sense*, March/April 1996)。同じようなGPI計測は日本でも試みられている。それによると，1955年から2000年にかけて1人当たりGDPは成長しているが，GPIの成長は緩やかであり，1990年代には停滞的であり，経済は成長したが生活はそれほど良くなっていないでむしろ暮らしにくいという生活実感を証明している（中野桂・吉川英治「Genuine Progress Indicator とその可能性」，『彦根論叢』第357号，2007年1月）。また，全国都道府県のGPI／県内総生産比率を見ると，東京都は低く，「生活の質」が低いという結果になっている（滋賀県『GPIによる滋賀県の計測可能性等に関する調査研究』2005年）。

第2節　環境経済学の課題

このような環境破壊に対して経済学はどう取り組んできたのか[19]。そもそも環境とは，人間活動の基礎であり，コモンズである。宮本憲一によれば，

> 環境は人類の生存・生活の基礎条件であって，人類共同の財産である。環境はコモンズといわれるように，人間の共同社会的条件である。／現代社会では，環境はその一部が私有あるいは占有されているが，その本来の性格からいって，公共の利益のために公共機関に信託され，維持管理されるべきものであって，公共信託財産である[20]。

人間は自然を改造し環境をつくってきたのであるから，環境は自然そのもの（本源的自然）ではない。しかし経済財とも違う。宮本はまず素材面から環境を性格づけている。すなわち，資源は経済活動の内部で経済的財として利用されているのにたいし，環境は直接には経済的財ではなく，河川や湖の景観のような人間活動の基礎条件である。素材面からみた環境は，共同性があり本来は私人が私有し排除できるものではないし，人間がつくってきた歴史的ストックであり，自然に基礎をおく「風土」に規制される地域固有財でもある[21]。このように環境は本来商品経済化できないものであるが，商品経済のなかで浪費され破壊されてきた。だから環境を保全するためには公共機関に信託せざるをえない。J. L. サックス『環境の保護』のように環境を公共信託財産とすべきだという考えが登場してくるのは必然である。しかし，公共機関が市民の信託に応えられなかったのは，公共機関が支配階級の共同機関でもあったからである[22]。

そもそも経済学の歴史において環境問題はどのように扱われてきたか。宮本

---

19) さまざまな経済学諸派による環境分析については，岡敏弘『環境経済学』（岩波書店，2006年），吉田文和『環境と技術の経済学』（青木書店，1980年），宮本憲一『環境経済学（新版）』（岩波書店，2007年），ハーマン・E・デイリー著，新田功・蔵本忍・大森正之訳『持続可能な発展の経済学』（みすず書房，2005年），佐和隆光・植田和弘編『環境の経済理論』（『岩波講座 環境経済・政策学』第1巻，岩波書店，2002年），などを参照。
20) 宮本憲一『環境経済学』79頁。
21) 同上書，81-82頁。
22) 同上書，82-85頁。

の要約を紹介しておこう。

　　環境問題は近代の経済学の創世記の17世紀中葉に，W. ペティや J. グラントの手でとりあげられている。それらは当時，ロンドンの大気汚染が深刻で，J. イーブンなどの提案で大気汚染防止が議会で論争になっていたからであった。しかし近代経済学がスミス以降，資本主義的商品経済論として精密化するにつれて，環境問題は都市や国家と同じように市場経済の外部性として，その対象領域からはずされてしまった。／産業革命期以降の深刻な公害や都市問題は，後述するマルクス゠エンゲルスのような社会主義の経済学をのぞけば，経済の外側の公衆衛生行政の対象としてとりあげられるだけで，それは政治経済学の問題として認識されなかった。J. S. ミルや A. マーシャルはこれらを外部不経済としてとりあげ，A. C. ピグーは社会的費用と考えたが，いずれも一時的あるいは例外的な摩擦現象と考え，補助金，課徴金や租税などの政府の対策によって解決するものと考えていた[23]。

　しかし産業革命以降の環境破壊により，環境を経済学体系の内部に入れなければならなくなった。いち早く公害問題を経済学の対象としたのは K. W. カップ『私的企業と社会的費用』であり，カップは費用便益分析によって社会的費用を内部化した社会的価値論を提起した。宮本はカップの功績を次のように総括している。

　　したがって，今までの経済学が安易に公害などを例外視して汚染者からチャージを徴収する一方，社会的便益のある私学教育などに補助金を流せば解決するとして理論を構成したことに対して，カップは痛烈な批判をした。また公害などを古典派経済学以来外部性として議論の外に放置したことを経済学の破産と考えたのである。カップの著作は，1950年代のアメリカ資本主義を主たる例証として，公害のような社会的損失が明らかに私企業の生産活動の結果であり，資本主義体制の矛盾の必然的な現れであることを明らかにしている。また古典派以来の経済学が，社会的費用や社会的便益の存在を部分的に気づきながらも市場原理の解明に走って体制的な矛

---

23)　同上書，41-42頁。

盾に目をつぶったことを白日のもとにさらして，新しい政治経済学の道を示したという点では，20世紀の経済学の中では古典になりうるものと言ってよいだろう[24]。

　未来資源研究所は，環境を資源とする素材論的経済学を展開したが，1970年代になると体系的な環境経済学として都留重人『公害の政治経済学』と新古典派のE. S. ミルズ *The Economics of Enviromental Quality* が誕生した。ミルズは，費用便益分析（余剰＝便益－費用）と物質収支論（排出物＝環境から取り出した物質－資本蓄積（ストック））によって，より多くの汚染をださずに資源を最適配分するための政府計画を理論化しようとした[25]。宮本はミルズの理論を次のように要約している。

　経済活動が環境という外部から資源を引き出して，排出物によって汚染する行為は，「市場の失敗」によるもので，社会的効率を引き下げ資源配分を不適正にする「社会的費用」である。汚染物を防除・削減あるいは環境の質を保全することは私人では不可能であって，行政の介入＝「公共的介入」がなければならない。公共的介入が社会的効率を最大にし，資源配分を適正にするという条件で，企業の利潤や消費者の効用の最大を維持して，かつ，公的支出を最小限にして進めるには，「費用便益分析」による選択が行われなければならない。政策手段としては，直接規制よりは，「経済的手段」（補助金，課徴金，環境税，排出権取引など）が有効である[26]。

　このように環境保全は公共機関の政策に大きく依存している。ところが新自由主義・新保守主義が支配的となることによって，環境政策は後退してきた。

---

24) 同上書，137-138頁。寺西俊一「公害・環境問題研究への一視角―いわゆる社会的費用論の批判と再構成をめぐって」（『一橋論叢』第90巻第4号，October 1983）と同「『社会的損失』問題と社会的費用論」（『一橋論叢』第91巻第5号，May 1984）は，カップと宮本の社会的費用論と社会的損失論を検討し，新たに社会的出費（Social Expense）論を展開している。水岡不二雄「社会資本論の基本性格」（『経済学研究』（一橋大学）30，1989年5月）は，社会資本を政治経済学，そして国家独占資本主義論のなかに位置づけようとする作業をしている。明石博行「社会資本および公共財の理論分析」（『一橋論叢』第98巻第2号，August 1987）と同「社会資本分析の基礎視角」（『経済地理学年報』第33巻第3号，1987年）は，政治経済学体系のなかに社会資本論を取り入れる構想を展開している。

25) 宮本憲一『環境経済学』43-49頁。

26) 同上書，49頁。

宮本は新自由主義を次のように定義する。

　新自由主義というのは，スタグフレーションによる経済危機の原因を福祉国家とその赤字財政に求め，①民営化（民間企業の経済活動，特に国公有財産の民間への払い下げ），②規制緩和（民間企業の経済活動，特に国土開発・都市計画・環境政策の規制の緩和），③「小さな政府」（社会サービスの削減，公共サービスの民間委託，税制改革による行財政改革）と，④分権化を伴う新中央集権化を行って，民間企業の活力の回復によって経済再生を図ろうというものである[27]。

　新自由主義の経済学的支柱は新古典派経済学である。この経済学は，経済・社会・環境という三位一体のなかで，経済の持続的成長があれば環境破壊や貧困は解決できると考えている。これが世界銀行の戦略にもなり「公害輸出」となる。この成長戦略を真っ向から批判しているのがデイリー『持続可能な発展の経済学』である。デイリーはマクロ経済学には最適規模論がないと批判し，成長経済は生物物理学的な限界と倫理社会的な限界を持っているという。生物物理学的な限界とは，

　　成長に対する生物物理学的な限界は，三つの相互に関連した条件，すなわち，有限性，エントロピー，生態学的相互依存性から生じる。経済はその物理的次元において，われわれの有限で閉じた生態系—低エントロピーの原料の供給源であるとともに高エントロピーの廃棄物の受け取り手でもある生態系—の中の開かれた下位システムの一つだ。経済という下位システムの成長は以下のことのために制限されている。すなわち，宿主である生態系の大きさが一定であることのために，経済が低エントロピーの投入の源泉として，かつ高エントロピーの廃棄物の廃棄場として生態系に依存していることのために，また，経済という下位システム（スループット）の規模が生態系全体よりも成長すると簡単に崩壊してしまう複雑な生態学的関係のために。さらに，これらの三つの基本的な制約は相互作用している[28]。

---

27)　同上書，10頁。
28)　ハーマン・E・デイリー『持続可能な発展の経済学』45-46頁。

倫理社会的な限界としてデイリーは四つの命題を提起している。(1)地質学的資本の減少によってまかなわれる成長の望ましさは，将来世代に課される費用によって制限される。(2)生息地を奪うことによってまかなわれる成長の望ましさは，感覚が繊細で人間に近い動物種—その生息地が消滅してしまう動物種—の絶滅ないし個体数の減少によって制限される。(3)総量の成長の望ましさは，それが福祉に及ぼす自己相殺的な効果によって制限される。(4)総量の成長の望ましさは，道徳基準をむしばむような影響—利己心や科学技術的世界観の賛美といった，成長を促進する態度そのものから生じた影響—によって制限される[29]。「維持可能な発展」や「維持可能な社会」については，第5章第7節第4項で考察しよう。

宮本は，近代経済学の環境経済論の限界を次のように総括し，「広義の経済学」を提唱している。

> ……，近代経済学の環境経済論は基本的には体制論や制度論を欠いた機能論となっている。現実は体制論をふくめて次のように分析しうる。現代資本主義の環境問題の原因は商品経済一般の「市場の失敗」からみるのでなく，資本制蓄積にもとづく環境対策の欠如による「社会的損失」としてみなければならない。とりわけ今日では，巨大な独占体の出現によって，環境を独占的に利用し汚染すること，集積利益をもとめて資本の特定地域への集中と集積が進む一方で，汚染のような集積不利益を住民が一方的に負担させられているという「独占」と「集積」の理論がなければならない。社会的損失（社会的費用）の負担問題では，所得分配問題や公平の問題がぬけてしまっている。……つまり「資本制蓄積にともなう貧困」の視点が被害論になければならない。さらに公共的介入は自動的にかつ被害者の立場にたっておこなわれるのでない[30]。

このように，環境問題を資本主義そして現代資本主義の蓄積と集積・集中運動と関連づけて考察しようとする視点は，オコーナーのエコロジカル社会主義論，そして本書の視点と一致している。

---

29) 同上書，49-52頁。
30) 宮本憲一『環境経済学』49-50頁。

> 現代では環境は経済体制や経済構造に規定されて変化し，環境問題の発生原因と態様，そして環境政策の創造・前進・後退は政治経済に規定される。／……新しい経済学の体系がつくられねばならぬのである。これとともに，環境と経済の関係は，人間の権利（所有権，生存権，社会権），民主主義（基本的人権を守る政治思想と制度），文化水準（言論・思想・出版・結社の自由，教育・研究の自立）や管理能力（企業，協同組合のような地域組織，自治体，国家，国際組織などを自主自営かつ他組織と協同できる能力）などの「上部構造」に規定される[31]。

こうした意味における環境を対象とする経済学を宮本は環境経済学と定義し，それは政治経済学であるとともに，体制を超えた歴史貫通的側面をもつので「広義の経済学」でもあるという。そして宮本は実践的な環境経済学の課題を次のように設定している。

> むしろ住民の世論や運動が弱まれば，……いつでも公害対策は後退する。そのような意味では，物質収支論や費用便益分析によって政策を選択し，手段としては市場経済に乗せて課徴金などをとるという政策的手段だけでは不十分である。被害者の実態とその原因を政治経済学的に解明して救済制度を考え，生産過程で使用され，あるいは製品の中に含まれる有害物質を「公開」させ，「土地の私有権の規制や企業の民主的管理」（たとえば経営陣の中に地域住民が入る），あるいは政府や自治体の公害行政の「住民参加」など体制の深部にメスがとどくような政策や制度を検討するのが環境経済学の課題といってよい[32]。

第3節　唯物史観の現状と課題

本書は，環境問題を唯物史観のなかに正しく位置づけ，唯物史観を豊富化することも意図している。したがって21世紀初頭の思想界における唯物史観の評

---

[31] 同上書，42頁．
[32] 同上書，50頁。エコロジーを基底とした「広義の経済学」を先駆的に展開していたのは玉野井芳郎である。関根友彦の『経済学の方向転換』は，マルクス・ポランニー・宇野弘蔵・玉野井芳郎を検討しながら，「広義の経済学」を論じている。

価の現状と，筆者が構想するその発展の方向性を示しておこう。

第1項　教条主義批判

　新自由主義攻勢と旧社会主義の崩壊によって，ソ連＝社会主義＝マルクス主義＝エンゲルス＝マルクスといったおよそ学問的ではないイコール主義によって，急速にマルクス離れが進行し，ポスト・モダン，ポスト・マルクスに欧米の思想界は流れていった。世界資本主義の危機の爆発と環境危機のグローバル化によって新自由主義と新古典派経済学が行き詰まりをみせてきたことによって，こうした潮流は急速に冷え込んできた。アメリカ合衆国のさまざまな資本主義イデオロギーとの戦いのなかで，マルクス主義の正統性の主張とその創造的発展を試みてきたJ. オコーナーの現状認識を紹介しよう。

　急速なマルクス離れと教条主義的マルクス主義者たちの沈黙を嘆いて，オコーナーは1990年代末に次のように批判した。マルクスはパリ・コミューンを絶賛したが[33]，その評価をめぐって第1インターナショナルは分裂していった。しかし現代では，フランス革命200年記念 (1989年) はマルクス主義に死亡宣告した。マルクス主義者と自認していたソ連・東欧の党官僚たちが，マルクス＝エンゲルスの世界史的学説を休眠状態にしていることは驚くべきことである。こうしたかつての教条主義的マルクス主義者たちの態度は，カソリックの告別式を司祭しているローマ教皇や，「市場システム」は害が多いとして産業の国有化を議会に説明しているグリーン・スパンと同じようなものだ，と皮肉っている[34]。たしかに教条主義的マルクス主義（スターリン主義）[35]は死亡宣告されても仕方がない。「プロレタリア革命」を成功させたロシアや中国では農民人口が圧倒的に多く（その唯一の例外はキューバ革命），労働者階級は未成熟であった。そしてオコーナーは，レーニン主義もスターリン主義も毛沢東主義も歴史の唯物論的概念やマルクス＝エンゲルスの規範的思想とは縁もないと断

---

33)　カール・マルクス著，村田陽一訳「フランスにおける内乱」『マルクス・エンゲルス全集』第17巻，所収。
34)　James O'Connor, *op. cit.*, p. 29.
35)　スターリン主義は，マルクスの社会構成体論を機械的な発展段階説に改悪し，自然と社会と思想の総体のなかに人間の存在と活動を位置づけるべきところを，一義的に経済が上部を規定するとする経済決定主義に陥っている。

じている[36]。ソ連社会は「ゆりかごから墓場までの極端に権威主義的な福祉国家」であり，労働者階級は権力を獲得することはなく介護されただけであるからである。だから冷戦体制において，ソ連は合法性も行政的な合理性もなく，商品の分配にも失敗したがゆえに，自己崩壊せざるをえなかった[37]。このようにオコーナーは，ソ連社会では労働者が主体となることができなかったことが，崩壊の最大要因であるとしている。

　他方では，教条主義的マルクス主義に対抗して西欧のマルクス主義知識人たちは，階級と国家，疎外，物象化，物神性などを精力的に研究してきた。たとえばルカーチは，アドルノ，ホルケイマー，マルクーゼなどの批判的理論家たちの洞察が資本制社会において物質化してきたことを発見した。彼らの物象化された社会と国家の批判はマルクスの商品・資本物神批判の継承であり[38]，1960年代のアルチュセールや1980年代の「分析的マルクス主義」は，後期資本主義[39]が人々に瞑想的で受身な態度を強制してきたという批判的理論家たちの主要命題の一つを多かれ少なかれ証明した，とオコーナーは評価する。今日，マルクス主義は古い帽子だとみなすポスト・モダンやポスト構造主義の思考スタイルが氾濫しているが，マルクスへの関心の高まりとともに彼らはショックを受けている[40]。

　こうした思想状況を生みだした一つの理由は，マルクスやエンゲルスは唯物論の方法（歴史の唯物論的概念）を体系的に提供していないことにある。彼ら

---

36) マルクスの社会主義（共産主義の第一段階）の概念や思想からみれば，オコーナーの批判は正しい。しかし筆者は，ロシア革命や中国革命はそれぞれの歴史的・民族的状況における実践的な対応だったと考える。

37) James O'Connor, *op. cit*., pp. 29-30. オコーナーの旧社会主義論は，エコロジーとの関連において第5章第2節第1項において紹介する。

38) オコーナーとは反対に J.フォスターは，グラムシやルカーチはブハーリンの史的唯物論の強み（唯物論的歴史観と唯物論的自然観の結合）を認知できなかったと批判している（第5章第2節第2項，参照）。

39) オコーナーは現代資本主義を，E.マンデルの規定を踏襲して，後期資本主義と規定している。国家が全面的に資本主義を組織化しようとしている点を強調するのは理解できるが，この規定では独占資本主義論が脱落してしまう。筆者は現代資本主義を国家独占資本主義と規定してきた。

40) James O'Connor, *op. cit*., p. 30.

が方法論を体系化せず，唯物史観を仮説としておいたのにはいろいろな理由が考えられるが，オコーナーはロナルド・ミークと同じく，彼らの時代には主要な思考を証明したり否定したりする資料が利用できなかったことに求めている[41]。

唯物史観は歴史をどう解釈するか。オコーナーは次のようにいう。その研究対象は，歴史の連続性と変化の転換であり，歴史的連続性を変化のなかにおいて研究すると同時に，変化と転換を連続性のなかにおいて研究する。いいかえれば，正常な時期がいかにしてかつ何故に社会的・政治的危機や崩壊への潜在力を内包しているか，あるいは危機の時期が正常と連続への潜在力を内包しているのか，という問題である。こうした両面性は唯物史観に弁証法的性格を与える。マルクスが否定したものは，人類は「真実」とか「正義」とかの普遍的な倫理的目標を求めてきたという歴史観である。しかし，思想は生きる動機を与え，社会的存在は意義づけられなければならないから，歴史上の指導者たちは，思想の実現者であるかのように振る舞ってきただけである，という[42]。

第2項　唯物史観の創造的発展

筆者は，第1項でのオコーナーの唯物史観の現状についての認識にほとんど賛成である。本項で筆者の考えをあらかじめ述べておこう[43]。

唯物史観の創造的発展を　現代資本主義の危機の一つは，システム全体を統合する機能が衰えてきたことにある（システム統合の危機）[44]。その解決の方向性を考えるためにも，システム全体を考察しなければならない。いいかえれば，経済学の土俵だけで考えるのではきわめて不十分であり，主体としての人間が働きかけ作り運営するとともに，それに支配されている社会システム全体を考察しなければならない。こうした構想は，そもそもマルクスやエンゲルスの唯物史観（弁証法的唯物論）[45]の原点であると考える。しかも21世紀初頭の

---

41) *ibid.*, pp. 30-31. 筆者もマルクス＝エンゲルスの唯物史観は作業仮説だったと考えてきたが，その弁証法的唯物論の方法は『資本論』に結実しているし，そこでの資本主義分析（批判）を現代に活かさなければならない。

42) *ibid.*, p. 31.

43) 本項は，経済理論学会第56回大会（九州大学）の『報告集』に掲載したものに修正・加筆したものである。

世界が直面する危機は,全人類的な危機になっている。核汚染の危機,グローバル化した環境破壊(地球温暖化,オゾン層の破壊)などをみても,階級共倒れ的な危機であり[46],人類の生命と存続は階級概念よりも上位の概念であることを忘れてはならない。こうした現代的な危機はマルクスやエンゲルスでさえも十分に予測できなかった事態であり,その解決方向を見いだすためには彼らの唯物史観を創造的に発展させておかなければならない。本項では,高島善哉[47]が提起していた生産力と生産関係とイデオロギーの立体的関係の検討をとおして,こうした創造的発展の方向性を探っておこう。

---

44) 社会システム全体から危機を考察した文献は少ないが,本書で本格的に検討するオコーナーは,1980年代において,社会学の分野で研究されてきた社会解体論やアイデンティティ・クライシス論を取り入れて,現代アメリカの危機を経済危機・社会危機・人間危機の側面から総体的に考察し,主体性を奪われた個々人は個人主義イデオロギーに逃避ないし押し込められてしまっていると分析した。個々人は,(1)均一化した賃労働者化し,(2)個性が地位・仕事・役割にとってかわられ,(3)個性が消費財によって表現され,(4)政治的には投票者,経済的には納税者に個々人が還元されてしまった。オコーナーはその根源を,労働の賃金形態での支払い(労働力商品化)と消費財の商品としての購入(商品経済)の一層の進展に見いだしている (James O'Connor, *Accumulation Crisis*, pp. 13-21)。日本のマルクス経済学者で同じように社会システム全体の問題として提起してきたのは,馬場宏二であろう。馬場はレーニンの腐朽性論を意識して展開された大内力『国家独占資本主義』(東京大学出版会,1970年)の脱社会化論を引き継ぐ形で,新たに過剰富裕化の「合併症」として脱社会化・社会解体論を提起した。すなわち,過剰富裕化は環境汚染・資源浪費・人間疎外をもたらし,人類の生命そのものの危機と社会を統合する規律や道徳や文化を破壊しているとした(馬場宏二『富裕化と金融資本』ミネルヴァ書房,1986年,同『教育危機の経済学』御茶の水書房,1988年,同『新資本主義論』名古屋大学出版会,1997年,など)。
45) 欧米では史的唯物論という呼び方が一般的なようであるが,マルクスの方法は,観念論的弁証法ではなく唯物論的弁証法であり,機械的唯物論ではなく弁証法的唯物論であるから,弁証法的唯物論と表現する。この方法を歴史解釈にあてはめたものが史的唯物論であるが,マルクスやエンゲルスが「経済学研究の導きの糸」として作業仮説にとどめ発展段階説のようなものは作らなかったことを重視して,本書においては唯物史観と表現する。マルクスは剰余価値生産を論証し,資本制社会が搾取社会であることを科学的に説明することによって唯物史観の正しさを証明した,というエンゲルスの葬送の弔辞はマルクスの正しい歴史的評価である。
46) 大内力『国家独占資本主義』は,危機のこうした性格を先見的に指摘していた。
47) 高島善哉『時代に挑む社会科学』(著作集第9巻,こぶし書房,1998年)第二部。

（1）生産力——生産力概念の拡充[48]

労働は人間の主体的実践である　生産とは単なる物作りではなく，人間の主体的な実践活動である。人間は生産活動をするにあたって生産手段（労働手段と労働対象）を使用し，科学・技術という知識を利用し，かつ目的意識的に生産する。いいかえれば，作るもののイメージをあらかじめ決め，その生産に必要な資源や労働力をいろいろな方法で配分してきた。こうした人間固有の労働は，エンゲルスがいうように，地上に降り立って直立の生活をしはじめた類猿人以来の発展過程によって形成されてきた。こうした労働過程を繰り返しながら人間はモノを豊富にし，頭脳を発達させ，さまざまな文化を創ってきた。その意味において，労働とは本来の人間の主体的・積極的活動であり創造的な活動である。また個々人が持っている潜在的能力を開発していく過程でもあった。ところが産業革命以降の資本主義的工業化は，自然を改造しすぎ環境破壊を進めてきてしまった。エンゲルスが警告したように，自然を支配したと思い込んだ傲慢な人類が「自然から復讐」されているのである。環境破壊への対処・対策・予防のためには多面的な活動や政策や運動が必要であるが，根本的に解決する社会システムとは労働のあり方に依存している。本書で説明するように，労働こそ自然と文化を結びつけるものであり，環境と共生できる「維持可能な社会」建設のキー・ポイントであることを指摘しておこう。

人間は，人間と社会を創り文化を創造してきた　生産活動を自然との物質代謝過程だけに限定するのは狭すぎる。生産力概念をもっと広げてみよう。自然も人間や文化や歴史と絡み合いながら，自然そのものも変化させられてきた。人間がモノを作る「自然と人間との物質代謝過程」を本源的（自然的）生産力と呼ぼう。同時に人間は人間自身を創り再生産してきたのであり，このことを生命の生産なり人間的生産力としておこう。これは現代の日本では，少子高齢化問題とか育児問題として論じられている。生命を再生産し子々孫々に世代を繋いでいくことであり，最も根源的な生産活動といえる。こうした生産活動の舞台として家族や地域社会が形成されてきたともいえる。こうした場において

---

[48]　この生産力の部分は，拙著『経済と社会』（桜井書店，2004年）の第4講と基本的に同じである。入門書であるために専門的研究者の目には触れにくいので，本書で再論しておく。

相互に協力し助け合ったりしながら，広い意味での教育を通して個々の人間が成長してきた。こうした人間的生産力は，介護や福祉の重要性が高まってきたことによって，ジェンダー問題とかフェミニスト経済学において盛んに論じられてきた。そもそも環境は生産条件であるとともに生活の条件でもある。したがって環境運動を進めていくためにも，「人間の生産」や生活環境そのものを取りあげなければならないし，たとえば，フェミニスト運動との連携を模索していくことも必要である。

また人間は社会を創ってきた。選挙などは政治を作る活動の一環であり，社会や政治や教育制度を作り，そこで教えるものと教わるものとの交流がはじまる。最後に人間はさまざまな文化を創造してきた。しかもこうした諸活動はバラバラに行われるのではなくて，相互に密接に関連しあっている。こうした諸活動は現代では人々が分担しあって，個々人はある特定の活動に専念するようになっている（広い意味での社会的分業）。こうした意味において社会は分業と協業の関係から成り立っているともいえる。人間は風土としての環境のなかでさまざまな制度を作りながら，生身の人間として生活してきた。人間には三大欲望があり，ドロドロした感情の世界で喜び怒り悲しみ楽しみながら生活し（喜怒哀楽），生産活動をしてきたのであり，未来社会の人間についての楽観主義は戒めなければならない。それが「20世紀社会主義」の悲劇を生みだした根源の一つであることに注意を喚起しておきたい。人間の生活様式や生活意識を変革していくことが重要であることになるが，意識の発生と変革には生産構造や政治や教育が密接に関係している。環境教育をどう進めていくべきかといった直接的問題とともに，「はじめに」で指摘したように，公共財（公共信託財）としての環境は公共機関が必然的に関わってくる。社会や教育や国家などのあり方が環境と密接に関係していることを指摘しておこう。

現代の科学＝産業革命　科学技術は日進月歩のように研究・開発され応用されている。単にそれによって生産量が増大するとか労働時間が軽減されるといったような量的問題よりも，科学・技術がどのように応用・利用されているかという質的問題がより重要になってきている。科学・技術は発展すればするほど良いとする科学・技術万能主義は，疑う必要がある。現代では，科学全体がその成果を商品化することを目標とするようになってきた。かつては，個々

の発明家や科学者の研究成果が科学・技術を発展させてきたが，現代では大学や民間の研究機関や政府系の研究所で研究・開発されたものが，民間企業の生産に大々的に応用されている。いわゆる産学協同であり，政府は企業に役立つような科学研究には重点的に予算を配分しようとするものに変わってきた。こうなると，科学研究の独創性や自立性は保証されるのか。また，科学研究の成果は企業化できるか否かという基準だけで判断できるだろうか。公害や薬害などはその良い例証である。本来の人間生活に役立つような科学研究や技術開発とは何か，ということを考えなければならない。環境破壊を救済・防止し，「維持可能な社会」のためにはどのようなエネルギーや技術体系が必要なのかを構想するためにも，科学・研究活動それ自身のあり方も問い直してゆく必要があろう。

　環境問題との関連でいえば，環境教育が重要であることはすでに指摘した。そのためには，環境問題が経済社会構造と密接に結びついていることを解明する政治経済学の構築，社会学や政治学そして自然科学との学際的な協力が必要であり，そうした市民の立場に立った研究者の自立した科学研究活動を確立していかなければならない。

　現代の科学研究の内容上の特徴はなにか。経済学者の都留重人[49]の要約によると，第一に，科学研究には「神への挑戦」といった性格があり，従来は科学の限界とされていた「生命の神秘性」といわれた領域が解明されようとしている。たとえばクローン人間の誕生であり，心理とか脳の活動のメカニズムの解明である。左脳や右脳の働きとか，夢の研究とか，生と死の解明など枚挙にいとまがない。第二に，この地球上では再生不可能な資源が沢山ある。石炭や石油などの化石燃料もそうである。いまの工業化のスピードをつづけていけば，やがていつかは資源が枯渇する。こうした再生不能な資源の過剰使用がつづいている。第三に，自然とのバランス（生態系）を破壊する方向に生産力が発展してしまっている。地球温暖化，オゾン層の破壊，核物質の拡散などはその典型である。まさにグローバル規模での環境破壊を引き起こしてしまった。第四に，労働の非人間化が進んでいる。この最後の点については，次に考察しよう。

---

49) 都留重人『体制変革の展望』（新日本出版社，2003年）217-225頁。

（2）労働過程・労働関係・生産関係——労働疎外の克服[50]

現代の労働過程 現代の労働過程の特徴は，オートメーションと機械がコンピューターによって自動制御されているところにある。そのために労働過程そのものは機械が遂行し，労働はコンピューターの操作やそのプログラムの作成が主要な形態となっている。労働者は簡単なレジ労働のような単純労働から，高度の知識と熟練と技術を要する科学研究労働にまで多様化している。こうした労働過程の実態とそこでの労働疎外を研究しなければならない。こうした労働疎外克服の努力とともに，現代は生産のあり方（生産条件）に関心を向ける必要がある。資本主義的工業化は，インプットを最小にしてアウトプットを最大にしようとしてきたが，これが環境破壊を深刻化させた一原因であることを想起しよう。アウトプットを最大化するために資源が乱開発され，インプットがもたらす外部不経済性（環境破壊）が無視されつづけてきたわけであるが，環境問題の解決のためにはインプットのあり方自体を問い直さなければならない。

現代の労働関係 資本主義はその生産力の発展とともに，問屋制手工業，工場制手工業（「分業にもとづく協業」），機械制大工業，オートメーション化，自動制御システムへと変化してきた。それにともなって労働者の機械への従属化は一段と進んだ。現代の労働関係は複雑なピラミッド型の管理・非管理体系によって支配されている。労働者は指揮・命令の上層部からは管理されているが，下層部に対しては管理する者として行動する立場におかれる。まさに企業内で労働者が分断される傾向がある。この実態を踏まえたうえでの労働運動でなければ，労働疎外の克服は夢物語に終わってしまうだろう。しかし，非正規労働者の組合結成とか，非正規労働者の地域的連絡・援助組織の形成とか，正規労働組合との連帯や加盟などの新しい運動が起こりつつあることに注目しておこう。こうした労働運動の重要性はいささかも減少していないし，労働運動の活性化のためにも労働運動が取り組まなければならない課題である。それとともに労働組合運動自身が，労働運動内部にそして企業別組合内部に課題を限定することは非現実的である。地域コミュニティや地方政治や国の政策に関与

---

[50] もっと掘り下げた平易な説明については，拙著『経済と社会』の第5講，参照。

し，環境運動などの新社会運動と共闘する方向を目指さなければ，労働運動自身が孤立化し見放されていく危険性があるだろう。

現代の生産関係　「分業にもとづく協業」としての労働関係は，資本主義の下では「資本＝賃労働」という生産関係（階級関係）に転化している。この生産関係は，資本の人格化として個人資本家が支配的だったときには人格的支配として一目瞭然としていたといえる。ところが現代では株式会社が支配的で，所有と機能（経営）が分離されているから，「資本＝賃労働」という生産関係とそのもとでの剰余価値の生産と搾取関係が見えにくくなっており，隠蔽化されている。資本機能は企業そのものが果たしているが，経営者の利潤は賃金化し，株式所有者の利潤部分は配当（利子）化して現象する（「三位一体範式」の世界）。個々の労働者には直接的な眼前の管理・非管理の関係しか認識されない。それだけ経営者側の労務管理は巧妙化しているといえる。こうした現代的な生産体制のなかで，労働運動は企業内運動に押さえ込まれてきたといえよう。しかし労働問題は企業内部だけでは解決できない。労働現場での衛生状態や安全性が確保されても，それが地域住民に公害のようなものを吐きだすのならば，地域住民の犠牲のうえでの労働者の権利確保にすぎない。労働者の労働条件のなかには，生活環境，通勤時間，自動車公害，都市化による環境破壊，などが当然含まれている。こうして生活条件全体を考慮して労働運動が前進していかなければならない。

労働の主体性の回復　本来，機械は人間の労働を軽減するはずなのに，その資本主義的導入の結果は人間の機械への従属であった。マルクスが『資本論』で見事に分析しているが（分業・協業・機械論），現代では情報通信革命によるコンピューター化である。コンピューターを操作する人たちは，主体的で創造的な労働をしているだろうか。若いコンピューター労働者たちが，さまざまな精神的・肉体的疲労によって職場から離れていく。こうした労働の非人間化あるいは主体性の喪失は，現代的な労働疎外にほかならない。労働疎外から労働の本来的主体性を回復することを真剣に考えなければならない[51]。労働者自

---

51) 森岡孝二『貧困化するホワイトカラー』（ちくま新書，2009年）は，現代日本の労働者階級の状態について，主として賃金形態から全面的に分析している。

身が働き甲斐を回復しなければならない。現代の日本において何が起こっているかといえば、働き甲斐があると答える人は少数のワーキング・リッチの層であり、多くの人は働き甲斐を喪失している。自殺者がこの12年間毎年3万人を超えている。自殺の一番多い理由は高齢者の健康や生活への不安であり、第二番目は倒産や失業による経済的理由である。また、働きすぎというか働かされすぎというか、モーレツに働いた結果「過労死」する労働者も増加してきた。もっと若い世代では「過労自殺」も増えている。ある研究によると、「過労死」や「過労自殺」の数は1万人を超えるといわれる。働いている人々の間で精神的な疲れが広がっており、鬱病の疑いがある人は労働者の10～20%にもなるという調査報告もされている。コヴェルは労働疎外（強制的労働）が加速化してきた内容として、(1)販売メンタリティの強化、(2)使い捨て社会、(3)空間の均質化と圧縮、(4)仕事と生活の境界・身体と機械の境界の消滅、(5)消費するための労働、を指摘している[52]。

　こうした労働疎外を解決する方法を真剣に考えなければならない。先に指摘したように、主体性・創造性・自己開発性を持ったそれ自体が喜びでもあるような労働のあり方を創りだしていかなければならない。科学・技術の発展は、本来は労働時間を短縮し自由時間を増大する。ところが日本は国際労働機関（ILO）から、労働時間を短縮することを勧告されてさえいる[53]。同時に、自由時間をどのように有効に使うかという問題が重要となる。ボランティア活動や奉仕活動、あるいは自発的な農作業や森林作業などが重視されるようになってきた。農作業や森林作業は現代人の健康にも良い。そして労働が、強制された労働から芸術的活動へと変わっていくことが理想的である。こうした労働の転換を可能とするような制度とか政治体制は何かという視点から、体制（システム）を考えることも重要である。

(3) 生産力と生産関係とイデオロギーの立体的構造

　イデオロギー　本源的生産力と生産関係の結び合った領域はいわゆる経済的土台（下部構造）であるが、その上に社会制度や思想などの上部構造が聳え立

---

52) ジョエル・コヴェル『エコ社会主義とは何か』127-132頁。
53) アメリカにおいても、「家庭での時間や建設的に市民運動に参加する時間や自己向上を追求する時間が質的に侵害され」てきたと報告されている。序章第1節、参照。

ち，その全体が社会システムを作りだしている。高島善哉にならってイデオロギーの世界を「原初的形態」・「潜在的形態」・「顕在的形態」に区分しよう。「原初的形態」とは生身の人間が五感を通して直接体験する感性の世界といってよいだろう。あるいは物象化に囚われている人間が，事物に対してナイーブに抱く物神性の世界といってもよいだろう。高島はこの世界を「イデオロギーの巣源」と名づけた。いいかえれば，歴史的・社会的・文化的に生活するドロドロとした人間の感情の世界といってもよいだろう。「潜在的形態」とは感性から理性へ転化した世界であり，市民社会の生産力の次元の認識活動としておこう。現実の社会は資本主義社会であるから，「資本＝賃労働」関係に包摂され転倒している虚偽化したイデオロギーの世界となっている。この段階が「顕在的形態」である。

生産力・生産関係・イデオロギーの立体的構造 生産力次元（本源的生産，人間的生産，社会的生産，文化的生産）と生産関係次元（労働過程，労働関係，生産関係），生産力とイデオロギー諸形態，生産関係とイデオロギー形態は，それぞれ関連づけて考察しなければならない。内容には立ち入らないが，社会システム全体したがって人間の存在と活動の総体を把握するためには，それぞれの次元や領域を相互関係として解明していかなければならないことになる[54]。「はじめに」で指摘したように環境問題も，自然を根源とする人間の主体的実践（本源的生産，人間の生産，社会の創造と運営，文化・科学活動）の総体のなかで考察していかなければならないことになる。また，こうした生産力・生産関係・イデオロギーの立体的かつダイナミックな運動（変化）の再構築のうえで，いいかえれば，主体的人間像の回復のうえで，新しい21世紀社会主義（エコロジカル社会主義）を構想する必要がある。

---

54) その内容のスケッチについては，拙稿「『資本論』の現代化に向けて」（『東京経大学会誌』258号，2008年3月）122–123頁，参照。

第 1 章　マルクス経済学の課題

　いうまでもなく，環境危機は自然界単独の原因によって生じているのではない。すでに述べてきたように，人間が自然を土台として生活し，社会を作り，思想活動する総体のなかで環境破壊を考察しなければならない。したがって環境危機を克服する道も，どのような人間・社会・思想のもとで可能なのかを考えていかなければならない。こうした人間存在の全体構造を明らかにしようとする視点を提供したのがマルクスやエンゲルスの唯物史観（弁証法的唯物論）にほかならない。本章では，マルクス主義が取り組まなければならない現代的課題を論じておこう。

第1節　『資本論』の方法と現代的意義

　すでに指摘したように，旧ソ連を中心とした「旧社会主義」（中央指令型計画経済）が失敗したことによって，新自由主義者たちは一斉にマルクスそのものを全面的に否定するイデオロギー攻勢を展開した。しかし，マルクス＝エンゲルス＝マルクス主義＝レーニン主義＝ソ連型社会主義という一元化は，あまりにも短略的であり非学問的である。もちろんマルクスにも限界や誤りがないとはいえないし，現代の環境危機を十分に予測していたとはいえない。「社会主義体制」は崩壊したが，「勝利」したはずの資本主義は2010年の初頭において深刻な経済危機と環境危機に直面している。市場万能主義が進めてきたグローバリゼーションは失敗し，「百年に一度の危機」といわれる事態を引き起こしてしまった。それとともにマルクス『資本論』が見直され，マルクスを謙虚に読み返そうとする世界的な潮流が生じてきた。『資本論』が明らかにした近代社会（資本制生産様式）の運動法則とは何か，そのなかで今日の環境問題がどのように分析されているのか，どの点が19世紀的時代制約によって展開されていないか，われわれがマルクスの方法を駆使しながら新たに取り組まなければならない理論的・歴史的課題は何か，ということを明確にすることが緊急

の課題として提起されている。本項においては，マルクスの方法の特徴と『資本論』の現代的意義について考察しておこう。

公害を政治経済学的に分析した都留重人は，素材面と体制面とからアプローチした。これはまさにマルクス＝エンゲルスの方法を踏襲したものである。『資本論』体系を貫く基本的視点は，使用価値視点（生産力）と価値視点（生産関係）との弁証法的統一である。その具体的内容については本書の展開のなかで紹介するが[55]，前者を歴史貫通的な経済・社会原則（実体），後者を特殊・歴史的な貫徹形態といいかえれば，『資本論』は実体関係の形態的な実現の法則を明らかにしているともいえる。けして関係主義一般に還元しているのではないし，実体そして自然を無視している体系ではない。そして，マルクス＝エンゲルスの社会・環境危機へのアプローチの仕方は，それらを規制する根本的に新しい形態，すなわち社会と自然が共生し共に進化する（共進化）のための代替形態（共産主義）を探求することにある。マルクスの基本的特徴は，(1)人間の生産を社会形態と物質的内容（実体）の相互構成として分析し，(2)特定の生産形態の必然性と新しい生産形態への転化を弁証法的に分析している，といえよう[56]。こうしたマルクス＝エンゲルスの方法は，都留重人が適用したように，現代の環境問題の解明にも活かさなければならない。

『資本論』の現代的意義はどこにあるのだろうか。『資本論』が現代において生きているばかりでなく，世界資本主義そのものが『資本論』をシミュレートしている，とオコーナーは高く評価する[57]。しかしこの瞬間に，『資本論』は既存の社会主義と同じように運命的に欠陥を持った倒産企業として捨てられようとしてきた。こうした風潮は盥の湯とともに赤ん坊まで流し捨ててしまうよ

---

55) マルクス研究上の諸問題として，「初期マルクスと後期マルクス」問題と「マルクス・エンゲルス」問題がある。前者は，初期・中期・後期マルクスの継承と断絶関係に関するものであるが，疎外からの解放という視点は堅持されているし，成熟マルクスから初期マルクスに戻る姿勢を強調するバーケットの見解が妥当だと考える。後者は，マルクス（とくに『資本論』）とエンゲルス（とくに『自然弁証法』）との間には相違があるのではないかという問題である。恐慌論などについてはたしかに「基本矛盾」の理解において相違があるが，エコロジー論としては根本的相違はないし，エンゲルスなしにはマルクスのエコロジー論の全体はありえなかった，とするバーケットの解釈はやはり妥当だと筆者は考える。Paul Burkett, *Marx and Nature*, pp. 8–9.

56) *ibid.*, pp. 1–2.

うなものであり[58]，エコロジカル・マルクス主義を提起する前にマルクス主義そのものの信頼性の再建が必要だ，と訴えている。オコーナーは，20世紀末（1998年）時点でのこのような認識から出発しているが，21世紀に入ってからの金融バブルの破裂に端を発する世界経済危機を迎えている現在，マルクスの復活は歴史的必然であるといえよう。オコーナーは，20世紀末の世界資本主義の特徴として資本循環のグローバル化と通信革命をあげ，それらが19・20世紀には想像できなかったような人間と商業の可能性を作りだした現代こそ，マルクスの発見した理論ラインによって解き明かすことが可能になってきている，という[59]。

マルクス主義の優越性は階級闘争認識にある[60]。しかし実践的にみれば残念ながら，世界的に労働者階級は生活水準と国民的福祉への攻撃にさらされてき

---

57) 筆者は，『資本論』は資本主義経済の理論的な一般的分析であり，現代資本主義においてますます貫徹している側面，形態を変化させている側面，作用を停止してしまっている側面があると考えている。『資本論』が現代の世界経済においてシミュレート（貫徹）している側面（法則）は，発展途上国における本源的蓄積過程の進展であり，商品経済化そして農民のプロレタリアート化の進行である。また，資本蓄積法則（資本蓄積の一般的法則，資本蓄積の歴史的傾向，集積・集中運動）は，グローバルにみれば貫徹していると考えている。詳しくは，拙著『現代マルクス経済学』（桜井書店，2008年），参照。

58) 新自由主義が跋扈しマルクス否定の風潮が蔓延した背景の一つは，新自由主義によって資本主義を擁護しようとする権力者たちが，巧みに経済学者やマス・メディアを動員したことにある。今日の世界経済危機を迎え，メディアは一斉に市場主義の失敗を論じたてる経済学者を登場させ，彼らはケインズの復活を予言している。支配的な論調のなかでは，マルクスを本格的に再評価しようとする見解はいまだに登場していないのが現状であるのは，大変不幸な状況であるといわざるをえない。資本主義の枠内でのスミス（市場主義）とケインズ（国家による規制・修正主義）との間を揺れ動いているようでは，今日の世界危機は打開されないであろう。スミス『国富論』は，新自由主義にとって象徴的意義は持っているが実践的価値はほとんどない，とオコーナーは批判している。危機を克服するためには社会主義的要素を取り入れた新しいニューディールによる資本主義の大転換をはかるか，それとも資本主義を否定し社会主義（計画経済）へ進まなければならないだろう。オコーナーの提起する道はエコロジカル社会主義である。

59) James O'Connor, *Natural Causes*, p. 1.

60) マルクスとエンゲルスは『共産党宣言』において，人類は原始共産制社会から階級社会に移行してからは，歴史は階級闘争の歴史だったと総括し，万国の労働者の団結を訴えた。現代のグローバリゼーションとそれに対するさまざまな次元における反グローバリゼーション運動（新社会運動）を目撃したと仮定すれば，マルクスやエンゲルスはオコーナーと同じく，万国の労働運動は新社会運動と共闘せよと宣言したであろう。

た。マルクスが現在生きていれば，労働者階級と広範な社会階層はこうした状態を救うために結集すると，予言するだろう。もちろん世界的機構への国際的闘争がある。しかしながらこうした世界的団結が形成されていないのは，国際的労働組織の統一とイデオロギーの統一に障害があるからである。これらの障害は，富と貧困の両極的蓄積であり，複雑な国際的分業であり，世界農民のプロレタリアート化であり，グローバルな産業予備軍の形成である。他方では，資本の集積・集中の加速化，帝国主義間の競争（ネオ重商主義），金融資本のヘゲモニーの増大と金融投機の普及である。その客観的結果は，労働力再生産費用を体系的に低下させようとする強力な経済的傾向であり，こうした状態がつづけば，金融危機，政治的・文化的危機が複合した危機に向かってしまうだろうと，オコーナーは警告している[61]。

第2節　マルクスの歴史観

　公式的発展段階説は，サープラスの生産と取得を基準として社会は，(1)原始共産制社会，(2)奴隷制社会，(3)封建制社会，(4)資本制社会と発展してきて，やがて(5)共産制社会へと向かうと説明する。エンゲルスは『家族・私有財産・国家の起源』において，当時の人類学者のモルガンに依拠しながら原始共産制社会から階級社会への移行を論じたが，決して社会の歴史はこの図式で発展してきたとは考えていなかった。マルクスは『経済学批判』において，次のように社会構成体の歴史的な存在形態について述べているだけである。

　　大づかみにいって，経済的社会構成体のあいつぐ諸時代として，アジア的・古代的・封建的・近代ブルジョア的の諸生産様式をあげることができる。ブルジョア的生産関係は，社会的生産過程の最後の敵対的形態である[62]。

社会構成体の諸形態が述べられているのであって，決してある地域の社会がこの順序で継起的に発展していくとはいっていない。発展段階説を公式的に歴

---

61) James O'Connor, *op. cit*., pp. 1–2.
62) マルクス『経済学批判』（国民文庫）10頁。

史認識に押し込むことはできない。奴隷制社会が普遍的に存在したかどうか，あるいは，原始社会がはたして意識的な共産制社会であったといえるか，アメリカ合衆国やオーストラリアなどは先住民が原始的な社会を形成していたところにヨーロッパの資本制社会が移植されたのではないか，などの素朴な疑問に答えることはできない[63]。

　マルクス自身の歴史観は次の文章に要約できるだろう。

　　私の到達した結論は，そしてひとたび自分のものとなったのちは私の研究にとってのみちびきの糸となった一般的結論は，簡単に次のように定式化することができる。人間はその生活の社会的生産において，一定の，必然的な，彼らの意思から独立した関係，生産関係にはいる。この生産関係は，彼らの物質的生産力の一定の発展段階に対応する。これらの生産関係の総体は社会の経済的構造を形づくる。これが現実の土台であり，そしてそのうえに法律的および政治的な上部構造がたち，そしてそれに一定の社会的意識諸形態が照応する。物質的生活の生産様式が，社会的・政治的・精神的な生活過程一般を条件づける。人間の意識が彼らの存在を規定するのではなくて，逆に，彼らの社会的存在が彼らの意識を規定するのである。社会の物質的生産力は，その発展のある段階で，その生産力が従来その内部ではたらいてきた現存の生産関係と，あるいは同じことの法律的表現にすぎないが，所有関係と，矛盾するようになる。これらの関係は，生産力の発展のための形態からその桎梏にかわる。そのときに，社会革命の時代がはじまる。経済的基礎の変化とともに，巨大な全上部構造が，あるいは徐々に，あるいは急速に，変革される[64]。

　マルクスは明確に，「人間の意識が彼らの存在を規定するのではなくて，逆に，彼らの社会的存在が彼らの意識を規定する」と述べているから，オコーナーの次のような解釈は妥当である。マルクスの歴史は，高尚な思想（アイ

---

63) 具体的に地域や民族や国の歴史を解釈するときには，(1)移行の多様性，(2)発展の不均等性，(3)移行の往復性，(4)社会構成体の複数存在，(5)外圧の影響，などを考慮しなければならない。さしあたり，拙著『経済学原論』（青木書店，1996年）58-59頁，参照。第4章第3節で紹介するように，オコーナーはこうした歴史の現実を重視して，不均等発展・複合発展として分析している。

64) マルクス『経済学批判』9-10頁。

ディア)の名のもとにこの世の物質的利害がなぜ闘わされるかの説明である。歴史においては，思想(アイディア)は逆に真実と感じられたり信じられたりする。ヘーゲルにおいて観念論的に逆立ちしていた弁証法を唯物論的に再生させたマルクスにとって，歴史は普遍的思想(アイディア)の進歩的な実現ではない。敵対的利害が思想(アイディア)の名のもとに権力を求める闘争の歴史であるから，たびたび歴史が悪作用することが多く，かくも多くの解放者が抑圧者に転進することが起こる。したがって，公正とか真実とか自由とか民主主義は普遍的ではなく，社会構造が異なれば異なった実践的意義を持ち，また，部分的社会構造なり社会構成体におけるグループが違えば違った方法で解釈されるようになる[65]。

またマルクスは，生産力と生産関係について，「社会の物質的生産力は，その発展のある段階で，その生産力が従来その内部ではたらいてきた現存の生産関係と，あるいは同じことの法律的表現にすぎないが，所有関係と，矛盾するようになる。これらの関係は，生産力の発展のための形態からその桎梏にかわる。」と言っているが，あまりにも抽象的な規定であり具体性がない。マルクスは唯物史観を歴史的には展開しなかったが，そうなっている理由についてオコーナーは，

> マルクスは，とくに資本制社会それゆえに社会的歴史が未発展であった「文化人類学以前」の時代に著作を書いた。このことは，彼の歴史の唯物論的概念は十分に歴史的(ないし文化的)ではなかったしまたなりえなかったことと，彼の生産力と生産関係一般と特殊的には協業様式の理論化が不完全であり欠陥を持っていたことにある[66]。

と解釈している。オコーナーが，唯物史観を十分に歴史的かつ文化的にしようとしており，生産力と生産関係の一般的かつ特殊的豊富化の必要性を指摘している点に，注目しておこう。筆者もすでに序章第3節第2項で述べたように，自然・人間・社会・思想の総体構造のなかで生産力概念と生産関係概念を豊富化しなければならないと考えている[67]。こうした唯物史観の発展を21世紀は求

---

[65] James O'Connor, *op. cit.*, pp. 33-35.
[66] *ibid.*, p. 43.
[67] 筆者の見解については，序章第3節，第2章第3節，参照。

めているともいえる。のちほど考察するが，オコーナーは，こうした諸問題は自然を歴史的かつ文化的に説明するところで取り組んでいる。ただしオコーナーが，マルクスは分業の支配・従属性を無視したという批判[68]には賛成できない。『資本論』の第1巻では，協業・分業・機械制大工業を詳細に分析し，それらの労働者階級に与える影響を重視している。われわれは，マルクスの協業・分業論を現代的に発展させなければならない。

第3節　マルクス＝エンゲルスのエコロジー論

マルクスには固有のエコロジー論が不在であるとの批判があるが，その批判をバーケットは三つのタイプに分類している[69]。(1)マルクスは生産力至上主義者であり，生産力の資本主義的発展は生産の自然的制約を完全に克服することを可能にし，人間の完全な自然支配に向かっての資本主義の拡張的・合理的推進の延長として共産主義を構想し，資本主義も共産主義もともに人間性と自然との不可避的な敵対を示している，と考えた。(2)マルクスの資本主義分析とくに労働価値説は，自然による生産の制約を軽視ないし無視していた。(3)マルクの資本主義の矛盾論には，自然ないし生産の自然的条件が欠落している。第三点については第3章第2節第2項と第5章第5節で反批判するが，本章では第一の批判が間違っていることを論じておこう[70]。

オコーナーによれば，環境破壊一般の原因や資本蓄積と経済的・環境的危機傾向の複雑な内的関連を一般的かつ体系的に理論化したものはない。マルクス派にもエコロジー・システムの体系的研究が欠如しているのは，生産諸条件たる土地と労働が擬制的に商品化していることの分析がないからであり[71]，マルクス自身もエネルギー経済には十分注意を払わなかった，という。しかし，マルクス＝エンゲルスは「人間の自然支配」を理想としていたという批判は完全な誤解であるといわざるをえない[72]。

---

68)　James O'Connor, *op. cit.*, p. 41.
69)　Paul Burkett, *op. cit.*, p. vii.
70)　第二点への反批判については，同上のバーケットの書物の第7・8章，参照。
71)　James O'Connor, *op. cit.*, pp. 125–126.

第1項　自然と人間との物質代謝過程

　人間は自然の一部であり，その生命は自然との物質代謝によって保障されているとするのがマルクス゠エンゲルスの根本的出発点である。すなわちマルクスは，

　　人間は自然によって生きる，つまり自然は彼の身体であり，彼らは死なないためには，これと絶えず対話を続けなければならない。人間の物質的・精神的生活は自然と結びついているということは，自然がそれ自身と結びついているということを意味するに過ぎない。なぜなら，人間は自然の一部だからである[73]。

　また，労働において人間は自然力として相対するとして，

　　労働は，まず第一に，人間と自然とのあいだの一過程，すなわち人間が自然とのその物質代謝を彼自身の行為によって媒介し，規制し，管理する一過程である。人間は自然素材そのものに一つの自然力として相対する。彼は，自然素材を自分自身の生活のために使用しうる形態で取得するために，自分の肉体に属している自然諸力，腕や足，頭や手を運動させる。人間は，この運動によって，自分の外部の自然に働きかけて，それを変化させることにより，同時に自分自身の自然を変化させる。彼は，自分自身の自然のうちに眠っている潜勢諸力を発展させ，その諸力の働きを自分自身の統御

---

[72]　マルクスやエンゲルスのエコロジー論を体系的に発掘し，物質代謝論と経済社会システム論として再構成しようとした文献として，前掲の小松善雄「物質代謝論とエコ社会主義論（上）（中）（下）」がある。前掲の島崎隆『エコマルクス主義』は，エンゲルスの自然弁証法に依拠しようとしている。アメリカ合衆国の文献としては，前掲の Paul Burkett, *Marx and Nature*，ジョン・フォスター著，渡辺景子訳『マルクスのエコロジー』がある。ブラッケトの書物は，『資本論』は唯物論的自然観と唯物論的歴史観とを統合した分析であると理解し，物質代謝論や維持可能性論とマルクスの政治経済学批判との関連を論じている。筆者は，資本主義の環境問題を扱うには，資本蓄積が作りだす環境破壊を基軸としなければならないと考えている。そもそも『資本論』において土地や労働が十分に解明されていないのは，マルクスの経済学批判プラン体系中の現行『資本論』の位置づけに由来すると思われる。筆者は現行『資本論』は基本的には資本の分析であり，そのなかには「資本一般」以外の基本規定も入り込んでくるように拡充されたが，「資本一般」以外のプランの固有の領域の分析をマルクスは後世の世代に残したと思われる。拙著『現代マルクス経済学』序章第4節，参照。

[73]　マルクス『経済学・哲学手稿』（岩波文庫）94頁。

に服させる[74]。

さらに人間の働く能力たる労働力も自然素材だとして，

「価値創造」は，労働力の労働への転換である。また，労働力自体は，なによりもまず，人間的有機体に転換された自然素材である[75]。

物質代謝と生命との関係についてエンゲルスは，

有機的な物質代謝が生命の最も一般的なまた最も特徴的な現象だということは，この30年来，生理科学者や科学的生理学者が数えられないほどたびたび言ってきたことであって，それをデューリング氏がここで，彼自身の上品で明瞭なことばに翻訳しただけのことである[76]。

またエンゲルスは，

生命を人工的につくりだす実験が無成果に終わっていることについてヘルムホルツが語っていることは，まったく子供じみている。生命とは蛋白体の存在の仕方であって，その本質的な契機はその周囲の外的自然との普段の物質代謝にあり，この物質代謝が終わればそうした存在の仕方も終わり，蛋白の分解をもたらす。もしもいつの日か蛋白体を科学的につくりだすことができれば，そうした蛋白体はたとえまだ微弱で短命のものであるにしても，かならずや生命現象を示し，物質代謝をおこなうであろう[77]。

とも述べている。「自然の支配」という考えは人間の傲慢さであり，自然によって復讐されるであろうとエンゲルスは明確に警告していた。すなわち，

とはいえ，われわれは，自然にたいするわれわれ人間の勝利をあまり喜んでばかりもいられない。このような勝利のつど自然はわれわれに報復する。／われわれはけっして，他民族を支配する征服者のように，自然の外に立つ者のように，自然を支配するのではない。／そうではなく，われわれは肉と血と脳とをもって自然に属し，自然のまん中に立っているのだ。そして，自然にたいするわれわれの全支配は，すべて他の生物にまさって自然の諸法則を認識し，正しく応用することができる点にある[78]。

---

74) マルクス『資本論』第1巻，第2分冊，304頁。
75) マルクス『資本論』第1巻，第2分冊，365頁。
76) エンゲルス「反デューリング論」，『マルクス・エンゲルス全集』第20巻，83頁。
77) エンゲルス「自然弁証法」，『マルクス・エンゲルス全集』第20巻，603-604頁。

この物質代謝論を基軸としてフォスターはマルクスのエコロジー論を再構成した（『マルクスのエコロジー』）[79]。その内容について，翻訳者の渡辺景子は次のように要約している。

　その後のマルクスが，人間・自然関係の分析のために「物質代謝」という概念を導入したことに，著者は注目している。『資本論』で，マルクスが労働を「人間と自然との間の過程，人間が自分自身と自然との物質代謝を自分自身の行為によって媒介し，調整し制御する過程」と規定した。だが，資本主義的生産関係および都市と農村との敵対的分断の結果として，この物質代謝に「修復不可能な亀裂」が生じたという。また，資本主義的大工業と大規模農業とが人間と大地との物質代謝を攪乱しているとも述べている。たとえば，食糧と繊維という形で栄養分を土地から引き出しながら，糞尿をテムズ川に捨てることによって環境を汚染する一方，栄養分を土地に返還しないで土壌の栄養循環を妨げているという事実を，リービッヒにならって，マルクスも指摘している。物質代謝概念は，人間の自然への関係を，「自然から課せられた諸条件」と人間のこの過程に影響を与える能力との両方を包含するものとして表現することを可能にした。それは，初期から批判の中心に位置していた自然の疎外を表現する具体的な方法を提供した，と著者は物質代謝が疎外概念の延長上にあることを指摘する。さらに，結合した生産者たちの社会という将来のビジョンでも，物質代謝概念は中心的役割を果たしているという。「社会化された人間，結合した生産者たちが，盲目的な力のように自分たちと自然との物質代謝に支配されるのではなく，この物質代謝を合理的なやり方で支配し，自然を自分たちの共同的制御のもとに置く」ところに必然性の領域における自由が存するというのである。これは，今日にいうところの持続可能性という概念につながると著者は力説する。マルクスは資本主義後の社会に楽観的な，物にあふれたイメージを描いており，エコロジーを意識する必要はないと考えていたというよくある批判は誤っており，彼は革命後の社会に対して，自

---

78) エンゲルス「猿から人間への移行における労働の役割」（岡崎次郎訳『世界の大思想』Ⅱ-5，河出書房）382-383頁。
79) 小松善雄のエコロジー論も物質代謝論を基礎としている。

然との共生のために不断の努力を行うことを要請しているというのである[80]。

さらに渡辺はフォスターのエコロジー論について次のように要約している。

ソ連の崩壊とともに,「マルクス主義が死んだ」といわれて10年以上がたつ。それ以前から,環境問題をめぐっては,さきに著者が列挙したように,マルクスはさまざまな批判を受けてきたが,それらはマルクスの理論に対する誤解にもとづくものであり,実際はマルクスはエコロジーの問題を重視していたというのが著者の解釈である。そして,この見方は現代のエコロジー思想への批判へとつながる。現代のエコロジーに見られる人間中心主義対生態系中心主義という対立は,人間による自然の征服対自然崇拝という古い二元論の新たな表現にすぎないという著者は,人間は自然の一部であり,自然に規定されながらも,そのなかで人間の能動性を発揮し,相互的な関係を維持していると説くあのマルクスの唯物論が,この対立を乗り越えるものであると主張する。そして将来における環境問題の解決の鍵もマルクスのなかにある,と著者は考える。それは,結合した生産者のもとで人間と自然との物質代謝を合理的に規制することに,都市と農村との分断を廃棄し,持続可能な人間・自然関係を築いていくという方向性である[81]。

また,物質代謝論視点からマルクスのエコロジー論を発掘しようとした小松善雄は,

> それでは地球環境問題,環境ホルモン問題,環境由来のガン問題はマルクスの物質代謝論の見地からはいかに捉えられるであろうか。またマルクスの物質代謝論は,現代の自然科学・社会科学に立脚する環境経済学・エコロジー経済論とどの程度,通底するものをもちえているであろうか[82]。

と問題を提起し,社会的総再生産視点を提唱した。すなわち,

> このように社会的総再生産過程の概念は,商品資本の循環(……)のうちに生産過程—人間と自然とのあいだの物質代謝,流通過程—社会的物質代謝を統合して含み,それ自体,総体的な物質代謝の過程とみなしうるが,

---

80) ジョン・フォスター『マルクスのエコロジー』459-460頁。
81) 同上書,462-463頁。
82) 小松善雄「物質代謝論とエコ社会主義論(中)」155頁。

それだけでなく人間の自然的物質代謝でもある個人的消費を包摂しうる過程として提示されている。それゆえ，その概念をも組み入れうることからしても，現実把握の理論的武器としても社会的総再生産過程の概念を使用するほうが有効であると考えられるのである[83]。

第2項　富の母としての大地

　人間が自然と交わる過程は労働過程であるが，労働もやはり自然や自然力と密接に結びついているとマルクスはいう。労働は自然力に支えられていることについて，

> 使用価値である上着，リンネルなど，要するに商品体は，二つの要素の，すなわち自然素材と労働との，結合物である。上着，リンネルなどに含まれているすべての異なった有用的労働の総和を取り去れば，人間の関与なしに天然に存在する物質的基体がつねに残る。人間は，彼の生産において，自然そのものと同じようにふるまうことができるだけである。すなわち，素材の形態を変えることができるだけである。それだけではない。形態を変えるこの労働そのものにおいても，人間は絶えず自然力に支えられている。したがって，労働は，それによって生産される使用価値の，素材的富の，唯一の源泉ではない。ウィリアム・ペティが言っているように，労働は素材的富の父であり，土地はその母である[84]。

　土地は素材的富の母であるとともに，直接的な生活源である。

> そうなると土地所有者自身は，スチュアートの言うように，土地からそのあまった穀潰しどもを追い立て，大地の子供らを彼らが生い育ってきた母親のふところから引き離し，こうして，その本性上直接的な生活源として現れる土地耕作までも，社会的な諸関連のまったく依存する媒介された生活源に転化させる[85]。

---

[83] 同上論文，180頁。
[84] マルクス『資本論』第1巻，第1分冊，73頁。
[85] マルクス「1857-58年の経済学草稿Ⅰ」(翻訳委員会訳『マルクス　資本論草稿集』1，大月書店，1981年) 330-331頁。

第3項　資本主義による労働力と土壌の破壊

　しかしマルクスやエンゲルスは，資本主義が人間ばかりでなく物質や生物に与える影響を鋭く見抜いており，資本主義がもたらす環境破壊（農業・林業・都市化など）を認識していた。このことはオコーナーも評価している[86]。たとえばエンゲルスは初期の著作『イギリスにおける労働者階級の状態』において，当時のイギリスでのメタン・ガス，水質汚染，産業廃棄物，非衛生的な住環境などを観察していた。マルクスも『資本論』において，資本主義が農業と労働力の双方を破壊することを鋭く告発していた。すなわち，

　　資本主義的生産様式は，それが大中心地に集積させる都市人口がますます優勢になるに従って，一方では，社会の歴史的原動力を蓄積するが，他方では，人間と土地とのあいだの物質代謝を，すなわち，人間により食料および衣料の形態で消費された土地成分の土地への回帰を，したがって持続的な土地肥沃度の永久的自然条件を攪乱する。こうしてこの資本主義的生産様式は，都市労働者の肉体的健康と農村労働者の精神生活とを，同時に破壊する。……近代的農業においては，労働の生産力の上昇と流動化の増大とが，労働力そのものの荒廃と衰弱とによってあがなわれる。そして，資本主義的農業のあらゆる進歩は，単に労働者から略奪する技術における進歩であるだけでなく，同時に土地から略奪する技術における進歩でもあり，一定期間にわたって土地の肥沃度を増大させるためのあらゆる進歩は，同時に，この肥沃度の持続的源泉を破壊するための進歩である。……それゆえ資本主義的生産は，すべての富の源泉すなわち土地および労働者を同時に破壊することによってのみ社会的生産過程の技術および結合を発展させる[87]。

　利潤率を上昇させるために資本はさまざまな不変資本充用上の節約を志向するが，それらが労働者の健康や生命を脅かしていることについてマルクスは，

　　資本主義的生産様式は，さらに進んで，その矛盾し対立する本性によって，労働者の生命および健康の浪費，彼の生存諸条件そのものの切り下げを，

---

86)　James O'Connor, *op. cit.*, pp. 123-124.
87)　マルクス『資本論』第1巻13章第10節（第3分冊，867-869頁）。

不変資本使用における節約に算入し，それゆえ利潤率を高めるための諸手段に算入するまでになる。／……この節約は，資本家の言葉では建物の節約と呼ばれる，狭くて不健康な場所への労働者の過密な投入，同じ場所への危険な機械設備の押し込み，および危険防止諸手段の怠慢，その性質上，健康に有害であるか，または鉱山でのように危険と結びついているかする生産過程における予防策の不履行等におよんでいる[88]。

のように叙述している。このようにみてくれば，宮本憲一の次のような評価は，オーソドックスなマルクス＝エンゲルスのエコロジー論の評価であろう。

> マルクス＝エンゲルスは経済現象を資本主義的生産関係の狭い枠の中に閉じ込めず，まず自然と人間の関係から出発し，広義の経済学への道を開く史的唯物論の立場で歴史的に考察している。彼らは社会史のなかの一構成体である資本主義が，その資本制蓄積という発展の起動力のために自然と人間との双方を無計画に搾取し破壊することを明らかにし，それがいずれは自然災害として，あるいは革命という復讐を受ける必然性を持っていることを示したのである[89]。

第4節　使用価値・社会的個人・自由時間に立脚する社会——マルクスの展望

第1項　交換価値の世界から使用価値の世界へ

第1節で述べたように，マルクスの資本主義分析の特徴は，生産力（使用価値）と生産関係（価値）との対立と統一（弁証法的関係）視点にあった。この視点を公害問題に適用し，素材面（生産力）からはじめて体制面（生産関係）と統一するというのが都留重人『公害の政治経済学』であった。そして交換価値に変わる新しい尺度として社会的価値を示唆し，GNP に代わる政策目標としてシビル・ミニマムを提唱した[90]。オコーナーも同じく使用価値視点を重視

---

[88]　マルクス『資本論』第3巻第5章第1節（第8分冊，146-147頁）。
[89]　宮本憲一『環境経済学』51頁。
[90]　都留は，GDPにかえてQOL（クオリティ・オブ・ライフ）を提唱した。都留重人「クオリティ・オブ・ライフ（QOL）の内容について」（『如水会会報』No.772, 1994年8月）。

し，それをエコロジー論の基軸にすべきだと主張している。コヴェルもエコロジカルに健全な世界を次のようにスケッチしている。

> 解放されたエコロジー的に健全な世界では，使用価値が交換価値から独立した特性となり，人間の本性と自然を支配するのではなく，それらに奉仕するようになるであろう。言い換えれば，それらは固有の価値の方向に変化するであろう。何故これが起こりえないのかという必然的な理由はない。民主主義を拡大し，より大きな範囲の人間の力が表現され強固にされることを可能にし，資本の力の場を無効にするために必要な大きな対抗的意図を組み込んだ社会変革なしにはそれが起こりえないのである。自発的行動主義を超えて，大きな国際的舞台での行動を通じて人と人をつなぐ一貫した実践に応じて組織された，十分な数の生態中心的な闘争的集団があるならば，その時には資本主義的秩序を超えることができるだろう。いつの日か十分な人数の人々が一体となって否というならば，資本主義的秩序は持ちこたえることができないだろう。もちろんここには巨大な壁がある。もし十分な数の民衆―民衆の一員でもある兵士や警察官も含めて，そしてもちろん労働者を―が決意するならば，である[91]。

そもそもマルクスは，交換価値に立脚する社会から使用価値と社会的労働に立脚する社会を展望し，自由人が目標となることを予言していた。長文であるがマルクスの共産主義社会のスケッチとして重要なので全文引用しておこう。

> 労働者は，生産過程の主作用因であることをやめ，生産過程と並んで現われる。この変換のなかで，生産と富との大黒柱として現われるのは，人間自身が行なう直接的労働でも，彼が労働する時間でもなくて，彼自身の一般的生産力の取得，自然にたいする彼の理解，そして社会体としての彼の定在を通じての自然の支配，一言で言えば社会的個人の発展である。現在の富が立脚する，他人の労働時間の盗みは，新たに発展した，大工業それ自身によって創造されたこの基礎に比べれば，みすぼらしい基礎に見える。直接的形態における労働が富の偉大な源泉であることをやめてしまえば，労働時間は富の尺度であることを，だからまた交換価値は使用価値の〔尺

---

91) ジョエル・コヴェル『エコ社会主義とは何か』340-341頁。

度〕であることを，やめるし，またやめざるをえない。大衆の剰余労働はすでに一般的富の発展のための条件であることをやめてしまったし，同様にまた，少数者の非労働は人間の頭脳の一般的諸力〔……〕の発展のための条件であることをやめてしまった。それとともに交換価値を土台とする生産は崩壊し，直接的な物質的生産過程それ自体から，窮迫性と対抗性という形態がはぎとられる。諸個人の自由な発展，だからまた，剰余労働を生み出すために必要労働時間を縮減することではなく，そもそも社会の必要労働の最小限への縮減。その場合，この縮減には，すべての個人のために自由になった時間と創造された手段とによる，諸個人の芸術的，科学的，等々の発達開花〔……〕が対応する。資本は，それ自身が，過程を進行しつつある矛盾である。すなわちそれは，〔一方では〕労働時間を最小限に縮減しようと努めながら，他方では労働時間を富の唯一の尺度かつ源泉として措定する，という矛盾である。だからこそ資本は，労働時間を過剰労働時間の形態で増加させるために，それを必要労働時間の形態で減少させるのであり，だからこそ資本は，過剰労働時間を，ますます大規模に必要労働時間のための条件――死活問題――として措定するのである。だから，一面からみれば資本は，富の創造をそれに充用された労働時間から独立した（相対的に）ものにするために，科学と自然との，また社会的結合と社会的交通〔……〕との，いっさいの力〔……〕を呼び起こす。他面からみれば資本は，すでに創造された価値を価値として維持するために，そのようにして創造されたこれらの巨大な社会力〔……〕を労働時間で測って，これらの力を，必要とされる限界のうちに封じ込めようとする。生産諸力と社会的諸連関とは――どちらも社会的個人の発展の異なった側面であるが――，資本にとってはたんに手段として現われるにすぎず，また資本にとってはたんにその局限された基礎から発して生産を行なうための手段にすぎない。ところがじつは，それらは，この局限された基礎を爆破するための物質的諸条件なのである。「12時間のかわりに6時間の労働がなされるとき，一国民は真に豊かである。富とは剰余労働時間（実在的な富）への指揮権ではなく，すべての個人と全社会のための，直接的生産に使用される時間以外の，自由に処分できる時間である」[92)]。

もともと商品経済においては，人間の本来的欲望は生産者（商品生産者）によって操作され疎外された欲望となる。筆者は，使用価値体系の重要性を喚起するために次のように述べた。

> この使用価値の視点は，唯物史観でいう生産力の次元である。人間の欲望を充足していく活動は，欲望が無限的に拡大する可能性があるだけに，未来永劫的な普遍的活動でもある。従来マルクス経済学は，こうした生産力（使用価値）の分析は研究対象ではない，その研究は自然科学や商品学の対象であるとして，排除してきた傾向がある。しかし今日，サービスは多様化し，複雑化し，金融派生商品（デリバティブ）のような擬制的な新商品が開発され，バイオ・テクノロジーを駆使した多様な食料商品が開発されている。マルクスは使用価値自体を独自には分析しなかったが，生産力の発展（技術革新）や生産方法（協業，分業，機械制大工業）は詳細に分析している。さらに独占が支配する現代では，独占的競争の主要な競争手段のひとつとして製品差別化がある。使用価値上の機能（性能）はほとんど変わらない同一商品が，さまざまなモデル・チェンジによって，あたかもまったく違った商品であるかのように購買させられている。こうした商品の質そのものを監視し，生命と健康の維持・増進に必要不可欠な生産物をつくりだす運動は，商品経済の弊害を克服していくためにも必要である[93]。

　そもそも資本主義はより制限のない人間発達と消費（ニーズ）のポテンシャルを創りだすが，資本主義そのもののなかでは交換価値や蓄積が使用価値を規制するから，本来の欲望が疎外されている。ポール・バーケットは欲望の疎外として，賃金による消費の制限，資本家の奢侈品と労働者の消費制限への分裂，労働者の自然的ニーズの悪化，労働者の動物化，労働者の自然状態からの疎外，を指摘している[94]。

　さて，使用価値の側面からみた環境問題とは何か。素材視点と体制視点とい

---

92) マルクス「1857-58年の経済学草稿Ⅱ」（翻訳委員会訳『マルクス 資本論草稿集』2，大月書店，1993年）489-491頁。
93) 拙著『現代マルクス経済学』39-40頁。
94) Paul Burkett, *op. cit.*, pp. 167-170.

う都留の方法を継承して宮本憲一は，素材面からみた環境問題研究の学際性について，

> 環境問題を素材的に検討する仕事は，資源・生態系については理学，生産と環境保全の技術については工学，都市の国土計画については都市工学（土木・建築学あるいは美学），環境汚染による人間の健康への影響については医学などの諸分野が関係している。これらの分野の諸研究は専門化し縦割りになっているので，相互に情報を交流しあい，あるいは総合化されることは難しい。たとえば水俣病は人間に発生する前に，食物や動物（たとえば，魚介類，そしてそれを食べた鳥や猫）に影響が発生した。もしも，この傾向の強いエコロジーの変化の情報の意味が生物学者によって十分に解明され，それがやがて人間に情報が流れていれば，水俣病の発生は妨げたか，あるいは被害を小さくしたのではないかといわれている。他の公害問題についても，エコロジーと医学との協力があれば，公害対策は画期的に進むのではないかと言われている[95]。

そして宮本は素材面から環境問題の定義と範囲を次のように設定している。

> 環境問題は人間の経済活動とりわけ企業活動に伴って，直接間接に生じる環境汚染あるいは環境の形状・質の変化などによる社会的損失である。それは人間の健康障害や生活環境侵害などの公害を含む広義の概念である。環境問題として政府や学会が対象としている範囲はきわめて広い。すなわち，それには大気汚染・水汚染のような公害問題から，原生林・野生生物の死滅，自然景観や歴史的街並みなどの歴史的なストックの破壊を含み，さらには，生物多様性の減損，CO_2やフロンガスの増大に伴う地球温暖化やオゾン層破壊など，すぐには社会的損失とならぬ，将来の人間生活に重大な障害をもたらす要因となるような環境の変化を含んでいる[96]。

このように環境問題は公害からアメニティまでを含み，そのためには総合的対策が必要となる。そして環境問題は経済構造と密接な関連にあり，重化学工業化と大都市化によって環境破壊が急激に進んできたし，単一の原因に起因す

---

[95] 宮本憲一『環境経済学』109頁。
[96] 同上書，110頁。

るものよりも複合的汚染が特徴的である，という[97]。

第2項　発展すべき課題——マルクス＝エンゲルスが残した問題

　多くのエコロジストたちはマルクスとエンゲルスにはエコロジー論がないと批判するが，前節で紹介したように，マルクスとエンゲルスは先駆的なエコロジー論者でもあった。しかし彼らは，資本蓄積の環境に与える影響を体系的に理論化はしなかった。マルクス＝エンゲルスのエコロジー論を体系的に再構成しようとしたバーケットでも，マルクス＝エンゲルスが知らなかった20世紀の技術として合成物質があり，それ以上に重要なこととして，マルクスは環境カタストロフィ以前に共産主義が実現すると楽観的に考えていたし，エコロジー問題のグローバル化を知らなかった，と指摘している[98]。マルクスとエンゲルスがやり残した諸問題は，オコーナーによれば以下のようになる。マルクスやエンゲルスは資本主義の発展がもたらす社会的破壊についての巨匠ではあったが，19世紀的歴史に制約されて，その資本蓄積と社会経済的変化に関する理論の中心に環境破壊をおかなかった。オコーナーは次のように指摘する。

　　彼らは，生産様式としての資本主義の歴史的発展が，資源の枯渇と自然の悪化におおいに依存していることを過小評価した。さらに彼らは，「自然的不足」に直面したときの資本自身の自己解決能力と，資源を保護し汚染を防ぎ浄化しようとする能力を，正確には予想できなかった。この欠落の一つの理由は，資本の集積・集中が多くの場合に，収益性全体を維持する目的で幾つかの「否定的外部性」を内部化したことを認識することに失敗したことにあるだろう。もう一つの理由は，リベラルな民主主義的システムやほかの近代政治システム内部での社会運動の重要性や，これらの運動が自然への打撃を防ぎ，そしてあるいは傷ついた自然を回復するうえでの役割を，予想しなかったしまたできなかったことにある[99]。

　コヴェルも現代の環境危機はマルクス＝エンゲルスが予想できなかったものであるとする。すなわち，

---

97)　同上書，114-116頁。
98)　Paul Burkett, *op. cit.*, p. 129.
99)　James O'Connor, *op. cit.*, p. 124.

綿密に読めば、マルクスがプロメテウス的ではないことがわかるだろう。しかし彼はいかなる種類の神でもなく、人類の歴史的出現についてのただ一人の最良の解釈者でもない。彼の偉大な長所は正義への情熱を知力及び弁証法的な天賦の才と統合したことから生じたのである。いかに卓越したものであるとしても、マルクスの思想は人間の産物であり、時代的な制約と不完全さは免れない。この理由から、最も自由な、あるいは彼の表現を使うなら、「すべての現存するものの仮借ない批判」がなされるときにのみ、それは最もよく実現される。これはいうまでもなく、みずからに対しても批判的であることが含まれるだろう。したがって、現代のマルクス主義には、彼らがさらされていない歴史、すなわちエコロジー危機の歴史に照らしてのマルクスの批判以上に大きな目標はあえいえない[100]。

マルクスやエンゲルスが未展開なままに残したものを解明するためには、マルクス＝エンゲルスが残した唯物史観のなかに環境問題を根底から位置づけることが必要となる。さらに現代では、グローバルな環境破壊を洞察できるようなグローバルな資本主義の理論的研究が必要となる。そこでオコーナーは、「資本主義の第二の矛盾」論を提起している。第一の矛盾とは「資本の過剰生産」論であり、それは交換価値に立脚しているが、第二の矛盾はいいかえれば「資本の過少生産」を意味し、使用価値の制約に立脚するという[101]。こうした矛盾把握はオコーナー独特の資本主義解釈であり、正確いうならば、第一の矛盾とは「実現の条件」に関係し、第二の矛盾は「搾取の条件」に関係する。二つの矛盾については第4章で検討しよう。「第二の矛盾」としての生産条件そのものの分析は、マルクスにおいては非常に弱い、とオコーナーはいう。

マルクスの著作では、供給条件としてのインフラストラクチャーについての言及はほとんど発見できないし、空間や都市などについては別に何も発見できない。「外部の物理的条件」についての散在する注釈は、原料となる物質の不足は資本の有機的構成を高度化させ、それゆえに、利潤率を低下させる影響を持つという一つの理論への追加となるだろうが、マルクス

---

[100] ジョエル・コヴェル『エコ社会主義とは何か』366-367頁。
[101] James O'Connor, *op. cit.*, p. 127.

の「土地」への最大の関心は地代理論に集中している。マルクスとエンゲルスの著作には，労働者階級の闘争それ自身だけはもちろん例外であるが，生産条件の維持をめぐる社会闘争についてはほとんど見いだせない[102]。

そしてオコーナーはマルクスの意識していた点と，無視した点を以下のように総括している。

> 要約すれば，マルクスはたとえば資本制農業は土壌の質を破滅すると信じていた。彼はまた，不作は経済恐慌の形態をとると考えていた。しかしながら，合理的農業は資本主義と両立できないことを彼は強調したが，農業のエコロジカル的に破滅的な方法は資本要素のコストを上昇させ，そして，特殊的タイプの経済恐慌，すなわち資本の過少生産の脅威をもたらすだろう可能性を決して考察しなかった。マルクスは両側面を統一すること，「自然の障壁」は資本主義的に生産された障壁であり，いいかえれば，「第二の」資本化された自然となりうる，と主張することに失敗した。マルクスは，危機と社会変革の「エコロジカル」理論に導く資本主義の矛盾が存在するだろうという思想を示唆したが，発展はさせなかった[103]。

そもそもマルクスにおいて自然は，(1)合理的生産の基礎であり，(2)合理的に制御する対象であり，(3)交換価値は労働が作りだし，自然は使用価値であるから「自然の価値」はないとみなされた。その結果マルクスは，生産過程における自然力の作用を認識していたし，合理的農業が資本蓄積によって破壊されていることに関心を払っていたが，自然を物質的富の源泉とは考えなかった。また，直接の個人的かつ社会的ニーズと「エコロジカルに合理的な生産」に立脚した社会を展望していたが，自然は生産力であるばかりか，社会のなかにあり社会そのものの目標として評価されるような「エコロジカル社会」は考察しなかった，とオコーナーは言う[104]。

---

102) *ibid*., p. 148.
103) *ibid*., pp. 159–160.
104) *ibid*., pp. 2–3. オコーナーのマルクス評価については，若干のコメントが必要である。第3節第2項でみたように，マルクスは土地としての自然は富の母であるとするペティ以来の見解を継承している。マルクスやエンゲルスは「共産制社会」を展望したのであり，そこに「エコロジカル社会」がほとんど描かれていないことを認めたうえで，それはわれわれが果たさなければならない課題であることを指摘しておこう。

このように考察してくると，マルクスは生産関係とその生産力との照応関係を分析してはいるが，「生産力の一般理論」は展開されなかったといえる。マルクスやエンゲルスは，自然による生産の制限，資本蓄積の自然への破滅的影響は認識していたが，生産力の発展に対しては「楽観主義者」[105]であったことになる。

　しかしマルクスは疑いなく，『資本論』やほかの著作において，資本制的生産力（そして使用価値一般）を体系的に問題にしなかった（すなわち，それらを個人と社会にとっての現実的効用としては評価しなかった）。彼は，資本制的生産力を自然の制約から人類を潜在的に解放するものとみなし，それらは人類の物質的生産を同時に可能としまた制限すると信じていた[106]。

このようにオコーナーは使用価値分析の必要性を強調するが，それは，現代の労働力再生産問題についても緊急であるとする。マルクスは労働力商品の価値について，消費財バスケットの価値内容（広義の労働生産性）を理論化し，資本主義的発展における交換価値と使用価値との増大する緊張を深く洞察し，農業や，都市と農村の関係などが合理的基礎の上に再建されるだろうと展望した。しかし彼は，その当時の消費バスケット自身を構成した特殊的使用価値を体系的には分析しなかった[107]。しかし現代においては，個々の賃金財バスケットの価値が低下してきたことに注意を喚起しなければならない。しかもその賃金財の質（使用価値）を問題にしなければならない，とする。すなわち，

　要約すれば，現代のネオ・リベラリズムとグローバリゼーションの時代に

---

[105] 一面でマルクス＝エンゲルスが資本主義の環境的カタストロフィーを予想しない「楽観主義者」であったことを否定できないが，同時に，理想とする「自由人の連合体」（共産主義）にいたる道は，先資本主義社会から資本主義社会に移行していったときの長期にわたる「生みの苦しみ」と同様に，困難な長期間が必要となるとも指摘していた（マルクス「フランスにおける内乱」（村田陽一訳），『マルクス・エンゲルス全集』第17巻，所収）。

[106] James O'Connor, *op. cit.*, p. 3. マルクスは，資本制生産力は自然の制限から人類を解放する物質的基礎を準備すると一方では考えていたが，自然からの「解放」を実現するためには結合した生産者とコミュニティによる自然の社会的コントロールが不可欠であるとしている。決して自動的に実現するとは考えていなかった。Paul Burkett, *op. cit.*, pp. 150-158.

[107] James O'Connor, *op. cit.*, p. 327.

おいて，より可変的で伸縮的なニーズは商品形態においてしばしば充たされる。それゆえに，労働力の再生産費用（消費バスケットの価値内容）はますます減少する，たとえば工場で作られた分譲アパートや倉庫のような小売ストアなどによって，すべてがより少数の労働者によって生産されたり遂行されたりしている[108]。

さらにオコーナーは，マルクスたちは使用価値をめぐる闘争に沈黙していた，という。すなわち，

> マルクスとエンゲルスは，資本主義が土壌と森林の生産性に与える影響，スラムの住宅事情，都市の汚染，ある種の具体的労働の破滅的な物理的・精神的影響，等々に興味を持ち決定的な言及もしているが，たとえば，汚染や危険で不健康な労働条件などへの抗議のような労働過程から発生する社会的・政治的闘争についてはほとんど述べていない。彼らは，たとえば，悪い肉やスラムの住宅事情に対する抗議のような特定の使用価値に標的が当てられた抗議，食糧備蓄のような伝統的形態の社会的連帯を維持しようとする闘争について，共通して沈黙していた[109]。

こうなった理由は，こうした質的闘争が当時は十分に発展していなかったという歴史的事情と，マルクスは当時の多くの特殊的病気と土地と労働の使用を改革しようとする多くの闘争を知っていたが，それらに特別の政治的重要性を与えなかったことにある[110]。

オコーナーの「総括」はほぼ妥当であると考えるが，すべての解決をマルクス＝エンゲルスに求めるのはそもそも不可能なことであり，ないものねだりに終わってしまう。大切なことは現代に生きるわれわれがどう発展させていくかにある。

第3項　「維持可能な社会」とエコロジカル社会主義

環境問題は資本主義システム内部で解決可能なのか，資本主義を超えたシステムでなければ全面的には解決できないのだろうか。この問題に回答を与える

---

[108]　*ibid.*, p. 328.
[109]　*ibid.*, p. 329.
[110]　*ibid.*, p. 330.

前に媒介的領域について検討しておこう。宮本憲一は，日本の公害反対運動の実践を踏まえて，環境問題と体制問題とを媒介する「中間システム」論を提唱し，環境問題解決のためには計画原理が不可欠となるとしている。オコーナーはアメリカ合衆国での環境問題の運動と理論を検討して，「分配闘争」よりも「生産闘争」を重視した「エコロジカル社会主義」を提唱している。ともに第1節で紹介したマルクスの「自由人の連合体」（共産主義社会）にいたる過渡的構想として検討しておこう。

宮本の提唱している「中間システム」とは，①資本形成（蓄積）の構造，②産業構造，③地域構造，④交通体系，⑤生活様式，⑥廃棄と物質循環，⑦公的介入のあり方，⑧市民社会のあり方，⑨国際化のあり方，である[111]。これらの中間領域を宮本は体制問題であるよりも，環境問題を規定する政治経済学の領域の問題と位置づけている。バーケットはエコロジカルにアソシエイトされた生産の基準として，①自然への人間の責任，②親エコロジー経済社会システム，③リスク回避，④協業化・民主化，⑤多様性，⑥環境意識と教育，⑦エコロジカルな富，を指摘している[112]。

宮本は，「中間システム」は，
> これらは資本主義か社会主義かという体制（生産関係）のちがい，先進工業国か発展途上国かなどの生産力のちがいをこえて，環境問題を規定する政治経済社会的な要因である。たとえば同じ体制でも，産業構造が素材供給型重化学工業を中心とし，大都市化が進み，自動車中心の交通体系をくみ，大量消費をしているA国は，サービス化した産業構造，中小都市に分散した地域構造，鉄道中心の交通体系をくみ，節約型消費でリサイクリングをしているB国にくらべて，公害やアメニティの破壊がおこるといってよい。また基本的人権や民主主義が確立し，市民社会の確立しているC国は，それらが未発達なD国にくらべて，環境政策が進みやすいといってよい。／このように外部不経済あるいは社会的費用を内部化するために市場原理をどう活用するかという新古典派経済学でなく，また素材と体制とい

---

111) 宮本憲一『環境経済学』56-71頁。その内容については宮本の書物自体を参照されたい。
112) Paul Burkett, *op. cit.*, pp. 241-254.

う二元論でなく，このような政治経済社会システムの解明が，環境経済学の主要な課題である[113]。

という。こうした「中間システム」から環境問題を考察すると，短期的な経済・政治的目的のための環境変化が長期的・永久的な被害をもたらしているから，時間と計画が重要な要因となっていることがわかる。そこから，計画原理の必要性が生まれている。

> つまり，変化の期間が長い環境を改造するためには短期的な利潤目的をもって動いている私企業の原理は妥当しないのである。計画原理が環境保全には不可欠にあることが，この時間の違いから明らかであろう。素材面からみて価値の大きい環境を破壊するのが私企業の自由な空間利用という体制の論理であるとすれば，環境を保全するのも，計画という体制の論理なのである[114]。

と述べている。宮本が目標とする社会は「維持可能な社会」であり，計画原理を取り入れた一種の公私混合経済である。すなわち，

> 本書では，リオ会議が提唱した「維持可能な発展」という政策原理を発展させ「維持可能な社会」を提唱する。この「維持可能な社会」の生産関係はまだ明らかでないが，当面は公私混合経済になるであろう。そして，それを創造していくために，これまでの近代化路線を乗り越える「内発的発展」の道を提唱する。これは環境か開発かという二元論ではなく，環境保全の枠組みの中で地球の総合的発展を住民主体に進めようというものである。これを先進工業国のみならず発展途上国が採用しなければ，地球環境の危機は解消しないのではないか[115]。

と述べている。その内容については筆者も賛成であるが，社会主義という体制問題との関連でいえば，「維持可能な社会」は計画経済なり社会主義とどのように関連するのかを詰めていかなければならないだろう。

これに対してオコーナーは，社会主義に移行しなければ，貧困や失業という資本主義固有の問題（矛盾）ばかりでなく環境問題も解決できないとして，エ

---

113) 宮本憲一『環境経済学』71-72頁。
114) 同上書，114頁。
115) 同上書，74頁。

コロジカル社会主義を提起している。本格的には第5章以下で検討するが、そのエッセンスは次のようになる。

　市場（資本）は、労働力と土地・自然という本来商品化できないものまで商品化しているが、市場による調整には限界がある。伝統的社会主義は資本の生産と再生産を問題にしてきたが、エコロジカル社会主義は、使用価値視点に立って「生産条件」の生産と再生産を重視する。その主張は、多くの労働者やマイノリティやコミュニティ運動家や環境運動家と同じように、交換価値を使用価値へ、利潤のための生産をニーズのための生産に従属化させることである。

　オコーナーの提唱するエコロジカル社会主義は、当然ながら資本主義的生産関係が生産力を形成する方法を批判する。新社会運動は、資本主義的方法にとって代わる代替的技術・労働関係・運輸方法・育児施設等々にもとづいて、これらの生産力を修正したり廃棄しようとしてきた。したがってエコロジカル社会主義は、資本主義的生産力それ自体も批判する。そしてオコーナーは、エコロジカル社会主義への可能性をマルクス主義は潜在的に持っているとして、マルクス主義に期待する。すなわち、

　　しかしながら、これらやそのほかの沈黙にもかかわらず、のちほどみるように、マルクスとエンゲルスと一連のマルクス主義者たちは、人類の歴史と自然の歴史とを直接に関係づけて理解した（現代でもそうみている）；すなわち彼らは、資本主義の反エコロジカルな性格と交換価値と使用価値とのあいだの矛盾関係を明確に表現する理論の必要性を理解した（今も理解している）；また少なくとも、潜在的なエコロジカルな社会主義ヴィジョンをもっていた（今ももっている）[116]。

詳しくは第5章以下で紹介し検討しよう。

---

116) James O'Connor, *op. cit.*, p. 4.

第2章　自然と人間
—唯物史観と生態史観—

　序章第3節第2項において，現代の危機はシステム統合の危機であり，それを解明し克服していくためには，環境問題を根底におきながらシステム全体を考察しなければならないと主張した。そのためには，唯物史観の基本概念である生産力と生産関係の概念を拡張・深化させ，それらの意識形態（イデオロギー）を重視する必要があることを強調した。こうした問題意識に立って，本章ではエコロジーとその歴史観，自然と文化を結びつける主体としての社会的労働，生産力と生産関係の拡充とその文化性，について考察しよう。

第1節　自然と労働と文化

　第1章第3節でみたように，マルクス゠エンゲルスの唯物史観は，人間と自然との関係についての巨大な認識をもたらした。しかし，マルクスは本源的生産と自然との関係が生産様式に大きく規制されることを強調したが，環境条件やエコロジーそのものを資本主義批判体系の根底にはおかなかった，とオコーナーは指摘した。本節では，自然と文化を労働による媒介によって関係づけようとするオコーナーの見解を紹介しよう。

　エコロジストは，「標準的マルクス主義」の理論的・実践的出発点を多かれ少なかれ無視する。たしかに「標準的マルクス主義」は，生物やエネルギー使用のライフサイクルよりも，資本循環と労働搾取を優先させている。そして，自然の不可抗力的な自律性が人間の行動（企画）を可能にしたり制限することを，無視する傾向があった[117]。しかし，マルクス主義者を自認するオコーナーは次のように自問し，エコロジストとの協力を模索する。すなわち，エコロジストに対して，自然史と人間史は相互規制的であると主張することで十分であ

---

117)　James O'Connor, *Natural Causes*, p. 4.

ろうか。さらに,「自然搾取」の歴史と階級闘争とのリンクを追加すべきだろうか。その解答を求めてオコーナーは,自然そのものを考察していく[118]。

マルクスを含めた19世紀の思想家たちは,自然法則は「規則的」であり偶然は支配しないと考えた。しかし,20世紀の科学とその不確実性原理は,自然は人間の物的活動によって改造されると同時に,予想しがたい方法で自己改造もすることを確証している。また自然は,人類の物的生活と意思の進化過程において積極的な役割を担っている。たとえば森林の更新,土壌形成のサイクル,特定の種の繁殖パターン,気象変化などは,あるときは「弱い法則性」を示すが,あるときは法則性のない相対的・絶対的な自然の自律性を示している[119]。したがって唯物史観は次のように展開されなければならない,とオコーナーはいう。「本源的」自然と「第2次的」自然の歴史は,時間軸と諸事情に依存しながら人間の歴史と相互規制関係にある。したがって外に向かっては,唯物史観は物理的自然に向かって展開されなければならない。人間の生物学的進化と社会的に組織された種の再生産過程とは,やはり時間軸と諸事情に依存しながら自然史と相互規制関係にある。したがって内に向かっては,唯物史観は人間の生物学的進化と再生産過程を展開しなければならない。唯物史観は自然史と人間史の両方を内包していなければならない,とオコーナーは主張していることになる。こうした観点から,マルクス主義者とエコロジストの協力が必要である。両者には人間社会のあり方の認識において違いがあるが,マルクス主義は真っ先に生態学的になるべきだ,という。そして何よりも,自然と社会的労働はいかにあるべきかを考察することが焦点となる,という[120]。

まず自然そのものを考察しよう。自然経済におけるエコロジー関係と物理的関係が労働過程での分業に影響する。しかしこの事実は,マルクスの資本蓄積,競争,恐慌,資本の集積・集中の理論においてはこれが相対的には無視されて

---

118) *ibid.*, p. 5.
119) *ibid.*, pp. 5-6. コヴェルも自然の自律性との関連で生態系の本質を次のように定義している。「それぞれが互いに拘束され,内的に関係しており,他方ではほかのすべての生態系と結合していることが,生態系の本質的な性質である。こうして自然という端から私たちが読む自然は,すべての生態系の総体として定義される。」(ジョエル・コヴェル『エコ社会主義とは何か』46頁)
120) James O'Connor, *op. cit.*, pp. 6-7.

いる，とオコーナーは指摘する。現実には，産業的・社会的分業間とその内部での分業様式は，生物学的・物理学的・化学的生活で満ち溢れている[121]。気候学的・地理学的諸力や化学的反応や食物連鎖などの「自然経済」は，環境科学の対象であるとともに，現代のエコロジカルな感受性の基礎でもある。人類は石油製品によって循環を速め，化学工場の空気の組成を変えることによって化学的反応過程をコントロールできるが，こうした速まるサイクルと化学的反応は依然として自然の傾向的ないし「弱い」法則にもとづいている[122]。

このような「自然経済」（環境）は，社会の形成とそこでの階級構成に影響を与える。たとえば，革命前のキューバでは，煙草やコーヒーは熟練された手労働が必要であるが，山の良質な土壌が不足したので小規模所有のもとで生産された。対照的に砂糖は，なだらかな平地で生産され熟練労働がほとんど必要でなかったから，中・大規模な資本家所有であった。このように，生産関係も生産力も多かれ少なかれ自然に依存している[123]。

社会的労働と文化も相互規制関係にある。人間労働は階級権力と価値法則だけではなく文化的規範や実践によっても規制されるが，逆に，文化的規範や実践は人間労働によって影響を受ける。だから，両要因の内的な繋がりを弁証法的に分析することがなによりも必要となる[124]。労働と自然とはまた相互規制関係にあったから，三者の相互関係は文化と自然は社会的に組織された社会的労働のなかで一緒になり統合される，とオコーナーはいう。いいかえれば，文化的エコロジーとエコロジカル文化は，物的生産・分配・交換・消費の社会関係のなかで表現されることになる。現代では，労働や労働関係などに入り込んでいる文化的諸関係と，労働過程に入り込んでいる物理学的・生物学的・化学的諸関係は，資本のグローバリゼーションの結果ますます複雑化してきた[125]。

---

121) *ibid*., pp. 43-44.
122) *ibid*., p. 44.
123) *ibid*., pp. 44-45.
124) *ibid*., p. 45.
125) *ibid*., p. 46.

第2節　エコロジカル歴史観

　歴史におけるイデオロギーの役割については，第1章第2節で触れたので，本節ではエコロジーの視点からみた歴史を検討しよう。この場合のエコロジーは自然環境から出発するが，アメニティにまで拡張される。アメニティについて宮本憲一は次のように定義している。

　　アメニティとは，市場価格では評価できえないものをふくむ生活環境であり，自然，歴史的文化財，街並み，風景，地域文化，コミュニティの連帯，人情，地域的公共サービス（教育，医療，福祉，犯罪防止など），交通の便利さなどを内容としている[126]。

　オコーナーは，自身の仕事と生活の場所でもあるモンタレー湾岸地域を例にとりながら，現代アメリカの政治学におけるエコロジー論を批判している。彼によれば，環境決定主義も文化決定主義も，階級社会と階級政治を無視しているので誤りである。「階級政治」こそ，経済問題と結びついている環境問題とコミュニティ問題を解決する可能性を持っている，と主張している。

第1項　環境決定主義と文化決定主義の批判

　アメリカ合衆国のモンタレー湾地域を見れば，北部と東・南部との地理的違いが文化を規制しているといえる（環境決定主義）。しかしこの地域にはさまざまな文化が移植され，土地は人間によって変えられたことを考えれば，「文化が自然を形成する」（文化決定主義）ともいえよう。しかし二つの決定主義は間違っている，とオコーナーは批判する。資本主義が土地を支配するようになってからの歴史は，環境決定主義でも文化決定主義でも説明できない。前者は，生命地域主義なり「地域の政治」(politics of place) に陥る。後者はそれぞれの「故国」の文化に合わせて自然を作り変えようとしてきたが，文化的原理の「相対性」と支配的な北欧・男性文化の「独占的権力」を打倒する必要性を強調し，「アイデンティティ政治」(identity politics) になる。グローバル多国籍企

---

[126]　宮本憲一『環境経済学』129頁。

業がモンタレー湾岸地域の自然を規定しているときに、そして、資本と労働、所有者と労働者の亀裂が深まっている現代において、「地域の政治」は労働や階級から逃避して、声高に古い昔へのノスタルジアを叫んでいることになる。マルクスが発展させた資本主義モデルを資本主義がグローバルに現実的にシミュレートとしている現代において、階級政治の抑圧から利益を得るのは旧中間階級と新中間階級である、とオコーナーは批判している。中間階級は最も環境保護や文化遺産保護に熱心なグループであるが、彼らを取り巻く地方や地域の政治で無視されている命題は、人間の物的活動（生産・分配・交換・消費）が文化史と自然史を媒介しているということである、と批判する[127]。

第2項 「資本＝賃労働」関係と自然

　歴史家たちも、資本・労働問題が地形・湿地・近隣・人種・ジェンダー等とどのような関係にあるかをほとんど扱わない。しかしモンタレー湾岸地域を見ても、資本と労働が陸地や海岸線や海底資源を変化させ、その結果、生態系が変化してしまっていることに気づく。都市化による居住地域の区画化（たとえばグリーン・ベルト地帯の設定）によって、都市の景観はまるで「壁のない動物園」のようになってしまったし、「レッド・ウッズのなかのカリフォルニア大学サンタ・クルス校」は「サンタ・クルス校のなかのレッド・ウッズ」に変わってしまった。レッド・ウッズを伐採し都市化していったサンタ・クルスは、外来の樹木や植林されたレッド・ウッズによって人為的（文化的）に作られた都市に変化してしまうであろう[128]。その結果、予想ができないようなエコロジカル危機が起こってくる可能性がある、とオコーナーは警告する。すなわち、
　　異常現象は、リンゴの木から個人の建造物にいたる生活上の何かが誤っている兆候である。ある園芸家は、挿し木が根づかなかったり良い蔦が酸っぱい果実を実らせるときには、何かが間違っていることを知っている。良い精神科医は、患者が話す内容と方法にある不一致を聴き取ったときに、患者はある種の問題を持っていることを知る。これらは危機の兆候であり、

127）　James O'Connor, *op. cit.*, pp. 72-78
128）　*ibid.*, pp. 79-83.

果実が酸っぱいときには樹木と家族に不良のリンゴを生産させ，人々に不安を与え，馬鹿なことあるいは残忍なことをしでかさせる。しかしこうした危機は同時に，新しいリンゴなり健全な家庭なり，維持可能で平等なコミュニティへの転換の機会をも作りだす[129]。

さきにも指摘したように，自然と文化を媒介するのは労働であった。正確にいえば，労働は両者を生産的方法で結合させ，生活の物的手段を生産する。自然と文化は独立して作用するのではなく，労働に媒介されながらさまざまな方法でむしろ変化し変化させられた[130]。その労働は資本によって支配されているので，資本が決定的な影響力を持つ。すなわち，

しかしながらこれは重要なポイントであり，伝統的な生活様式や親しみなれた景観は資本の論理に屈服する。市場や金融や生産のグローバリゼーションは，古い文化や特有の環境を侵食した。特殊資本主義的な自然と文化は，空間と時間の概念と良き人生の意味を含めて，最終的には利潤のために再生産され搾取された。今日，土地と労働は，商品として生産されたのではないにもかかわらず，擬制的価格（「地代」と「賃金」）をもった商品であるかのように扱われる擬制的商品となった。現実には，労働の賃金形態と欲望充足の商品形態は普遍的になっている。ハイウェー，開発された住宅，歩行者用商品街，……などの作りだされた環境は，三日月形のモンタレー湾からこの地域全体にわたって多かれ少なかれ同じである。自然と文化の両方の資本主義化への文化的・政治的リアクションは，ほとんどが普遍的な保護主義である[131]。

このように考察してくると，環境決定主義や文化決定主義に代わって「階級政治」（class politics）こそが，失業，低賃金，ホームレス，貧困，不平等，そして社会的腐朽と結びつけられた地域的環境問題と政治的アイデンティティに取り組む可能性を持っている，とオコーナーは結論している[132]。そして大事なことは，自然はいかにあるべきかということは，労働がいかにあるべきかとい

---

129) *ibid.*, p. 79.
130) *ibid.*, pp. 83-84.
131) *ibid.*, pp. 84-85.
132) *ibid.*, pp. 85-86.

う問題に依存していることになる[133]。

第3節　生産力概念と生産関係概念の展開

　序章第3節で述べたように，生産力概念と生産関係概念の内容を豊富化しなければならない。オコーナーはすでに見たように，自然と文化を労働によって統一しようとした。こうした見地は，生産力や生産関係の理解にどのような新しい光をもたらすだろうか。結論を先取りしていえば，生産力と生産関係への文化の影響を重視することになり，生産力主導説に対する訂正となる。

　オコーナーによれば標準的な唯物論理解では，機械・道具・技術を含めた技術的関係として生産力を定義し，それは社会の物的力ないし潜在的力を意味する。搾取の社会的関係は生産関係と呼ばれ，社会の生産物の収奪を含めた社会の財産関係と権力関係を意味する。マルクスの唯物論は，歴史の変化論や発展論において生産力を優先させる。しかし生産力の内容は問題にされてこなかった。ネオ・マルクス主義の社会学者たちは，労働関係と労働管理の手段としての技術などに関するマルクスやエンゲルスの仕事に示唆されながら，この欠陥を訂正しようと試みてきた。標準的理解によれば，生産力は歴史的に累積されたものであり，科学の発展に基礎をおいている。そして生産力が究極的には生産関係を規定する。すなわち，生産力（社会生活の物的内容）が生産関係（物的内容が組織される社会的形態）と対立するときに，危機が発生する。古い生産関係は捨てられるか改革され，新しい生産力に適応的な新しい生産関係が高度な社会形態において再構築される。このように生産関係は永続しないで，進化的に変化するか革命的に変革されていくとみなされる[134]。

　こうした標準的見解は，マルクス主義理論家や非マルクス主義理論家によってさまざまに批判されてきた。その批判のいくつかは，「文化」と「自然」が無視されていると要約できるだろう。この批判は正当であり，技術や分業や所有形態や階級関係の研究とともに，文化や自然の特殊形態を歴史的に研究しな

---

133)　*ibid.*, p. 88.
134)　*ibid.*, pp. 35-36. このような標準的解釈は，さきに引用したマルクス『経済学批判』の序文における唯物史観の説明の解釈としては妥当である。

ければならない，とオコーナーはいう[135]。その含意は，すでに考察したように，自然と文化を媒介するものは労働であり，社会的労働はいかにあるべきかという観点から，歴史の発展を考察しなければならないことになる。

　生産力は，自然ないし改造された自然（「第二次的自然」）によって供給される物質と生産手段と生産対象物から構成されているかぎりでは，客観的である。しかし，生きた生身の労働力一般と文化的実践にも媒介されている特殊な協業能力を内包している。そうした意味においては，生産力は主観的でもある。生産関係も，価値法則・競争・集積と集中等の資本主義の傾向法則に応じて発展するかぎりでは，客観的である。しかし生産関係は，固有の文化的概念と搾取の特殊な形態を組織する能力を内包している。こうした意味においては，生産関係も主観的である。このように客観性と主観性をもつがゆえに，生産力も生産関係も自然的であると同時に文化的でもあることになる，とオコーナーはいう[136]。

　伝統的（標準的）マルクス主義者が文化や自然概念を軽視ないし無視する主要な原因は，協業の考察が一面的であり，文化に規制された協業形態や自然経済内部の「協業」を重視しないことにある。たとえば，封建制から資本制への移行論において，宗教改革や反宗教改革がもたらした文化的変化，農業やエネルギー生産や建築の中世的方法がもたらしたエコロジーの変化や破壊の影響は，軽視ないし無視されている。生産の手段と対象・技術的熟練・自然状態が協業形態を決定するとする「技術決定主義」は，労働を問題にしている。しかし，階級関係を重視するルカーチや西欧マルクス主義は，労働者を問題にしている。前者は協業を生産力とみなし，後者は協業を生産関係とみなしている。両者は統一されて理解すべきである，とオコーナーは主張する[137]。バーケットも同様に，労働と生産の自然性と社会性の統一を強調している。さらにバーケットは，社会的関係（分業）が欲望や労働能力を規定するとして，社会的関係としての家族による労働力再生産を重視している[138]。ともかく協業論や分業論は，

---

135) *ibid.*, p. 36.
136) *ibid.*, pp. 37-38.
137) このようにオコーナーは，協業・分業関係は生産力の側面と生産関係の側面を同時にもっていると理解しているが，筆者も両面をもっていると考える。

文化と自然を社会的労働が結合するという観点からなされるべきである。マルクス『資本論』第1巻の協業・分業・機械制大工業は，生産関係の変化が新しい生産力を形成している点を見事に分析している。一般的に，社会革命の時期には，生産関係の変化は協業形態したがって生産力の変化をもたらすといってよい[139]。すでにみてきたように，文化と自然を結びつけるものが労働であり，生産力も生産関係も客観的であるとともに主観的であるから，必然的に文化性と自然性を帯びることになる。自然性についてはすでに第1節で考察したので，ここでは文化性について考察しよう。

　唯物史観再構築のための第一ステップは，協業様式・労働関係と歴史的変化・発展の関係を解明することである。次のステップは，文化や自然が，所有・支配階級が労働力を生産手段に結合させる様式に影響することを研究することだ，とオコーナーは問題を設定する[140]。

　マルクスは「文化」を上部構造とし，土台に織り込まれているものとして考察しなかった。このミスが協業様式の理論化を不完全なものに残してしまった。生産関係は，支配＝被支配関係，支配内部の関係，被支配内部の関係，の三側面をもっている。アルチュセールは支配階級の内部関係を理論化し，ニュー・レフトたちは被支配階級の内部関係を分析しはじめ，労働の効率よりも労働支配の実効性を重視してきた。いまや労働関係を，技術的必要性とか階級勢力（力）だけで規定するのは一面的である[141]。さらにオコーナーは，労働関係は文化・イデオロギーに規制されることを強調する。すなわち，

　　文化は剰余生産物だけに出くわすようなものではない；それは上部から労働現場に輸入されたり（たとえば合衆国経済のあるセクターを組織するために利用されている「若者文化」；「企業文化」など），下部からも輸入される（たとえば抗議と抵抗の方法，ネットワーキング，組合文化，カーニ

---

138) Paul Burnett, *op. cit.*, pp. 49–53.
139) James O'Connor, *op. cit.*, pp. 38–40. 生産関係の変化が生産力の変化をもたらすとするのに筆者も賛成であるが，マルクスは，生産力の発展に照応して協業・分業・機械制大工業を分析し，それらが生産力を高めることを説明している点を見過ごすのは正しくない。
140) *ibid.*, p. 40.
141) *ibid.*, pp. 41–42.

バルなど），日々の生活の縦糸であり横糸である[142]。

　残念ながらオコーナーは問題提起に終わってしまっているが，われわれも取り組まなければならない課題である。文化は土台（労働過程と労働関係）に織り込まれている，とのオコーナーの主張は正しい。

---

[142] *ibid.*, p. 43.

第3章 資本主義と生産条件
―体制による素材の包摂―

前章での考察によって，労働（社会的労働）こそ自然と文化を結びつける基軸概念であり，社会的労働のあり方が人類の搾取からの解放と環境問題の根本的解決をもたらすことが明らかになった。しかし資本主義システムでは私的労働が支配的であり，社会的労働は商品や貨幣や資本といった物象化した主体によってしか実現しない。本章では，資本制商品経済が，環境や技術を含めた広義の生産条件をどのように利用しそして破壊してきたかについて考察する[143]。資本は環境を破壊し，資本主義は環境を含めた生産（搾取）条件を悪化させてきた。国家は環境破壊を促進する面と抑制する面とをもっているが，市民社会は環境破壊をチェックしなければならない。もちろん技術は環境問題に関係しているが，技術開発は資本蓄積と大衆消費社会によって特徴づけられるし，それが労働管理にも利用されている。

第1節 資本主義と環境問題

第1項 資本主義と公害

環境は自然からアメニティまでを含むが，本項では社会的災害である公害を考察しておこう。宮本憲一は公害を次のように定義している。

> 公害とは，①都市化工業化に伴って，大量の汚染物の発生や集積の不利益が予想される段階において，②生産関係に規定され，企業が利潤追求のために環境保全や安全の費用を節約し，大量消費生活様式を普及し，③国家（自治体を含む）が公害防止の政策を怠り，環境保全の支出を十分に行わぬ結果として生ずる，④自然および生活環境の侵害であって，それによっ

---

[143] 本章は資本主義が自然に与えた破壊的影響に焦点を絞るから，『資本論』で解明された資本主義の一般的理論や運動法則とその現代的変容については，さしあたり，拙著『現代マルクス経済学』を参照。

表3-1　災害と公害

		自然的災害 （地震，風水害など）	
産業公害 （水俣病，四日市ぜんそくなど）	薬害（エイズ，スモン病），食品公害など商品・サービスによる害	都市公害 （自動車排気ガス，その他複合汚染）	基地公害 公共事業公害
労働災害 （職業病）	産業事故 （ガス爆発，油流出）	交通事故，地下街事故など	戦災など （原爆病など）

（縦軸：社会的災害）
（横軸：←産業災害→←都市災害→←権力災害→）

出所：宮本憲一『環境経済学』128頁。

て人の健康障害または生活困難が生ずる社会的災害である。したがって，公害は自然災害とは違って，経済政策や経済制度の改革や変革によって，制御または防止できる社会問題である。公害は現代社会に共通して発生しているが，国民経済の成長率が高く，企業の競争が激しく，産業構造が汚染型であり，大都市化が急速で，大量消費生活様式が普及している国で，かつ基本的人権が確立せず，言論出版の自由や特に地方自治の未発達あるいは総合的文化や環境教育の未熟な国ほど，深刻な様相を呈している。被害者は労働者階級，農漁民を中心に貧困階層や差別された少数民族に集中して現れるので，他の貧困問題と相乗して社会問題化するのである[144]。

このように公害が弱者（生物的，社会的）に集中する。その理由は，

一般的にいって，汚染地域の住宅は事業所に隣接しているので，交通費が不要であり，環境が劣悪な反面地価や家賃が安く，また物価が安いので低所得者が居住している地域である。低所得者の住宅の質は悪いので，大気

---

[144] 宮本憲一『環境経済学』122頁。

汚染や騒音・振動などの被害にあいやすい[145]。

　被害が社会的弱者に集中し，貧困と相乗して生活困難を生みだすことを政治経済学は重視する，という[146]。宮本は公害とその他の災害の全体像を表3-1のようにまとめている。

第2項　資本主義と環境問題（環境史）

　社会災害としての公害を含めた環境問題全体は，資本主義という体制がもたらした。もともとは公共財として万人が共有すべき環境が私有化されはじめたのは，私有財産制からはじまる。しかも交換価値に立脚する資本制商品経済が成立すると，環境には元来交換価値がないから，浪費されやすく破壊されやすかった[147]。

　まず，資本主義の成立とは次のようなことを意味することを確認しておこう。宮本憲一は次のように要約している。

> このような革命は，資本家が資本を無限に蓄積し，自由に立地して，国内外の全地域から集めた労働者を雇用して，利潤を上げる道を保障した。他方，労働者はこの革命によって，土地，身分や職業の緊縛はなくなり，住居や職業を選択する自由を得た。労働者は労働力という商品の所有者として，生産手段という商品を所有する資本家と市場のうえでは平等となった。つまり，相互に自主自責の商品所有者となったのである。しかし，それはたてまえの平等であって，実際には労働者はあくまで労働力という商品を生産手段をもつ資本家に買ってもらえねば生活することもできず，自由を主張することもできない存在となった。つまり，近代労働者は中世の農奴のように生産手段や住居をもたず，無一物で，労働力を売って働かねば最低限の生活も保証されず，いつでも飢餓，失業やホームレスになる自由をもったのである[148]。

　すなわち近代の賃金労働者は「生産手段や住居」を失ったのである。環境も

---

145)　同上書，118頁。
146)　同上書，119頁。
147)　同上書，85-86頁。
148)　同上書，89頁。

自由な資本蓄積によって利用される対象となった。すなわち,
　このような体制のもとでは,自然は無限の資源として,企業や個人の自由な利用の対象となり,資源としての価値を維持する限度で保全されることとなった。環境はなによりもまず資本の運動（資本蓄積）の場となった。これに対して,住民とくにその中心をなす労働者の生活環境は資本から見れば労働力を再生産する場として,そのための必要最低限の条件のみを保全あるいは創造する副次的な存在となった。こうして環境は資本主義の発展に伴って私企業の意思で自由に変容され,人間の生存と生活のための環境としての一体性や自然としての秩序が破壊されていくこととなった[149]。

次に宮本は,資本主義の段階的発展と関連づけて環境史を概観している。産業資本主義の時代には,資本主義的な工業化による不変資本の蓄積は環境を外部経済化したために,環境破壊が起こってきた。また工業化にともなう都市化は計画性のないままに進められ,それにともなって「集積の不利益」を都市生活者にもたらした。もちろん国家は労働力の世代間保全を目的として,「工場法」や「標準労働日」などを作ったが,全体的にいえば19世紀の公害対策には限界があったと宮本は総括している。

オコーナーは,イギリスの産業革命とアメリカ東部の開発を振り返ることによって,「北」の環境破壊を歴史的に確認している。過去200年にわたって,「北」の世界は物質的生活水準を飛躍的に増加させたが,同時にこの成長は無差別な天然資源の利用と,あらゆる種類の汚染を「北」と「南」の世界にもたらした。商品形態の富は自然の貧困と「南」の貧困を生みだしてきた。

イギリスの産業革命は機械制綿工業を生みだしたが,機械を動かすワットの蒸気機関は大量の石炭を必要としたから,より安く硫黄成分の多い瀝青炭が使用されるようになった。石炭の煤煙は農業の生産性を減少させ,多様な植物を絶滅させた。酸性雨は土壌の生産性を低下させ,煤煙は太陽光を遮断し,くる病や異常成長児をもたらし,ビタミンD不足による子供の病気を生みだした。鉱山からの排水は,酸化物・粒子・鉄鉱石・重金属を河川に流し,その複合汚染として高度の有害物質を植物や動物にもたらした。その結果,魚は減少し,

---

149)　同上書，90頁。

酸素を減少させてしまった。このようにワットの蒸気エンジンは，経済的勝利であるとともに環境破壊であった。綿製品は奴隷と交換され，新世界での綿花・砂糖・コーヒー・タバコの生産のために輸出された[150]。

アメリカ合衆国では，穀物生産農民が土壌を劣悪化させたから，近隣や郊外の住民に穀物を供給できなくなった。初期の郊外人は働く都市において食料を購入したから，都市は食糧市場センターとなった。都市自身は石とレンガで建設されたから，ハドソン川全体の露や雨や霧によって運ばれた有害物質は，葉っぱを枯らし，未成熟な果物を枝から落とし，樹木を死滅させた。そのためにより自然な環境を求めて人々は郊外に住むようになった[151]。

こうした物語は百倍にも増やすことが可能だろう。これらは資本主義と自然の一般的矛盾，ないし自己増殖する資本と自己制限的な自然との矛盾の例証である。資本は際限なき自己増殖を本性としているが，自然は自己増殖しない。森林は絶頂期に達するし，新鮮な水は地理と気候に制限され，化石燃料と鉱物は有限である。自然は人間の生産を可能にするとともに制限するのであって，しかも，そのリズムと循環は自然法則によって支配されている。資本蓄積による環境破壊については，第4章で具体的に考察しよう。

さて独占資本主義になると，地主は独占体（金融資本）と連合し階級としては消滅する[152]。独占体のもとで発生する過剰独占利潤は土地に投資され土地投機が活発になり，全法人が地主になるように変化した。さらに先端産業が重化学工業となり大都市化が進んだために，環境破壊が深刻化し，都市開発がはじまり不動産資本が成立した。現代資本主義（第二次世界大戦後）になると，環境問題は改善されるどころか悪化してきた。そもそも20世紀独占資本主義は二度の世界大戦を起こしたが，戦争そのものは非戦闘員を含めた大量殺人であるばかりか，生態系と町並みを破壊する環境破壊にほかならない。したがって軍縮は絶対的に必要である，と宮本は主張している。しかも戦後産業構造が，

---

150) James O'Connor, *op. cit.*, pp. 8–9.
151) *ibid.*, pp. 9–10.
152) 現代において土地所有者は階級としては消滅しているという宮本の見解に筆者は賛成する。マルクス『資本論』は三大階級構成になっているが，現代の資本論はこのような枠組みでは成立しないと考える。拙著『現代マルクス経済学』199–201頁，参照。

化石燃料に依存したエネルギー体系や鉄やセメントなどの素材産業に転換したことによって，資源浪費型・環境破壊型の経済構造が定着してしまった[153]。

以上が，宮本とオコーナーが概略した資本主義のもとでの環境史の要約である。しかし人類は資本蓄積の暴走をただ傍観していただけではない。さまざまな公害反対運動・環境運動が爆発した。宮本によれば，近代文明が転換期を迎えているとの意識のもとで，環境保全政策上の「コペルニクス的転換」が起こったという。環境保全と軍縮を人類の歴史課題として認識する人々が増えてきた。世界レベルでみればストックホルム会議以降の国連を中心とする「維持可能な社会」構想，日本での公害対策基本法から公害健康被害補償法の成立，として公害反対運動は前進してきた。しかし公害がなくなったのではなく抑制されているのであり，グローバルにみれば成長国ほど都市環境保全が遅れている[154]。また，産業構造の変化によって，新しいタイプの公害が発生していると警告している。

> すなわち素材型産業の公害からハイテク工業の公害へ，石油燃焼にともなう公害から，LNG・LPGの災害や原子力による電力公害へという現象が典型なように，産業構造の変化に伴う新しい環境問題が生じている[155]。

オコーナーは，エコロジカル社会主義の立場から問うべき課題は二つあるとする。一つは，「いま『市場』と政府の計画への発言権がないまだ生まれていない幾百万の人々と，どのような関係をわれわれが持とうと望んでいるか」ということであり，二つめには，「産業家，商人，多国籍化した企業や銀行の重役，世界銀行，IMF，国家の高級官僚たちと，どのような関係を持ちたいと望むか」，という課題である[156]。第一の課題は「維持可能な社会」問題であり，第二の課題は「国家と環境」問題である。後者については第3節で，前者については第5章第7節で取り上げよう。

---

153) 宮本『環境経済学』91-99頁。
154) 同上書，1-6頁。
155) 同上書，9頁。
156) James O'Connor, *op. cit.*, pp. 10-11.

第2節　生産条件の再生産——労働力と土地の商品化

　前節で，公害や環境問題は資本主義自身が生みだしたことがわかった。これらは資本蓄積の本性と密接に関係していることが示唆されたが，本節では公害や環境問題を政治経済学的に考察をしよう。

第1項　マルクスの告発
　マルクスは，資本制商品経済では労働力という生身の人間の労働能力が商品化していること，そして土地という自然条件が資本制商品経済に包摂され，擬制的な資本に還元されていることを明らかにした。それと同時にマルクスは，無制限的な蓄積欲求が労働力と自然を破壊していることを鋭く告発していた。そのいくつかの言及を引用しておこう[157]。

労働力と土地の疲弊について
　　日々ますます威嚇的にふくれ上がる労働運動を度外視すれば，この工場労働の制限は，イギリスの畑地にグアノを注ぎ込んだのと同じ必然性によって余儀なく行なわれたのである。この同じ盲目的な略奪欲が，一方の場合に土地を疲弊させ，他方の場合には国民の生命力の根源をすでに襲っていた。ここでは，周期的な流行病が，ドイツおよびフランスにおける兵士の身長低下と同じように，そのことを明瞭に語ったのである[158]。

同じく，
　　生産物がエーカーあたり相対的に減少しているとすれば，忘れてならないのは，イングランドがここ1世紀半このかたアイルランドの土地を間接に輸出した——その耕作者に土地成分の補償手段すらも与えずに——ということである[159]。

資本はさらに原住民の生活環境をも破壊する
　　スコットランドで最後の王位僭称者の反乱ののちに始まったこの革命につ

---

[157]　第1章第3節第3項の引用文も参照。
[158]　マルクス『資本論』第1巻，第2分冊，406頁。
[159]　マルクス『資本論』第1巻，第4分冊，1204頁。

いては，サー・ジェイムズ・スチュアトおよびジェイムズ・アンダースンの著書によってその初期の段階をたどることができる。18世紀には，土地から狩り立てられたゲール人には同時に国外に移住することも禁止されたが，それは，彼らを暴力的にグラスゴウやその他の工業都市に追い込むためであった。19世紀に支配的であった方法の実例としては，ここではサザーランド公爵夫人の「清掃」をあげるだけで十分であろう。経済に通じていたこの人物は，公位につくと同時に，経済の根本的な治療を行ない，以前の同じような過程によって住民がすでに１万5000人に減少していた全州を，牧羊場に転化しようと決意した。1814年から1820年までに，これら１万5000人の住民，約3000戸の家族は，組織的に狩り立てられて根こそぎにされた。彼らの村落はすべて破壊されて焼き払われ，彼らの耕地はすべて牧場に転化された。イギリスの兵士がその執行を命じられ，土着民と衝突するにいたった。ある老婦人は小屋を去ることを拒否し，その火炎のなかで焼け死んだ。このようにして，この貴婦人は，大昔から氏族のものであった79万4000エーカーの土地をわがものとした。追い払われた土着民には，彼女は海浜に約6000エーカー，１家族あたり２エーカーの土地をあてがった。この6000エーカーは，それまでは荒蕪地のまま放置され，所有者にはなんの所得ももたらしていなかったものであった。公爵夫人は，その高貴な心情により，数百年前から彼女の一族のために自分たちの血を流してくれた氏族員たちに，この土地を１エーカー平均２シリング６ペンスの地代で賃貸しした。盗奪した氏族の土地全体を彼女は29の大きな貸借牧羊場に分割し，その各々に，たいていの場合はイングランド人である農業労働者１家族だけを住まわせた。1825年には１万5000人のゲール人がすでに13万1000頭の羊に置き換えられていた。土着民のうちで海浜に投げ出された部分は，漁撈によって生活しようとした。彼らは両棲動物になったのであり，イギリスのある著述家が言うように，半分は陸上で，半分は水上で生活したが，しかも両方合わせて半人前の生活しかしていなかった[160]。

---

160) マルクス『資本論』第１巻，第４分冊，1249–1250頁。

資本は山林も破壊する

　スコットランドの"deer forests"(「鹿猟林」)には一本の木もない。羊を追い出してから，はげ山に鹿を追い込み，それが「鹿猟林」と呼ばれる。それゆえ，造林などはとんでもない！[161]。

同じく，

　文化および産業一般の発達は，昔からきわめて能動的に森林を破壊するものとして実証されてきたが，それに比べれば，この発達が逆に森林の保全および生産のためにしてきたいっさいのことがらは，まったく微々たるものである[162]。

土地所有が農地の改良を阻害してきた

　しかしこれこそは，同時に，合理的農業の最大の障害の一つでもある。というのは，借地農場経営者は，借地期間中にそれらの完全な還流を期待できないようなあらゆる改良や支出を避けるからである。われわれは，こうした事情が，前世紀にはジェイムズ・アンダースン―彼は現代の地代理論の真の発見者であると同時に，実際に借地農場経営者であり，また当時の著名な農学者であった―によって，またこんにちではイギリスにおける現行土地所有制度の反対者によって，右のような障害として引き続き非難されているのを見いだす[163]。

資本主義は合理的農業を排除する

　歴史の教訓は，農業を別な見地から考察しても得られるように，資本主義制度は合理的農業に反抗するということ，または合理的農業は資本主義制度とは相容れない(資本主義制度は農業の技術的発展を促進するとはいえ)ものであり，みずから労働する小農民の手か，あるいは結合された生産者たちの管理かのいずれかを必要とするということ，である[164]。

その結果，農村を破壊する

　小土地所有が，未開人階級，すなわち，原始的な社会諸形態のあらゆる粗

---

161) 同上書，1254頁。
162) マルクス『資本論』第2巻，第6分冊，385-386頁。
163) マルクス『資本論』第3巻，第12分冊，1088頁。
164) マルクス『資本論』第3巻，第8分冊，208頁。

野を文明諸国のあらゆる苦悩およびあらゆる悲惨と結合する，なかば社会の外にある未開人階級をつくりだすとすれば，大土地所有は労働力を，最後の地域—労働力の自然発生的なエネルギーがそこに避難し，それが諸国民の生命力の再生のための予備元本としてそこで蓄えられる最後の地域—である農村そのものにおいて破壊する。大工業と工業的に経営される大農業〔大規模な機械化農業〕とが共同して作用する。大工業と大農業とがもともと区別されるのが，大工業はむしろ労働力，それゆえ人間の自然力を荒廃させ破滅させるが，大農業はむしろ直接に土地の自然力を荒廃させ破滅させることであるとすれば，その後の進展においては両者は握手する。というのは，農村でも工業制度は労働者たちを衰弱させ，工業と商業のほうは農業に土地を枯渇させる諸手段を与えるからである[165]。

さらに都市の土地をも劣化させた

ミシガン州は，こうして，西部諸州〔大西洋の当初の合衆国領からみた呼称〕のなかで，穀物を輸出するようになった最初の州の一つであった。その土地は全体としてはやせている。しかし，ミシガン州は，ニューヨーク州に近く，また，五大湖とエリー運河とによる水利の便があるので，なによりもまず，自然の面でいっそう豊度の高い，もっと西に位置する諸州よりも有利であった。ニューヨーク州と比較してみれば，この州の実例はより優良地からより劣等地への移行をも明らかにしてくれる。ニューヨーク州の土地，ことにその西部は，比較にならぬほど豊度が高く，小麦の栽培にたいしてはとくにそうである。この豊度の高い土地も，乱作によって，豊度を奪われ，いまやミシガンの土地がより豊度の高いものとして現われたのである[166]。

マルクスはいわゆる「外部経済」を内部化することにも気づいていた

このようにどの産業の基盤からも自然生的な基盤を奪い，それらの生産諸条件をそれらの外へ，つまり一般的関連のなかへ移すこと—それゆえ，かつては不必要であったものを必要なものへと，歴史的に生みだされた必要

---

165) マルクス『資本論』第3巻，第13分冊，1421-1422頁。
166) マルクス『資本論』第3巻，第12分冊，1176頁。

事へと転化すること―，これは資本の傾向である[167]。

第2項　生産条件の再生産

　このようにマルクスは，労働力と土地の資本主義による破壊を鋭く告発していたが，労働力と土地という生産要素そのものの立ち入った分析はしなかった[168]。マルクスのエコロジー論を擁護しそれを全面的に再構成しようとしたバーケットでさえ，マルクスは生産の自然条件は全面的に分析しなかったとしている[169]。オコーナーは「生産条件」（資本主義の「第二の矛盾」）として体系化しようとしているが，まず「生産の自然条件」についてのマルクスの基本的観点を考察しているバーケットの見解を紹介しておこう。

　マルクスの関心は，労働配分という経済原則（実体）の資本主義的な実現（形態）にあるが，そのさい重視したのは，生産者と生産条件の分離と，そのもとでの自然条件の制限にある[170]。資本制商品経済の特徴は商品生産と労働力の商品化にあるが，生産者と生産手段（自然）を分離したから，労働力の存在を前提にしているのに資本は分離された自然条件のみを必要とするように行動する[171]。この「分離」によって資本は自律性を獲得するし，資本主義に先行する社会では欲望が生産を規定していたのに，資本主義社会では使用価値が交換価値に従属する。資本主義社会では交換価値と蓄積が使用価値を決定するようになるから，資本主義社会では使用価値に対する社会的チェックが働かなくなる[172]。こうした資本による労働と自然の実質的包摂によって，蓄積は逆に商品化と資本の自律性を促進し，自然条件は労働力商品化のための「分離」された条件として現われる。生産関係（蓄積）が生産の物質的内容を決めるよ

---

167)　マルクス「1857-58年の経済学草稿Ⅱ」（『マルクス　資本論草稿集』2）197-198頁。
168)　労働力と土地そのもの分析は，マルクスの経済学批判プランでの土地所有と賃労働の固有の課題に属していた，と筆者は考えている。
169)　Paul Burkett, *Marx and Nature*, p. 13. エコロジストの一部はマルクスの基本矛盾論には生産の自然条件が欠落していると批判するが，それはまったくの誤謬である。労働力や原料が確保されなくなれば，資本蓄積が停止し恐慌を引き起こすことをマルクスは重視していた。
170)　*ibid.*, p. 57.
171)　*ibid.*, pp. 60-62.
172)　*ibid.*, pp. 62-64.

うになり，利潤原理による分業化は生産者と生産条件の「絆」を破壊し，分業を特定の自然条件から「解放」する。こうした 資本主義の無制限的発展傾向は特定の自然条件の制約から資本主義を「解放」するが，エコシステムを破壊し，地球的環境カタストロフィーの発生をもたらす，とバーケットも警告している[173]。

次に，マルクスの生産の諸条件論と残されている課題を整理したオコーナーの見解を紹介しよう。オコーナーは「生産条件」を三つに区分し，労働力を「生産の個人的条件」，土地を「自然条件」ないし「外部の物理的条件」，「コミュニケーションと運輸の手段」たる「インフラストラクチャー」を「社会的生産の共同的・一般的条件」と呼ぶ[174]。マルクス主義理論家たちは，さらに社会的インフラストラクチャーや人間が作りだした空間を，つけ加えてきた。オコーナーは，集団的消費手段，物的流通手段，生産手段の空間的集積を「社会的生産の共同的・一般的条件」としている。都市の物的・社会的インフラストラクチャー，空間，コミュニティ資本もまた「擬制的商品」である。これらは市場めあてに生産・再生産されるのではないし，市場を自由に流通することもできない。さらに，これらの「擬制的商品」は市場の需要だけでなく，さまざまな資本家諸階層の権力や階級闘争一般，とくに都市での運動にも依存している[175]。

マルクスの「自然条件」は，豊穣な土壌や魚で満ち溢れた豊富な水などの生存手段としての自然的富と，滝や航行可能な川や樹木や金属や石炭などの労働用具としての自然的富，に分かれる。そしてこれらが，固定・流動資本に入り込む自然要素であり，労働量したがって資本量とは独立して物的生産に貢献し，

---

173) *ibid*., p. 129.

174) James O'Connor, *op. cit*., p. 144. マルクスは『経済学批判要綱』において，「生きて活動する人間たちと，彼らが自然との間で行なう物質代謝の自然的，非有機的諸条件との統一」（『マルクス 資本論草稿集』1，140頁）とか，「特殊的資本とそれの特殊的な生産過程との諸条件とは区別される，社会的生産の共同的，一般的諸条件に対する，資本の特有な関係」（同，207頁）に言及している。オコーナー説は，『経済学批判要綱』の「資本にかんする章・ノートV」を要約したものと思われる。

175) James O'Connor, *op. cit*., pp. 144-146. 宮本は，「社会的一般労働手段」と「社会的共同消費手段」を「社会資本」と定義している。宮本憲一『社会資本論（改訂版）』（有斐閣，1976年）第1章，参照。

優等な自然条件は労働生産性を増加させ，交換価値を低下させる，と論じた。しかしマルクスの時代には，「自然条件」は資源不足とか自然的制約思想にもとづいていたが，今日われわれはエネルギー経済学とエコロジー経済学の真っただ中にいる。これらの経済学的分析を無視することはもはやできない，とオコーナーはいう。多国籍企業や銀行によって世界中の「第二の自然」が資本化されているがゆえに，「自然条件」をめぐる全問題はマルクスの時代よりも一層重要なテーマになってきた。マルクスは自然の能動的・自律的役割を無視したが，同時に，労働力，インフラストラクチャー，空間などを『資本論』において客体化した。それらは歴史的に理解された資本蓄積の理論化というよりは，資本蓄積の条件の理論化として役立つように思える，とオコーナーはいう。さらに，空間やインフラストラクチャーは，政治と市場によって間接的に形成されるとともに，独立して資本を地理学的に形成する。こうした問題を無視することはできない，とオコーナーはいう[176]。そしてオコーナーは，生産条件は生産力と生産関係の両方から構成されるとして，

> 生産条件は生産力であるばかりか生産関係でもあるという観察が理論的出発点になる。生産条件は，特定の所有関係・法律関係・社会関係内部で生産され再生産されるが（あるいは調達できる），これらの諸関係は，生産力と規定される生産条件の再生産と両立しうる場合もあれば，両立しない場合もある。このことは，（たとえば）教育や健康，インフラストラクチャーや自然環境を無視すれば生産力を悪化させ，ゆえに間接的に資本の生産力の減耗すなわち恐慌をもたらすがゆえに，本質的な理論的・実践的問題である[177]。

第3節　国家・市民社会と生産条件（環境）

環境は公共財として国家や自治体に信託されるから，環境の態様はこれらの環境政策に規制される。また環境政策のあり方は市民運動に左右される。本節

---

176) James O'Connor, *op. cit.*, pp. 146–147.
177) *ibid.*, p. 148.

ではその双方を考察するが，その予備的分析として，マルクスは19世紀イギリスにおける「標準労働日」と「工場法」の考察において，資本の搾取欲とそれに対する労働者階級の闘争と国家の規制を先駆的に分析しており，現代の環境問題と国家とのかかわりを考える際にも非常に重要なので，バーケットの要約を紹介しておこう。

「人間と自然」が「資本＝賃労働」関係のもとでの労働によって結びつけられているから，労働と自然の双方が疎外され，それは資本全体の蓄積の制限となる。この制限を個別資本は競争によって弾力化させようとするが，その結果は制限を局限にまで高めることになる。その例証として労働日をめぐる闘争がある。資本は労働日の制限を克服しようとして，労働力を酷使し，夜間労働を採用し，過剰人口（主として婦人労働）と児童労働を利用するが，その結果として労働者階級全体の労働力が破壊される。労働者階級は当然反抗するが，こうした労働力破壊は長期的にはイギリス資本主義全体のマイナスとなるから，国家が労働力酷使の規制に乗りだす。「共同のプールとしての労働力」とか，「公共財」としての労働力の維持を可能にさせる労働日という考え方が登場する。「超過労働」によって労働力価値が増大するようになれば，資本そのものにとっての制限ともなる。労働者階級の標準労働日を求める闘争は，国家規制への「圧力」ともなる。マルクスは，未来社会の全体的利益を考え，労働者階級は生産維持の観点から歴史的進歩を勝ち取らなければならない，としているという。そしてバーケットは，労働日規制をめぐる闘いは資本主義内部での反資本主義運動であり，社会的計画的生産システムの予兆を示していると結論している。こうした展望は，エコロジカル社会主義に共通する認識に今日ではなっているといえよう[178]。

こうしたマルクスの分析を参考にしながらオコーナーは，「三つの生産条件」に拡張して国家の介入の必然性を論じている。生産条件は市場（価値法則）によっては規制できないから，労働力や自然やインフラストラクチャーや空間を，資本が望ましい量と質で適切な時間と場所において利用できるためには，国家という代理人が必要となる。国家の政策によってこれらが保証されて

---

178) Paul Burkett, *op. cit.*, Chapter 10.

いるのである。たとえば，家族・労働・教育・保健・福祉政策，裁判制度などは労働市場での労働力のありようを規制する。天然資源・農場・水・土地政策などは資本が外部的自然を利用することを規制するし，都市政策・住居区分（ゾーニング）・都市計画・地域計画などは，資本の都市インフラストラクチャーと空間を利用することを規制する。このように国家は，三つの生産条件を複雑に規制していることになる[179]。

　国家の機能は官僚によって担われる。生産条件の供給やこれらへの資本のアクセス上の規則は，高度に官僚によって担われている。労働・環境・都市政策は公共の監視と義務にさらされているし，形式的な民主主義手続きに規制されるし，国家官僚によって実施される。理念的には，政策は民間には「正当的」，資本には「生産的」とみなされるが，これらの生産条件が無視されたり生産力が打撃を受けたときには，国家の「合法性危機」，支配政党と政府の「政治危機」が生じる。資本・産業・地域間には内部矛盾があるから，政策にも矛盾がでてくる。理論的にいえば，資本内部の矛盾とその国家政策との関係，生産条件そのものの内部矛盾である。また，政治制度と国家官僚の内部関係によっても影響を受ける[180]。

　まず国家による環境政策について考察しよう。宮本憲一は環境政策を次のように定義している。環境政策は，公害を防止し環境を保全・再生することによって，人間の生命・健康を守りアメニティを確保し，各国と協調して国際的な環境保全を進め，さらに地球環境の保全に資する総合的な公共政策である[181]。この環境政策の公準をめぐって，企業と労働者・市民は対立する。宮本は労働者・市民の立場から公準は次のようにあるべきだという。

　　環境基準などの政策目標は現行技術水準や経済制度の制約を考えずに，生命・健康の安全，エコロジカルな調和，歴史的文化的な価値など基本的人権の確立と安全を土台とした基準によって設定すべきであろう。新古典派経済学のように現行技術を前提に環境基準を最適汚染点で決めれば，被害はなくならない。ルーズな基準を法制化すれば企業がその基準で全国を汚

---

179) James O'Connor, *op. cit.*, pp. 148–150.
180) *ibid.*, pp. 150–151.
181) 宮本憲一『環境経済学』169頁。

染することを合法化してしまう。日本の場合，1962年の排煙規制法や67年の公害対策基本法が企業に妥協的な環境基準や排出基準を設定したために，それが免罪符となって汚染が全国に広がったという苦い経験を持っている。環境政策の採用にあたって，費用便益分析を主体とするような公共経済学の手段は「不可逆的絶対的損失」が発生しないことを前提に，副次的な政策選択手段として使うべきである。人間の健康と安全，環境それ自体の保全を目的として政策決定を行い，その上で経済効率による手段の選択を考えるべきである[182]。

宮本は，環境政策が現実にどのように実施されたかを，戦後日本を取り上げて検討している[183]。要約すれば，①エネルギー政策は石油と原子力に依存してきたが，自然エネルギーへの転換が必要である。②自動車に依存した交通体系であるが，総合的な交通計画が必要である。③廃棄物処理は焼却方式であるがリサイクルの視点から見直す必要があり，農村の公共下水道の建設・管理費を負担する必要がある。環境ビジネス（環境事業の民営化）は資本側の対応であり，問題がある。④システムを所与とした最終段階での汚染物処理（end of pipe）ではなく，入口から出口までの全過程で汚染物処理がおこなわれなければならない。産学官協調路線には市民運動が欠落している。以上の点は貴重な経験の総括であり，今後の環境政策の進め方を示唆している。これらの諸点はエコロジー運動を進めるときに生かしていかなければならない。

このように国家の環境政策は，広くは環境問題全体に，狭くは資本の「生産条件」に影響を深く与える。しかも国家の環境政策は必ずしも成功してきたと賛美することはできない。それが失敗した場合もあれば，国家活動自体が環境破壊的でもあった。環境は公共財であるが，その公共性には権力的公共性と市民的公共性がある。宮本によれば，日本政府の公共性とは権力的公共性であり，しばしば「公共性」の名のもとに人権侵害があった。中国政府の環境政策は「成功」しているだろうか。

中国が公害・環境破壊を引き起こす「中間システム」をとっている。公害

---

182) 同上書，170頁。
183) 同上書，172-176頁。

防止の技術や環境法制を先進国から導入しても，今の「中間システム」を改革し，住民の人権や民主主義を守る公共政策の三権分立・地方自治の確立を進めぬ限り，公害・環境破壊はなくならないだろう。欧米日の近代化とは異なる道を歩みうるかどうか，まだ答えは出ていない[184]。

と宮本はいう。権力的公共性はしばしば環境破壊的になる。日本の戦後は，

日本列島改造論の現代版となる第4次全国総合開発計画など，日本の国土開発はつねに経済の成長と民間活力の増進が主目標であって，公害防止や環境保全は後回しとされているのである[185]。

日本では産政官共同体が支配しているが，それが環境政策の性格や実施上の欠陥を持っている，と宮本は批判している。

国家は大衆課税による財政によって運営され，議員は大衆の支持がなければ当選しない普通選挙によってえらばれるので，形式的には大衆の支持によっているはずである。しかし，実際には支配政党は大衆政党でなく，その経済的基盤は財界あるいは個別企業からの献金によっている。これにもとづいて支配政党のイデオロギーは資本主義体制の発展と私有財産権の擁護にあり，財界の支持をうる政策を立案し遂行しているのが現実である。日本のように戦後のほとんどの期間を自民党が独裁している場合には産政官共同体ができてしまい，社会主義国の一党支配と同じような官僚主義あるいは硬直主義の欠陥が出てこざるをえない[186]。

産・政・官共同体の欠陥を克服するための一つとして，宮本は三権分立と司法の独立性が不可欠になると主張している。しかし司法の独立性だけでは不十分であるとして，

司法が自立しているとしても，その本来の機能からいって，公害予防や環境保全をおこないうるものではない。それはあくまで，行政のもつ機能である。司法は住民が提訴したときにはじめて活動するのであって，その主たる機能は被害が発生した後において，差止めか賠償をもとめることに

---

184) 同上書，281頁。中国の汚染については，たとえば，相川泰『中国汚染「公害大陸」の環境報告』(ソフトバンク新書，2008年)，がある。
185) 宮本憲一『環境経済学』101頁。
186) 同上書，102頁。

よって事件を解決することにある。そのいみでは環境政策の前進にとって司法の自立と公正な判断は不可欠の要件であるが，十分条件ではない[187]。と指摘している。

資本制国家は官僚国家であるとともに政治国家であるから，官僚国家は市民社会のなかでそのイデオロギー的・社会的・政治的対立と妥協しながら機能する。したがって国家は，資本との対立だけでなく，市民社会内部の対立や市民社会の諸運動（たとえばフェミニスト運動，都市運動，環境運動，原住民の闘争など）間の対立のなかで機能する。

マルクスは市民社会を，個人や社会グループは資本概念の人格化として登場する階級社会と解釈した。多くのマルクス主義者たちは，市民社会は国家によって作られていると主張してきた[188]。しかしオコーナーは，市民社会は一元的ではなく多元的であるという。たとえば女性運動は，女性の労働者化とレイプ法・少年裁判・中絶法などの分野での国家政策抜きには説明できないが，同時に，それ自身の規律的運動，組織形態，文化への影響を持っている。結局，生産条件は，特定の生産条件の発展を規定する経済的・社会的・政治的・官僚的プロセスとの対立，その相互関係，生産条件と資本制生産と蓄積の関係などのさまざまな要因の複合力によって規定されることになる[189]。いいかえれば，生産条件と資本との関係は社会経済的・政治的闘争，イデオロギー，官僚制などによって媒介されることになる。

国家の権力的公共性をチェックするものは市民的公共性である。しかし，「全市民の利益」という大義名分が氾濫している。20世紀後半の資本主義での「経済成長」・「自由企業」・「個人の自由」といった支配的イデオロギーのなかで作りあげられてきた「一般的利益」なるものの実態こそ検討されなければならない。このことについては，運動論を考察する第6章において考察しよう。オコーナーは，国家の民主的管理が必要であり，そうすれば国家は生活環境再建運動の基地になりうる，と主張する。

---

187) 同上書，104頁。
188) 資本主義社会と市民社会の関係についての筆者の見解については，拙著『現代マルクス経済学』第24章，参照。
189) James O'Connor, *op. cit.*, pp. 152-153.

最後の分析として，資本制生産の条件は人間生活と生命それ自身であることになる。資本が自身の条件を体系的に傷つけたり破壊することはありうるし，現代的に作られている国家がこれらの条件を合理的に守ったり再建することができないことはありうる。いずれにせよ，環境破壊を資本だけの責任にしておくことはできず，国家も深く自然の危機に連座していることは明白である。この同じ国家が，市民社会の民主的コントロールのもとで，自然とそれに対するわれわれの関係を再建するための基地となりうる[190]。

すでに紹介したように，宮本も，さまざまな公害反対運動・環境運動によって環境保全政策上の「コペルニクス的転換」が起こっているとしていた。

第4節　資本主義と技術——科学＝産業革命

現代の技術革新の特徴は，科学研究活動そのものが技術の開発と産業への導入を目的とするようになったことにある。独占資本が研究所を持ち，政府関係の研究開発機関が国家の産業・軍事戦略のもとに設置されている。そればかりではなく，大学等の研究機関が研究・教育活動のなかに市場原理主義を導入し，さまざまな産学協同によって企業で利用できるような技術・製品の開発に積極的に協力している。科学技術の社会や人間や自然に与える影響は非常に重要である[191]。本節では，資本主義経済しかも独占資本主義段階の資本主義経済と密接に結びついた技術の諸問題を考察する。

第1項　啓蒙主義（進歩史観）批判

科学技術そのものの性格は何か，またその資本による導入は何をもたらしたか。18世紀啓蒙主義では，科学技術は私有財産と市場経済と結びついて，未知と制御不可能な自然の猛威からの「解放」と，「国富」を高めるという合理的方法で自然を占有し操作する自由をもたらす，という見解が支配的であった。

---

[190]　*ibid.*, p. 155.
[191]　現代の産業＝科学革命の特徴とその問題点については，都留重人『体制変革の展望』二「資本制社会の変革をめざして」，参照。

その系論として，自然の神秘性が科学的根拠と資本家の合理性に屈服するときには，人類は苦痛でかつ寂しい労働時間から自由になる。こうした啓蒙主義（進歩史観）は，オコーナーは現代では批判にさらされているという。すなわち，批判理論学派，ラディカル・エコロジスト，フェミニスト，政治経済学者たちから批判された。彼らは，両性の労働と自然は未来の技術に依存しているが，資本主義の技術は現実には抑圧と搾取と破壊もたらした，と批判した。核兵器と原子力，無数の有害な化学物質，生物工学，化石燃料燃焼の幾何級数的増加などの危険な技術とその導入は，宇宙としての地球の生活そのものに脅威を与えている。さらに，ロボット，コンピューター，コンピューターによって操作される機械器具，衛星通信，新合成物質などは，社会的コントロールを高め，社会的必要労働を減少させる。しかし，資本主義のもとでは，労働条件を脅かし，失業と過少雇用をもたらし，社会的・物的不平等を増加させ，地球上の多くの地域において貧困と悲劇を増加させている[192]。

こうした現状に対して，二つの解決方法が提起されている。一つはBrundtland報告であり，環境を回復させ，経済成長と貧困の軽減を技術的に解決することができるとする[193]。二つめの解決方法は「新社会運動」が提起している。「新社会運動」は，欧米の科学の基礎と利用ばかりでなく，近代技術のエコロジカルな効果にも疑問を提起している。「新社会運動」は，有害な技術を廃止し，潜在的に危険な技術の導入を阻止し，オルタナティブ技術を開発し，過去の技術的被害の犠牲者たちを救済することを追求している。これらの運動は現存の権力構造の内外で起こっているが，しばしば主流派の社会概念とオルタナティブな社会概念との境界を越えて，「技術の社会的統治」(Barry Commoner) とか「草の根の民主的意思決定」(Mary Clark) を求めている，とオコーナーはいう[194]。

---

192) James O'Connor, *op. cit.*, p. 200.
193) World Commission on Environment and Development, *Our Common Future*, Oxford University Press, 1987. 主流派環境主義もこのような立場であるが，バーケットは，技術と倫理を分離した二元論であると批判している（Paul Burkett, *op. cit.*, p. 18）。
194) James O'Connor, *op. cit.*, p. 201.

第 2 項　資本主義の技術開発

　解決の方向を確かめるために，まず，資本主義のもとでの技術の性格について考察しておく必要がある[195]。この問題は，技術は経済的な意味と機能と同時に社会的・政治的・イデオロギー的な意味と機能を持っていて，複雑な問題である。技術に関するエコロジー文献の多くは単純ないし一面的考察であるから，資本主義のもとでの技術の性格という問題は重要視しなければならない。

　マルクスが明らかにしたように，資本主義のもとでの技術開発と産業への導入それ自身は手段であって，目的は剰余価値生産の増加にある。すなわち，労働生産性が上昇すれば，賃金財バスケットの価値を直接・間接に低下させ，相対的剰余価値の生産となり，剰余価値率を上昇させる。この過程は，資本の特別剰余価値獲得をめぐる技術導入競争によって推進される。技術の開発・導入・普及・陳腐化の過程は具体的には景気循環の姿をとるが[196]，好況期においては主として生産拡大技術が採用され，不況期にはコスト削減技術が導入される傾向がある。オコーナーはこうしたマルクスの特別剰余価値を「技術的レント」と呼んでいるが，さらに技術革新の経済的機能として，(1)原料費やエ

---

[195]　日本においても技術の性格について「技術論争」があったが，論争について高島善哉は次のように「総括」している。「体系説と適用説の他に，両説の折衷とも見られる様々の技術論が現れた。しかしながら，これらの所説は，畢竟技術論争の解消過程を示すに他ならないと思われるから，ここでは立ち入って論じないことにする。体系説と適用説の折衷ではなく，その統一こそが，戦後技術論の行き詰まりを克服する唯一の道ではなかろうか。技術の本質を生産力の場において考えるという技術観が志向するのは，まさにこのような統一に他ならないのである。これによると，技術とは生産力の主体と客体とをとり結ぶ媒介方式だということになる。」（高島善哉『時代に挑む社会科学』，著作集第 9 巻，こぶし書房，1998 年，193 頁）。そして戸坂の技術論を高く評価している。「戸坂潤の技術論は，時に体系説と誤認されることがあったが，彼の考えは体系説でも適用説でもない。また単なる哲学的技術論を説いたのでもない。技術に含まれている諸問題，その複合的な本性を的確につかんでいたように思われる。ただ，その十分な展開を見せないうちに非業の最期を遂げさせられたことが惜しまれる。現代技術論の原点は戸坂の技術論にあるといっても過言ではなかろう。」（同上書，194 頁）。なお，技術論争については，渡辺雅男「技術論の反省」（『一橋大学研究年報　社会学研究』第 24 号，1986 年），参照。

[196]　新技術の導入と普及によって景気循環を説明したのは，ジョセフ・シュンペーターであった（吉田昇三監修・金融経済研究所訳『景気循環論』全 5 冊，有斐閣，1958～1962 年）。景気循環過程での投資行動については，さしあたり，拙著『現代マルクス経済学』第 17 章第 4 節，参照。

ネルギー費用を低下させること，(2)新しい消費財を開発させること，を入れている[197]。さきに指摘したように，技術の経済的・社会的・政治的意味の内部関係は非常に複雑なので，全問題の満足できる理論的解明はいまだになされていない。しかしいくつかの論点は一般的妥当性を持っているとして，オコーナーは「技術と労働管理」と「大衆消費社会と技術」を考察している（第3・4項，参照)。

第3項　技術と労働管理

　資本制生産は，労働者や技術者が資本のイニシャティブのもとで生産手段と結合させられて使用価値を形成する労働過程であると同時に，「資本＝賃労働」関係のもとで資本が賃労働から剰余価値を搾取する価値増殖過程でもある。剰余価値生産は労働者の規律と管理を前提とする。オコーナーはニューレフトとともにこの労働規律と労働管理を重視する。規律と管理は，労働現場の規模や技能や産業のタイプなどに依存する。一方では，技術は労働を専門化させ分業化させて，富の生産に使われる。すなわち技術は，労働者と技術者との間の特定の技術的協業形態を作りだす。他方で，資本が支配する技術は，労働者を相互に分断し，労働者と技術を切り離し，資本が労働力を支配することを可能とする。いいかえれば資本の支配する技術は，生産と生産階級の双方を統制し管理する。生産管理を経営陣が掌握し，労働の計画化と実現を分離させ，肉体労働と肉体労働者とを精神と精神労働者から分断することを資本は長らく追い求めてきた[198]。

　労働者，労働組合，市民，コミュニティ，環境主義者は，生産と生産階級に対する資本の独占力と闘ってきた。闘争の結果は，政治的・社会的・文化的・イデオロギー的・経済的な複雑な要因に依存してきた。たとえば，スウェーデンの労働者の経営参加方式は，新しい技術の導入への投票権を労働者に与えたが，ナイジェリアでは，労働者や環境を大切にしようとするコミュニティは，生産技術・生産物・汚染・生産条件に対する発言権はほとんど持っていない。

---

197)　James O'Connor, *op. cit*., pp. 201–202.
198)　*ibid*., p. 203.

このように技術と社会関係は密接に関係しているのであって，技術変化を狭く説明したり，純経済的タームでみたり，資本制技術は生まれもって有害であるとかそうではないと主張する人々は考え直すべきである，とオコーナーは批判している[199]。

産業資本主義以来，技術は費用と販売への影響をベースとして選択されてきたのであり，この事実は，ワットの蒸気機関から現代の化学物質までによって確認できる。すでに考察したように，有害技術を廃棄し，潜在的に危険な技術の導入を防ぎ，環境上健全なオルタナティブ技術を開発するのは，社会運動にほかならない。それとともに，技術そのものよりもその資本制的導入方法がより問題とされなければならない。たとえば流れ作業において，労働機能が高度に専門化し限定され，労働者が喋りあうことを抑えるためにラインのスピードや騒音を高めるから，労働者のストレスが生じる。金属産業の労働者は最も組織化され戦闘的であったがゆえに，その戦闘性を弱体化させるために化学製品技術やプラスチック製品技術が導入された。

第4項　大衆消費社会と技術

新しい消費財は古い消費財より環境を悪化させるかどうかは判定困難であると，オコーナーはいう。判定するためには，消費構造の経済的原因と環境への影響と，消費支出額とその成長率への原因や環境への影響を区別しなければならない。消費構造は，消費者の環境意識に左右されるかぎり伸縮的である。反対に，自動車需要の場合には，非公害自動車への転換には巨大な投資が必要であり，需要は地理的に複雑な労働市場によって決定され，自動車は支配的な社会価値としての個人主義の再生産に一役演じるから，その消費構造は非弾力的である。

それに対して，消費支出の成長と汚染や資源枯渇との関係は，「消費者の選択」によっては決定されない。企業の生産性極大化努力は，剰余価値生産の潜在力を増加させるとともに賃金と消費需要を抑制するから，利潤の実現の潜在力を減少させる。しばしば市場問題は，資本主義企業と資本主義システム全体

---

199)　*ibid.*, pp. 203-204.

の発展における転換点となる。需要が弱含みであれば，個別資本家は回転率を高めて利潤を維持するために消費財を早く売ろうとする。その結果，消費社会の普遍化と環境破壊と浪費が永続するようになる，とオコーナーはいう[200]。

現代では多国籍企業が異なった国々にある専門化した工場で多くの消費財を生産しているから，問題はもっと複雑である。衣服，包装された食品，電子機器などの物理的かつ文化的寿命は短くなっている。物理的陳腐化は買え替え需要を生みだし，文化的陳腐化は消費者の「地位競争」（顕示欲）に規制され，無限のモデル・チェンジを引き起こす。オコーナーは以下のように要約している。

> 要約すると，グリーン消費財のニアンスがどうであれ資本主義においては，エコロジカルな影響をともない，ますます大きくなり複雑で脆弱になる信用制度によって金融されている商品消費率増加の固有の傾向が，あるいはポール・バランとポール・スウィジーが四半世紀以上も前に巨大な「販売努力」と呼んだ傾向がある[201]。

このように理論的に考察してくると，資本主義的生産と消費の技術は，労働現場やコミュニティや社会全体における労働関係と権力関係であるだけでなく，生活形態にもしばしば打撃を与えていることになる。しかし環境破壊は，支配的な生産関係や所有関係への社会的・政治的反対を引き起こすだけでなく，生産コストを上昇させ経済的損害という否定的結果をもたらす。いいかえれば，資本はそれ自身の生産条件を破壊することによって自らを衰退させていることになる，とオコーナーはいう。

こうした資本主義の自己破壊的傾向あるから，それを克服しようとして，現代の世界資本主義システムは自然と資本の長期にわたる再建の時期に入った。有害な浪費を削減する技術，太陽エネルギーの利用，農業の有害生物の除去方法，「新しい林業」技術，殺虫技術などを世界資本主義システムは模索しはじめた。この長期にわたるエコロジー危機と経済危機は資本主義の再建の時期をもたらしていると同時に，潜在的な社会変革の時期をももたらしていることを

---

200) *ibid.*, pp. 205-206.
201) *ibid.*, p. 207.

認識しなければならない，とオコーナーは指摘する。「新社会運動」はすでに指摘したように，科学と技術のあらゆる側面に実践的に挑戦している。技術の労働や社会や資本蓄積の分野での役割を認めたうえでも，その挑戦は素晴らしい。エコロジー的にも人間的にも破壊的な技術を新しい技術に変え，生活世界の質を高める社会組織を創りだそうとする労働者，技術者，消費者，コミュニティによる生産の自己組織と運営は，民主的であり革命的仕事である，と絶賛している[202]。

---

202) *ibid*., p. 208.

第4章　資本蓄積の矛盾と環境危機

　資本主義は利潤原理であるから，一方では個別資本にとっての「外部費用」を負担せず環境を破壊し，他方では資本蓄積を加速化させ恐慌を爆発させる。しかしオコーナーによれば，前者は逆に資本の生産条件を突き崩し（過少生産），後者は過剰生産（恐慌）を引き起こす。資本主義はこうして二つの面で「自己否定」傾向を生みだす。オコーナーは，こうした傾向を資本蓄積の矛盾としてとらえなおし，そこから具体的に生みだされる恐慌や不均等発展や複合発展と環境危機との関連を考察している。資本蓄積は剰余価値の生産（生産・搾取の条件）と剰余価値の実現（需要・実現の条件）の両面が保証されることによって正常に進行していくことができる。この両側面（条件）は対立的であり，両立できなくなることによって恐慌が爆発する。オコーナーはこうした恐慌を引き起こす両条件を拡大し，「生産・搾取の条件」の悪化を環境危機（「過少生産」）（生産条件の悪化・「資本主義の第二の矛盾」）としてとらえ，「需要・実現」の悪化を「過剰生産」（「資本主義の第一の矛盾」）と規定する。日本の恐慌論研究においては，「資本主義の基本矛盾論」は「生産と消費の矛盾」とか「労働力商品化の根本的矛盾」とか「搾取と実現の二律背反的矛盾」として展開されてきた。こうした「資本主義の矛盾論」は恐慌論に限定すべきであると考えるが，オコーナーが資本蓄積の両過程（表裏関係）として，環境破壊と過剰生産（過剰蓄積）を同じ土俵で把握しようとする視角には賛意を表しておく。

第1節　伝統的マルクス主義とエコロジカル・マルクス主義

　オコーナーの提唱するエコロジカル・マルクス主義（社会主義）は，伝統的（標準的）マルクス主義とどこが違うのか。すでに第1章第4節第2項で考察したように，マルクスは危機と社会変革の「エコロジカル」理論に導く資本主義の矛盾が存在するという思想を示唆したが発展はさせなかった，とオコー

ナーは総括した[203]。そしてカール・ポラニーを高く評価する。ポラニーは，資本制市場と経済関係はそれ自身の社会的・エコロジー的条件を傷つけ破壊した，と主張した[204]。経済成長へのエコロジカルな制限や発展と環境との相互関係の問題は，1960年代と70年代初期に欧米の思想界に再導入された。しかしポラニーの著作は，ブルジョア自然主義，ネオ・マルサス主義，ローマ・クラブ，テクノクラート主義，ロマン派のエコロジー主義，国連の「単一世界」主義などの死せる星たちやブラック・ホールで満ち溢れた天体のなかで光り輝いている。死せる星たちは，歴史的に形成された自然形態と資本制蓄積と発展に関するマルクス主義タイプの理論を，無視ないしズタズタに切り裂いているとオコーナーは批判する[205]。

伝統的マルクス主義の資本主義理解を，オコーナーは次のように要約する[206]。恐慌と社会主義への移行論の出発点は，資本主義の「生産力と生産関係の矛盾」である。この矛盾の特殊形態は，資本の生産と流通の矛盾の一つである価値と剰余価値の生産（搾取）と実現（取得）の矛盾である。社会主義革命の前衛は労働者階級であり，資本制生産関係は社会的変革の直接の対象である。政治制度・国家・生産と交換の過程も，変革の対象に含まれる。これに対して，エコロジカル・マルクス主義[207]の恐慌と社会主義移行論の出発点は，

　　一方での資本制生産関係（そして生産力）と，他方での資本制生産の条件ないし「社会的再生産の資本制生産関係と生産力」との矛盾である[208]。

とオコーナーは宣言する。このように生産関係と生産力の矛盾ではなく，資本制生産関係・生産力と資本制生産条件との矛盾が重視される。たしかに「生産

---

203)　James O'Connor, *Natural Causes*, pp. 159–160.
204)　カール・ポラニー著，吉沢英成・野口建彦・長尾史郎・杉村芳美訳『大転換』（東洋経済新報社，1975年）。
205)　James O'Connor, *op. cit.*, p. 159.
206)　伝統的マルクス主義とエコロジカル・マルクス主義との詳細な対比は，第7章でおこなう。
207)　この言葉を最初に使ったのは，オコーナーによれば，Ben Agger, *Western Marxism, an Introduction: Classical and Contemporary Sources*, Goodyear Publishing Co., 1987, pp. 316-339，である。Aggerは消費を強調するが，オコーナーは生産を強調し批判的である（James O'Connor, *op. cit.*, p. 174）。
208)　*ibid.*, p. 160.

関係と生産力の矛盾」は抽象的であり，その内容は深められなければならないが，生産条件したがってマルクスの言葉でいえば搾取の条件と資本制生産（生産力と生産関係の双方を含めた）との矛盾論は，オコーナーの過少生産危機（蓄積危機）論に繋がる重要な主張であり，慎重に検討していかなければならない。さらに，「生産と実現」との矛盾は，資本制生産と搾取（生産）の条件との矛盾の特殊形態だともいう[209]。こうした規定の妥当性については，恐慌論を検討するところで取りあげよう。

　オコーナーは生産条件を重視するから，マルクスの生産条件論は拡充される。すでに指摘したように（第3章第2節），マルクスの生産条件は「外部の物理的条件」・「労働力」（個人的生産条件）・「共同的条件」であった。「外部の物理的条件」は，オゾン・レベルの妥当性，海岸線や湿地の安定性，土壌・空気・水質などの生態系の生存能力として論じられる。「労働力」は，労働者の物質的・精神的豊かさ，労働者の社会化の種類と程度，労働関係の有害性とそれと闘う労働者の能力，社会的生産力と生物学的組織（器官）としての人類などとして論じられる。「共同的条件」は「社会的資本」とか「インフラストラクチャー」として論じられる。三条件とも空間と「社会的環境」を含むから，オコーナーは「都市空間」（資本化された都市自然）と，人間と環境との関係を形成しまたこれによって形成される他の空間，を生産条件として追加している[210]。

　生産の社会化に関して，両マルクス主義は次のように考える。伝統的マルクス主義では，生産力と生産関係のより社会的な形態への発展は，伝統的社会主義の必要条件だが十分条件ではない。エコロジカル・マルクス主義では，生産条件の分野でのより社会的形態への発展は，エコロジカル社会主義への必要条件であるが十分条件ではない。しかしオコーナーは，両アプローチは排除しあう関係ではなく，社会主義への二つの道であると総括している。すなわち，

　　要約すれば，一つだけの「社会主義への道」があるのではないだろう。より正確にいえば，ともに生産力と生産関係と生産条件の社会化とこれらの

---

[209] *ibid*., p. 161.
[210] *ibid*., pp. 160–161.

諸条件の生産と再生産の社会関係の社会化に進む（歴史的にはその後戻りもあるが）二つの傾向とがありうる[211]。

第2節　資本蓄積と環境危機

資本蓄積の矛盾によって恐慌が勃発するが，この恐慌によって蓄積の諸条件が「再建」され，蓄積が新たに進展していく。こうしたいわば循環的蓄積の繰り返しによって資本蓄積の長期的・一般的矛盾が形成されてくる。この資本蓄積の長期動向は恐慌と異なった環境危機を生みだす，とオコーナーはいう。

第1項　恐慌の二つの機能

資本蓄積の矛盾が恐慌を引き起こし，恐慌によって新たな資本蓄積が進展していく。恐慌はこのように，矛盾の集中的爆発という側面と資本主義の再建（存続）という二重の機能を果たしていることになる。いいかえれば，資本主義は恐慌を内在しているとともに恐慌に依存している。資本主義の成立とともに，さまざまな経済学者がその原因を探求してきた。前節で考察したように，オコーナーの基本矛盾論では，資本制生産（生産関係と生産力を含める）と生産（搾取）条件との矛盾が最大限に重視されていた。恐慌論（原因論）については立ち入らないで，本書では恐慌の果たす機能について考察しておこう[212]。

オコーナーによれば，伝統的マルクス主義恐慌論では，「価値の生産と実現の矛盾」は「実現恐慌」ないし「資本の過剰生産」の形態をとる[213]。エコロジカル・マルクス主義恐慌論では，恐慌は「流動性危機」ないし「資本の過少

---

211)　*ibid.*, p. 162.
212)　景気・恐慌学説については，さしあたり拙著『景気循環論』（青木書店，1994年）の第1・2章，参照。景気・恐慌学説は大きく分ければ，過少消費説（需要サイド理論，マルクス経済学でいえば「実現の条件」重視説）と過剰投資説（供給サイド理論，マルクス経済学でいえば「搾取の条件」重視説）とに分かれてきた。しかし筆者は，マルクス自身両サイドを統合して恐慌の原因（「恐慌の可能性」を「恐慌の現実性」へ転化させる諸要因）を考えていたように思うし，統合説の立場である。拙著『現代の景気循環論（第2版）』（桜井書店，2007年）も参照。
213)　オコーナーの規定する「価値の生産と実現の矛盾」を「生産と消費の矛盾」と解釈してよいとすれば，それは日本での恐慌論研究のなかでの「実現恐慌」説になっていくだろう。

生産」の形態をとる。そして前者は，恐慌を形態と内容とにおいてより社会性を明確にするように生産力と生産関係を再建する一大攪乱とみる。その例証は，吸収・合併，計画の必要性の示唆，企業の提携，国有化，利潤シェアリングなどである。後者は恐慌を，形態と内容においてその社会性をより明確にするように生産条件を再建する一大攪乱とみる。その例証は，永続的に産出する森林，土地改良，地域的土地利用，土地と資源の計画，人口政策，健康政策，労働市場規制，有害物質処分計画，などである[214]。

恐慌には二重の機能があった。矛盾の集中的爆発（オコーナーは「恐慌に支配されたシステム」と呼んでいる）の側面について，

> 要約すれば，恐慌は，流動性危機，金融恐慌ないし金融崩壊，財政危機，その他の関係する社会的・政治的危機傾向を含む伝統的な「実現恐慌」以外にも，多様な形態を想定しうる。しかしながら，歴史的恐慌の特殊形態がどのようであっても（……），その発展と解決過程がどのように特殊的であっても，すべてではないが最大限多くのマルクス主義者は，資本主義は恐慌に支配されるシステムであるという命題，資本制搾取の現実条件に基礎づけられている命題を受け入れる[215]。

他方で恐慌は，均衡を維持する機能を果たす（オコーナーは「恐慌依存システム」と呼んでいる）。すなわち，恐慌が累積する不均衡を暴力的に均衡化（調整）することによって，システムとしての安定性を作りだし，生産力と生産関係の新しい変化を生みだし，社会主義への準備を形成する。恐慌が強制する生産力の変化は，労働力再生産費用の低下，より安価で効率の良い原料，生産・回転期間の短縮，などの効果をもたらし利潤を回復させる。しかしこうした生産力の変化は，たとえば，より直接的な協業のような生産関係のより社会的な形態を暗示する。恐慌によって，生産関係，資本関係，資本と国家との関係の変化も生じる。それらは，国有化や財政政策や計画をもたらすし，ファシズム形態やニューディール形態や社会民主主義形態をとったりする。こうした生産関係の変化は，たとえば，ハイテク資本間の「戦略的妥協」，金融市場へ

---

214) James O'Connor, *op. cit.*, p. 161.
215) *ibid.*, p. 163.

の国家介入，資本の集中などの生産力のより社会的形態を暗示する[216]。

第2項　資本蓄積と環境危機

　前項で考察したように，恐慌は二重の機能を果たす。矛盾の爆発としては，資本循環の中断であり再生産＝蓄積の攪乱である。暴力的均衡化過程としての恐慌・不況期は，資本の再建過程であるとともに，労働・社会運動の再建期でもある。

　オコーナーは，資本蓄積や恐慌と環境危機を相互に結びつける。すなわち，1980年代の発展途上国の債務は南の世界の環境を悪化させたし，環境悪化は貧困を深め広げ政治的抵抗を生みだしたが，この両者はさらに債務危機を深める傾向があった[217]。

　さらにオコーナーは，資本蓄積（経済成長）と環境破壊との相互関係について興味深い分析をしている。資本の行動は利潤原理であり，最大限に自己増殖することを至上命令とするが，自然は自然法則にもとづいて自然そのものを組織する。資本による自然の過小評価は，恐慌によってのみエコロジカルな制限にぶつかる。「自然の生産性」は自己制限的であるから，資本にとっては「克服すべき障害」となる。直接的生産者と生産手段を分離することによってこの制限は緩和されてきたが，その結果はエコシステムの破壊となる。経済の成長期にはしばしば資源需要が高まり，資源が不足し原料が騰貴し，利潤率を低下させた。この原料騰貴に対処するために資本は，第一に，新しい金属・化石燃料・耕作地を開発するために設備や技術やインフラに投資する。第二には，リサイクル，代替物の利用，効率的利用を資本は追い求めてきた。もし規模の経済が働き原料価格が低下すれば高利潤となり，より一層の原料需要が発生するから，資源の急速な悪化と枯渇の危険をもたらす。要約すると，原料が安ければ，蓄積率および資源の悪化と枯渇の率は相対的に高くなるだろう。原料が高ければ，コストを低下させるかより効率的に使用する方法を開発するために資本が投資される[218]。

---

216)　*ibid.*, p. 164.
217)　*ibid.*, p. 178.
218)　*ibid.*, pp. 181-182.

このように，原料と燃料の費用が高かろうと低かろうと，資本蓄積と経済成長は生産手段（第1部門）への投資に依存する。第1部門の発展が急速であればあるほど生産性・利潤・成長は高まるが，それだけ，資源の悪化と枯渇と汚染の率を高めてしまう。経済成長率が一定であったとしても，第1部門は最も環境破壊的であるから，第1部門の比重が高ければ環境悪化と汚染の率は高くなる。事実1987～1988年間のアメリカ合衆国では，石油精製・石炭製品・化学製品・第一次金属・紙パルプは全産業生産の22%，雇用の13%を占めるにすぎないのに，エネルギーの78%を使い有害物質の88%を放出している[219]。

第3項　恐慌と環境危機

　恐慌は，資本蓄積一般とは違った方法で別の環境危機をもたらす，とオコーナーはいう。恐慌は競争を激化させ効率向上と費用カットを強制するから，労働者への経済的暴力と肉体的搾取を強化するが，同時に費用を外部化し環境を悪化させる。また恐慌は技術の近代化を強制するから，ハイテク汚染のような新しい環境悪化をもたらす。恐慌は資本の回転時間の短縮をも強制するから，資本は，労働者の健康，売る商品の環境と健康への影響，都市環境やインフラの持続性について異常なまでに無関心となる。まとめると，資本蓄積は一定の厳しさを持った一定のタイプの環境問題を引き起こし，恐慌は異なった厳しさを持つ異なった環境問題を引き起こす。ある時点においては，両タイプは複合し不均等に共存する。

　他方で環境危機が恐慌の引金となりうる。正常な市場需要が引き起こす原料不足，高地代，過密化によって引き起こされる費用，高エネルギー・コストなどによって，資本自身が引き起こす環境問題たる原料不足は利潤を圧縮しインフレーションをもたらすだろう。その良い例は1970年代の石油危機である。さらに，環境運動（労働・都市・その他の運動も）は恐慌を激化させるだろう。生産条件（ないし生活条件）を守ろうとする闘いは資本のコストを上昇させ，資本の伸縮性なり自由を低下させるという意図せざる効果をもたらすであろう[220]。オコーナーの資本蓄積の内的・外的障壁論は図4-1のようにまとめら

---

219) *ibid.*, p. 182.

図 4-1 複合危機

A 資本蓄積の内的バリアー：

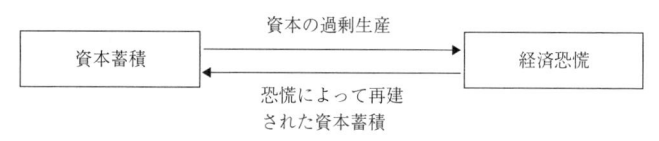

```
┌──────────┐  資本の過剰生産  ┌──────────┐
│ 資本蓄積  │ ───────────────→ │ 経済恐慌  │
│          │ ←─────────────── │          │
└──────────┘  恐慌によって再建  └──────────┘
              された資本蓄積
```

B 資本蓄積の外的バリアー：

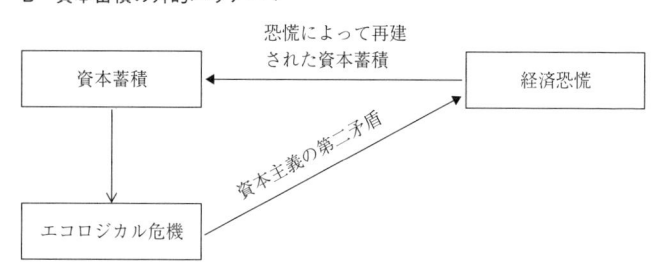

```
┌──────────┐  恐慌によって再建  ┌──────────┐
│ 資本蓄積  │ ←─────────────── │ 経済恐慌  │
│          │   された資本蓄積   │          │
└────┬─────┘                   └──────────┘
     │            ↗
     ↓      資本主義の第二矛盾
┌──────────────┐
│ エコロジカル危機 │
└──────────────┘
```

C 総合モデル

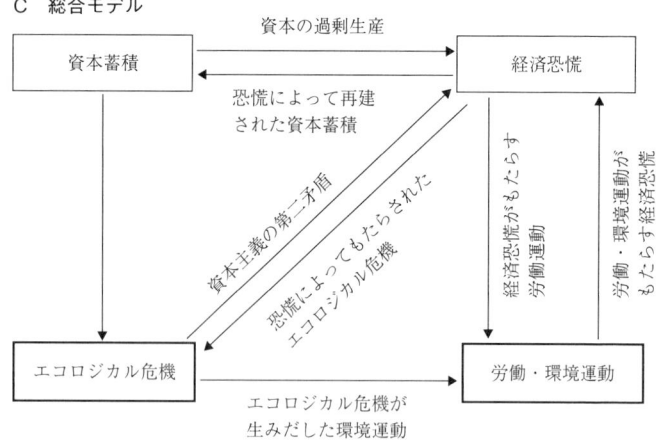

```
┌──────────┐  資本の過剰生産  ┌──────────┐
│ 資本蓄積  │ ───────────────→ │ 経済恐慌  │
│          │  恐慌によって再建  │          │
│          │ ←─────────────── │          │
└────┬─────┘   された資本蓄積   └────┬─────┘
     │                              │ ↑
     │  資本主義の第二矛盾            │ │ 経済恐慌がもたらす
     │  恐慌によってもたらされた      │ │ 労働運動
     │  エコロジカル危機              ↓ │ 労働・環境運動が
     ↓                              │ │ もたらす経済恐慌
┌──────────────┐                  ┌──────────────┐
│ エコロジカル危機 │ ───────────→ │ 労働・環境運動 │
└──────────────┘  エコロジカル危機が  └──────────────┘
                  生みだした環境運動
```

出所：James O'Connor, *Natural Causes*, p. 184.

れる。

　かくして，資本蓄積および恐慌と環境危機とは相互規制関係にある。生産・市場関係・社会運動・政治次元でも経済危機（恐慌）と環境危機傾向との間に

220）　*ibid.*, p. 183.

は相互規定関係がある。資本は，それ自身の生産条件を過小評価したり破壊すれば，自己否定することになる。環境危機と恐慌はこうした意味において自己誘発的であり，環境改革と社会経済改革は同じ一般的過程の表と裏の関係にある，とオコーナーはまとめている[221]。

第3節　不均等発展と複合発展と環境危機

第1項　不均等発展と複合発展

　資本主義の不均等発展と複合発展（combined development）が，自然と人間のエコロジーに与える影響を体系的に理論化した人はいない。オコーナーはその主たる理由は，環境主義者たちが「世界環境危機」を語りだしたときに，ポスト・マルクス主義（ないしポスト近代主義）が，アカデミズムの世界でマルクス主義に取って代わったことにある。しかしこれは，盥のお湯とともに赤ん坊を流し捨ててしまうのと同じである[222]。マルクス主義にはもともと不均等発展論や複合発展論があるし，これらを活かさなければならないとしてオコーナーは試論を提供している。まず不均等発展と複合発展そのものについて検討しよう。

　通常は，不均等発展は政治経済的かつ社会経済的用語として定義されるが，オコーナーは，産業，農業，鉱山業，銀行業，商業，消費，富，労働関係，政治的配置などの歴史的に形成された空間的に不均等な配分，としている。複合発展とは，「発展地域」に特徴的な経済的・社会的・政治的形態と「未開発地域」に特徴的な形態との特定の結合として定義される。それは，社会経済的ないし政治的生活の新しい形態と古い形態との混合でもある。その最も重要な例は，現代のグローバル経済における先進的な技術・産業組織・分業と低賃金で過度に搾取されている労働との結合である。

　もっと具体的にいえば不均等発展とは，産業・金融・商業資本があるブロックなり集積地で急速に蓄積され，その結果，政治的権力が集中することを意味

---

221)　*ibid*., p. 184.
222)　*ibid*., p. 187.

する。産業的中心地域は同時に人口の集中した大都市であり，こうした工業地帯の「後背地」は工業センターに依存し搾取された。最初の搾取は，農業での余剰が工業化のために収奪された。現代のグローバル経済では，「後背地」ないし周辺部は農業余剰の供給から労働力の供給地に徐々に変わってきた。内外の労働力移動によって相対的に農村人口は減少し，多くの周辺部は原料供給地にとどまり，あるところは中心部の工業製品余剰の利益のあがる市場となり，周辺部全体が北の余剰資本の多かれ少なかれ重要な投資対象になっている[223]。

第一・第二次世界戦争期と1930年代の大不況期の断絶のあとで，南の世界では「輸入代替工業化」としてナショナリストの工業化計画が打ちだされたが，それは失敗した。1960年代から生産的資本のグローバリゼーションがはじまり，南の世界での多くの国々で従属的で輸出志向型の工業化が群生した。そして1980年代には東アジアにおいて半自動的工業化が成功した。それは，国家が民族的・倫理的統合を動員し，欧米で「正常」な資本主義的階級構造と階級関係とは「相対的に独立した」成長する国内市場をもち，輸出志向の工業化を組織できたからである。複合発展の長い不完全な過程は依然として進行中である。2000年の現状では，世界人口の15％の人口のG7が，世界全体の消費の40％を占めるのに，穀物についてはその約3分の1を生産するにもかかわらず4分の1しか消費しない[224]。

経済的な産業資本の集積・集中傾向は，歴史的には空間的集積をもたらした。資本の集積と都市化は，貨幣市場・消費財市場・利用可能な労働力のプールの成長を加速化した。そこに，大規模生産の経済が働くことが重要である。さらに，「集積された」工業地域での利潤率は高い傾向があるから，投資先を探している貨幣資本は都市の大銀行や金融・貨幣市場へ吸引されことになる。そして，大きな産業・金融・商業地帯が農業と地方経済の利益を搾り取ることになる。しかし不均等発展は，第一に，産業資本の地理的集積が遅かれ早かれ運輸や労働などのコストを増大させ，第二に，原料地帯に商品化した土地と労働力を生みだし，市場と「近代化された」柔軟な政府が作りだされることによって，

---

223) *ibid.*, pp. 188-189.
224) *ibid.*, p. 189. 東アジア工業化の原因や意義についてのオコーナーの考察は，第6章第4節第1項で紹介する。

自己否定する傾向もある。その結果，集積がある点にまでいたれば，分散化に向かう傾向も生じてくる[225]。

第2項　不均等発展と汚染

　オコーナーは，不均等発展と異なる汚染形態，不均等発展と資源枯渇，複合発展と汚染・枯渇，汚染の間接的帰結としての資源枯渇，資源枯渇の間接的帰結としての汚染，を具体的に考察しているので紹介しておこう。

　人間と環境の最悪の破壊は，南の世界と北の「内部植民地」において生じている。そして環境悪化の犠牲者は，典型的に地方の貧困層，都市の失業者と過少雇用者，北の抑圧された少数派の人々と貧困者である。たとえば土壌悪化の影響はアフリカのザールにおける大衆の貧困と飢餓であり，イスラエルにおける水資源の過度の使用はパレスチナにおける土壌悪化と塩分化を引き起こした。アメリカにおける汚染は，原住民が生活するウラン鉱山の放射性汚染である。メキシコの農業労働者の大絶滅は有害な農薬による，など枚挙にいとまがない[226]。

　廃棄と汚染とは区別しなければならない。廃棄は潜在的には有害であるが，戸外でのタバコ喫煙などのようにリサイクルされる。廃棄が空間的に集積されれば，自然のリサイクルは働かなくなり汚染となる。合衆国においては，空気・騒音汚染の犯人は大都市における自動車であり，水質汚染の犯人は大工業地帯における下水である（農業を除く）。ハイテク産業は集積したがゆえに有害汚染をもたらしたし，化学・石油精製産業の多くは労働者階級の生活する地域に集積されているが，それだけに人間と自然へ影響は大きい[227]。

　マルクスは最初に，不均等発展と自然破壊の理論を提供し，農工間分業は土壌悪化をもたらしていると告発したが[228]，彼の見解は歴史的に証明されている。不均等発展は先進地帯における集積だけではなく，低開発地帯における農業と原料生産の集積も含めなければならない。低開発地帯はモノカルチャーな

---

225)　*ibid.*, p. 190.
226)　*ibid.*, p. 191.
227)　*ibid.*, pp. 191-192.
228)　第3章第2節第1項，参照。

いし輸出農産物に特化している。このように，北の世界での歴史的にバランスのとれた統合的産業構造は，南のバランスを欠いた特化・分断された経済を前提にしてきたといえる。

　南北の不均等発展による資源破壊の例は，北東ブラジルでの砂糖の無制限的な増産による土壌悪化である。不均等発展の第二の影響は森林伐採であり，現代の良く知られた例は熱帯雨林と植物群・動物群の急速な破壊である。森林伐採の最も重要な原因は，工業諸国や工業地帯に輸出するための牧場化と農業化である。不均等発展の第三の影響は，化石燃料の急速な使用である。帝国主義と植民地支配とエネルギー独占の結合した影響が，エネルギー消費を急速に高めてしまった。不均等発展の環境への影響は，労働者が移住してしまい過疎化した地帯にも起こっており，そこでは農地や丘陵が放置されている。不均等発展と自然悪化との複雑なモデルは，農業や金属生産に特化した国々や地域に当てはまるだろう。鉱山設備から排出される屑や廃棄物や煙は農業生産を悪化させ土壌劣化をもたらすし，農業化のための森林伐採による洪水や旱魃は水などを汚染させるだろう[229]。

　食糧生産地帯の貧困状態は次のようになる。(1)南の世界における急速な輸出農業の成長は，生存に必要な農業を限界的で脆い土地に追いやり，輸出用土地はアグリビジネスが握っている。(2)南と北との交易条件が悪化しているから，輸入を確保するために増産しなければならない。(3)そのために化学肥料や農薬が集中的に使用され，健康な生活が脅かされている。(4)輸出作物の拡張は森林伐採を促し，肥沃な土地を貧者から富者へ移転させ，土地のない農民や貧農を生態系の脆い限界地域に追いやっている。(5)アフリカなどの未開発の国では，資源はますます都市で消費されている。(6)都市の労働者階級の社会的秩序を維持するための低食料価格は，農民を圧迫している。(7)以上のすべてが，寄生虫感染やさまざまな慢性病などの恐るべき社会変化をもたらしてきた。集中的農業システムはマラリヤと吸血虫症をもたらしてきた[230]。

　このように資本主義の不均等発展は，工業地帯の大量汚染と，原料地帯の土

---

229)　James O'Connor, *op. cit.*, pp, 193-195.
230)　*ibid.*, p. 195.

地・土壌・植物生活の大量悪化と過剰人口を引き起こす傾向がある。いいかえれば，

> 歴史的に起こってきたことそしていま現在も起こっていることは，南と北の原料地帯の土壌と資源は，部分的には商品生産と交換と資本蓄積によって輸出され，工業地帯で廃棄と汚染の姿をとって再現している，ということである。産業的汚染は，かつては原料地帯の豊穣な土壌・化石燃料・金属・森林などの姿をしていたと推定される物質の直接的・間接的な姿である，と思考することは興味深い。かくして，土壌の疲弊や森林破壊などと南の世界の汚染と大衆の貧困は，ひとつの歴史過程―ひとつ巨大な事実―を構成している[231]。

第3項　複合発展と汚染

　複合発展とは，さまざまな社会経済諸形態を最も利潤を獲得できるように結合することを意味する。その第一の方法は，土地なき人民や貧農人民を地方から都市へ，そして南から北へ「移民」させることである。第二の方法は，政府が労働組合を抑圧し環境規制を無視する国々に，資本と技術を輸出することである。そして前者は労働条件の悪化を引き起こし，後者は公害の輸出となる[232]。南の都市の大気汚染は先進世界の大都市よりはるかにひどい。エンジン排気ガスが最大の犯人であるが，木や糞や木炭を料理や暖房に使用することも汚染を強化させる。また，先進的な経営や金融方法や技術が輸出セクターの伝統的農業生産と結合する場合には，環境破壊をともなう複合発展を深める。その良い例は「緑の革命」であり，最良品種の採用や均一的な大規模栽培や化学肥料の投入は，作物の抵抗力を弱め土壌を悪化させる。このように複合発展は，汚染と危険な生産物の輸出を意味する[233]。

　この地球上にはさまざまな特殊的な自然破壊があるから，その原因を理解するためには，「具体的条件を具体的に分析」することが必要である，とオコーナーはいう。とりわけ，資本蓄積の率とパターン，資本制企業の組織と技術の

---

231)　*ibid*., p. 196.
232)　*ibid*., pp. 196-197.
233)　*ibid*., p. 197.

種類,不均等発展と複合発展のあり方,などに左右される。そして,資源の枯渇と汚染とはお互いに依存しあっており,資本の価値増殖という世界的過程の結果である。他の条件が一定であれば,利潤率と資本蓄積率が高ければ高いほど,汚染と自然の間接的枯渇は大きくなる[234]。

　以上のオコーナーの考察は,現代の環境破壊と貧困は,グローバルな視点から,さらに,多国籍企業を中心としたグローバルな資本蓄積のもたらす両面として分析していかなければならないことを示唆しているといえよう。

---

234) *ibid.*, p. 198.

第 5 章 エコロジカル社会主義の理論

 本章では社会主義やエコロジーの理論的問題を検討し，両者を結合しようとするエコロジカル社会主義の理論的背景を考察する。

第 1 節 ポスト・マルクス主義批判

 現代の主要な課題の一つは，エコロジカル闘争をラディカルな社会経済変革に役立つようにすることにある。現代では，基本的には三つの国家主義発展モデル（東の国家社会主義，西の社会民主主義，南の民族主義的開発主義）が，グローバル資本やその代理人たちによって破壊されたり鋭く攻撃されている。他方でポスト・マルクス主義者は，労働者階級を歴史的転換の前衛とはもはや認めないし，社会主義への闘争は存在せず，あらゆる「……イズム」への闘争が存在すると主張している。この両面を見据えながらオコーナーは，エコロジカル社会主義を現実的に考察している[235]。

 エコロジカル・マルクス主義者の「生産条件」をめぐる闘争は階級闘争の裾野を広げた。その闘争は，生産条件の保護，資本や国家の生産条件再建計画や政策をめぐる闘争から成り立っている。ポスト・マルクス主義者は「地域の特殊性」を強調し，地域の特殊性という普遍的認識を超えたいかなる普遍的政治要求は不可能である，とする。しかしオコーナーは正当にも，新社会闘争には潜在的に国家と家族とコミュニティを民主化するという普遍的要求がある，と主張する。さらに，連帯した労働や社会労働を必要としているのだから，労働運動と結び合いながら政治的に勝利し，かつ多様性を維持するという普遍的課題があるという[236]。

 ポスト・マルクス主義者は，「方法的個人主義」に立脚する「フリーライ

---

235) James O'Connor, *Natural Causes*, p. 12.
236) *ibid.*, p. 13.

ダー問題」や「合理的選択」とか「社会的選択」論に影響されている。彼らは，伝統的な賃金・労働時間・労働条件をめぐる闘争と違い，生産条件をめぐる闘いは個々人にただちに「支払」うことはない。したがって，個人的行動と集団的行動を結びつけることはできず，無抵抗と怒りとのサイクルとして現われてくる，という。オコーナーは，こうした主張は「個性」を固定化しており，「個性」は社会闘争の過程で変化することを無視している，と批判している。

「共有」や「個人と集団の関係」のほかに，「集団と階級の関係」にもオコーナーは言及している。ポスト・マルクス主義者たちは，生産条件をめぐる闘いは階級問題ではないとか，あるいは多階級問題だという。たしかに生産条件をめぐる闘争（たとえば大気汚染や過密）は階級問題ではないように見えるし，その代理人たちは階級的演技者とは自己認識しない。こう見えるのは，大気汚染や過密問題などは階級ラインを超えているばかりか，闘争は生産条件とはどの種の使用価値であべきかを決定することでもあるからだ。しかし，学校での能力主義，貧民を強制退去させる都市計画，抑圧された少数派や貧困者の住居地域への有害物質の集積などへの闘争には，階級的次元が存在する。自然的かつ社会的環境問題のほとんどは，貧困者とりわけ抑圧された少数派の見地からみてこそより大きな問題となる。いいかえれば，生産条件と生活条件と生活そのものをめぐる闘争は階級問題であるばかりか，体制側のイデオロギーとその実践に対する闘争でもあり，重要な問題である[237]。エコロジカル社会主義は，幾十万ないし幾百万の人々が世界の多くの国や地域においてその道を行軍しているから，観念論であるとは決して思わない。

結論として，本書の諸論文の目的は，労働運動と新社会運動の協力関係は可能だし必要であると信じている人々，伝統的労働運動の経済主義も新社会運動の「ゼロ・サム闘争」も，単独ではラディカルな変革を生みだしえないと考える人たちを理論的に支援することである。このような協力関係がなければ，「エコロジー版 IMF」が，グローバル環境，グローバル「都市」，グローバル労働力問題への権威主義的解決を押しつけるだろう[238]。

---

237) *ibid*., p. 14.
238) *ibid*., p. 15.

といって，オコーナーは労働運動と新社会運動との結合のための理論を構築しようとする。

第2節 「旧社会主義」とエコロジー

 21世紀の新しい社会主義を構想し実践していくためには，旧社会主義の歴史と実態の分析は避けて通れない課題である。まずスターリン主義のもとでの社会主義とエコロジーの実体を直視しておこう。オコーナーは以下のように考察している[239]。

第1項 ソ連社会とエコロジー
 旧社会主義国は，資本主義と同じスピードで再生不能資源を消費し，空気と水と土地を汚染した。この歴史的事実を見て多くの環境主義者たちは，環境問題は体制問題ではないとして，「工業化」・「都市化」・「技術」・「テクノクラート」などに原因を求めた。また，主流派アカデミズムやメディアは，旧社会主義と資本主義は独立して存在してきたと考えてきた。20世紀の環境破壊の主要な原因は戦争だったことも事実である。20世紀のエコロジー史は，革命と反革命の敵対性の視点から書かれる必要があるが，そのような全体史を持っていない。さらに，戦争を政治経済と政治エコロジーに結びつけて全体的に考察したものはない，という[240]。

 しかし，社会主義と資本主義が相互に独立的に発展したかのように想定して，比較すべきではない。資本主義国と社会主義国の環境破壊の共通性と異質性を，オコーナーは以下のように要約している。社会主義国が，資本主義国から技術と生産の根本概念とともに技術と生産・労働管理システムを輸入したかぎり，社会主義国の環境破壊の原因は資本主義国と似ている。また，経済成長と発展が最優先されたかぎりにおいて，自然破壊の原因と帰結はだいたい同じであった。最後に，社会主義諸国が資本主義世界市場に組み入れられたかぎり，同じ

---

239) ソ連社会の歴史と性格についての筆者の考察については，拙著『戦後の日本資本主義』（桜井書店，2001年）の第10章第1・2節，参照。
240) James O'Connor, *op. cit.*, pp. 256-257.

ような体制的力が作用した。しかし，生産力は同じでも生産関係は異なるから，技術の特殊形態や農業・鉱山業・工業などの発展方法は異なる。さらに政治制度の相違は，環境破壊と環境闘争と環境再建過程に重要な影響をもたらした[241]。

旧社会主義国では，第一に，主要な生産手段は社会化したのではなく国有化され，生活手段の民主的管理という強固な伝統が欠如していた。それゆえに，中央計画と党＝官僚政治が支配した。第二に，すべての社会主義諸国は憲法があり，自由化の最後の歳月には，労働者は生産手段に接近し利用し管理する権利を持った。第三に，ほとんどの社会主義国は後進地域であったから，「西に追いつく」ことが至上命令となり，質的に違った進歩概念，生活の質，交換価値より使用価値の重視，という思想を圧殺するという「失敗」をしてしまった[242]。

さらにほとんどの社会主義諸国は，供給不足経済を克服すべく内包的発展により集約的発展に転換しようとしたが，これが経済的・政治的危機を生みだし崩壊した。この過程で西側の資本設備，汚染をコントロールし軽減させる技術，消費財への需要が高まり，冷戦終結への政治的運動が両体制ではじまった。投資と東西貿易を更新しようとする動きは，環境と生産条件を「搾取」する方法にも重要な影響を与えた。原理的には，国有と中央計画は国家が環境破壊を最小限化することを可能とするし，科学や科学者の役割はこの可能性を強化する。事実，バイカル湖浄化のための汚染軽減投資や鉱山の移動などがなされ，ソ連の指導者たちは，エコロジカル技術は合理的で科学的で経済的な計画のひとつの基軸であると語ってきた[243]。しかし，労働者，農民，科学者，環境問題を認識し対処するよう訓練されている技術者は，ほとんど政治力を持っていなかった。そのために，ある企業が他の企業や「下流のコミュニティ」に与える環境上の影響については，無関心となる傾向があった。環境破壊情報が公開されず，情報が不足ないし不在だった。もともとエコロジカル科学は経済計画において役割を果たしたし，ソ連での保護運動は科学者たちによって支配され，

---

241) *ibid.*, pp. 257–258.
242) *ibid.*, pp. 258–259.
243) *ibid.*, p. 259.

彼らは資本主義諸国における科学者よりも合法性を持っていた。さらに「エコロジカル・グラスノスチ」の時代は，告発のチャンネルと組織を作りだした[244]。

中央計画自身は環境に対してポジとネガの両面を持っている。ポジティブな点は，資本主義に固有な恐慌や市場シェア競争がないから，これらのもたらす環境破壊的影響はない。ネガティブな点は，大規模で環境的には不健全な鉱山業・建設などを奨励したことであり，その最悪の例は原子力の集中化である。チェルノブイリ原発事件は強力な国家と弱い社会の帰結であった[245]。

多くの旧社会主義諸国では，完全雇用と就業保障が実現していた。そのために，労働力移動を制限し，労働力の弾力的使用が制限された。コルナイが理論化したようにその経済は「不足の経済」であったから，第一に，企業は労働・原料・燃料・部品などの「保蔵」に狂奔し，資源はすぐに使用されずとも抽出され環境破壊を強めた。しかし他面では，「不足の経済」は集約的発展に移行するまでは成長が遅いから，それだけ資源の酷使と汚染が遅かった。第二に，完全雇用と就業保障と資本家的な市場規律の相対的な欠如は，技術革新の必要性を弱化させる。第三に，すでに指摘したように企業主義は自己中心的であるから，費用を外部化してしまう動機がある。他方では，完全雇用・就業保障・中央計画は資本主義的な不均等・複合発展を制限し，その環境破壊を抑制する。中央計画経済は富や生産能力の地域的不平等を減少させようとするから，ポジとしては「廃棄」を分散させて「汚染」になることを防ぐ。ネガは，工業が分散化しているときには，廃棄物処理システムの規模の経済が働かない点にある[246]。

「供給不足経済」（社会主義）と「需要不足経済」（資本主義）との間には，重要な違いがある。資本主義では，広告宣伝・包装・スタイルやモデルのチェンジ・製品差別化・製品陳腐化・消費者信用などの「販売努力」が必然化し，廃棄と汚染をもたらす。社会主義はこの点では無罪である。資本主義は労働の賃金形態と欲望充足の商品形態が支配的であるが，社会主義では集団消費（た

---

244) *ibid.*, pp. 259–260.
245) *ibid.*, p. 260.
246) *ibid.*, pp. 260–262.

とえば大量運輸・集団的レクリエーション・休暇設備・アパート生活）が強化されるから，資源の浪費は低く，社会的消費は汚染を少なくする。資本主義では「蓄積せよいやなら死すべし」が至上命令となり成長至上主義が支配するが，社会主義では原理的には生産は利潤ではなく使用を目的とし，成長は手段にすぎない。中央計画のもとで割当量を実現しようとする企業は，理論上は，資本主義企業とは異なったパフォーマンスのもとで操業することを強調することは依然として価値がある。最後に，社会主義では経済的・社会的平等規範が政府の経済的・政治的決定を支配するから，南の貧困に打ちのめされた大衆の悲劇は社会主義国にはほとんどない。南の大衆は国際資本によって限界的土地に追いやられ，生存するための厳しい必要によって環境を破壊せざるをえない。この事実はキューバと中米諸国を比較してみれば歴然としている，とオコーナーは指摘している[247]。

社会主義は後進的地域で成立したから，資本主義に追いつくための外延的発展が追求され，汚染発生産業に集中した。グラスノスチとペレストロイカになると内包的発展に移行したが，これは異なった環境問題とチャンスを生みだした。第一に，価格メカニズムの利用は企業に資源節約を強制したから，資源を急速にあるいは非効率的に利用したり，悪質な資源を利用するようになった。第二に，製造業の設備を近代化し環境を保護するために，西側の資本財や設備への需要が増大した。第三に，社会主義国における環境運動の目的と力はなんだろうか。資本主義国での初期の環境運動は，都市や郊外のサラリーマン・専門職・高学歴グループであったが，彼らは重化学工業には本能的に物的利害をもっていなかった。それとは対照的にソ連では，重化学工業で働く技師や経営者は重化学工業化が続くことに無関心ではなく，むしろ「社会主義の建設」路線から「社会主義の再建」路線に移行する能力を削減しただろう[248]。

廃棄と汚染の主要原因は両体制では異なるといえるだろう。社会主義では廃棄と汚染は経済問題ではあるがより政治問題である。大規模な環境悪化は，おそらく，社会主義に内在していないだろうとオコーナーは控えめに主張しなが

---

247) *ibid*., p. 262.
248) *ibid*., p. 263.

第5章　エコロジカル社会主義の理論　121

ら，次のように要約している[249]。

　　要約すれば，党＝国家は，環境組織が発展し成長し，告発を組織化し政府に圧力をかけ，必要な基礎的情報を発見することさえ，困難にしまたしばしば不可能にした。第二に，党＝国家システムは，労働者・技術者・経営者が中央計画機構の内部でほとんどあるいはまったく権力を持っておらず，企業を超えたエコロジカルで社会的な意識の発展を妨害する状況を意味した。第三に，党＝国家は，完全雇用と就業を保証することによって自己を合法化したが，それは，環境に有利なようなタイプの技術改善圧力と機会を減退ないし排除した。こうした意味において，一方での政府の言辞とエコロジカル計画への潜在力と，他方での国家構造の現実とのギャップは，トップの計画者や党組織が保持してきた良き意図をすべてサボタージュしてきた。現代のエコロジカル社会主義者は，警戒し，そして生き学ばなければならない[250]。

とオコーナーは総括している。

第2項　マルクス＝エンゲルス以降のエコロジー論の停滞

　こうしたスターリン主義による社会主義建設のもとでは，マルクス主義のエコロジー論も停滞し後退していった。マルクス＝エンゲルス以降のエコロジー論の展開までフォローしたフォスターは次のように要約している。

　　マルクスとエンゲルス以後のマルク主義は少なくとも1970年代以前は，エコロジーに関する研究にほとんど貢献していない，史的唯物論の創始者たちがこの分野に残した遺産は，次の数世代のマルクス主義理論にまったく影響を与えていない，としばしばいわれている。だが，実際には，マルクスのエコロジー的批判は，エンゲルスの批判とともに，かなりよく知られており（その哲学的基礎は曖昧になっていたが），マルクスの死後数十年のマルク主義に直接の影響を与えていたのである。それが切り捨てられたのはもっと後の，とりわけスターリン下のソビエト連邦でのことだった。

---

249)　*ibid.*, pp. 263-264.
250)　*ibid.*, pp. 264-265.

生産のための生産の拡大がソビエト社会の最優先の目標とされたからである。このことは、マルクスの（そしてエンゲルスの）エコロジー的批判から生まれた二つの主要なテーマとの関連で理解することができる。一つはリービッヒと関連した持続可能な発展の概念、もう一つはダーウィンから生まれた共進的分析である[251]。

スターリン時代の唯一の例外はブハーリンだったという。それをグラムシやルカーチなどの西欧マルクス主義は認知できなかった、とフォスターはいう。すなわち、

> だが、グラムシもルカーチと同様、ブハーリンの分析に明確にみられる強み（弱みと同じく）を認知できなかった。その強みとは、唯物論的歴史観を唯物論的自然観と結合しようという試みから生まれたものである。ブハーリンの分析にはある種の機械論がはいりこんでいった（「均衡」をその決定的な特徴の一つとする）が、しばしば見せるエコロジー的関係に対する深い理解は、共進化的見方も含めて、ブハーリン理論の重要な側面であり、これは西欧マルク主義の伝統では失われてしまったものである。この点ではルカーチの指導に従ったフランクフルト学派は、ほとんど完全に文化主義的形態をとった「エコロジー的批判」を行うが、そこにはエコロジー科学の知識（あるいはエコロジー的内容）がまったく欠けており、全体として人間の自然からの疎外を科学と啓蒙とに帰している。こうした分析はロマン主義的ルーツをもち、マルクスよりはウェーバーの合理化批判と世界の「魔術からの解放」に根ざしている。この見方では、疎外は自然という観念の疎外との関連で一面的に把握されている。そこには、たとえばマルクスの「物質代謝の亀裂」理論のような自然の現実的、物質的障害の分析が欠如している[252]。

戦後は、ソ連での環境破壊の進展とエコロジー論のマルクス主義的分析の欠如とが、同時進行していたとして、

> こうして、1930年代から1960年代のマルク主義社会科学には（これはごく

---

[251] ジョン・ベラミー・フォスター『マルクスのエコロジー』369頁。
[252] 同上書、383頁。

わずかな例外を除いて社会科学全体にも言えることだったが），直接的なエコロジー的分析はほとんど存在しなかった。その状態は，1960年代になって，レイチェル・カーソンの『沈黙の春』が環境をめぐる闘争に再び火をつけるまで続いた。「東側」でのソビエトの環境破壊が，「西側」でのマルクスの弁証法的分析方法を自然と科学に適用しようとする試みの拒絶と同時進行していたのである[253]。

と厳しく反省している。

第3節　フェミニズムとエコロジーと社会主義

　序章で述べたように，21世紀の社会主義を構想するためにも，唯物史観を生かしかつ発展させなければならない。その中心的課題の一つは，エコロジーを唯物史観の体系の基底におくことであった。しかし，マルクスやエンゲルスは環境問題の先駆者ではあったが，第1章第4節第2項で指摘したように，時代的制約のために現代の環境問題を全面的には展開しなかった。こうした現状認識を妨げているのは教条主義的な唯物史観（史的唯物論）である。オコーナーも，環境問題の解明と新しい社会主義像を作りだすためにも，教条的（スターリン主義的）唯物論の失敗を批判している。

　オコーナーによれば，元祖マルクスは社会的労働（分業）を文化と自然から抽象してしまったから，社会や文化や「自然経済」を含んだ社会的労働概念は見いだせない，という。教条的唯物史観（史的唯物論）の第一の欠陥は，生産力概念は本質的に社会的であり，特定の文化的規範と価値によって深く刻印されている協業様式であることを軽視してきた点である。第二の欠陥は，生産力は社会的であると同時に自然的であることを軽視してきたことである。エンゲルス自身は歴史の唯物論的概念と呼んだように，マルクス主義者たちは，物質的生活のなかで社会関係は生産・再生産されるとともに，社会生活において人間と自然との物質的関係が生産・再生産されることを知っている。彼らは，人類は主体であるが，同時に農業・林業などでの「労働の待機過程」ないし「自

[253]　同上書，384頁。

然の育成過程」を知っていた。意識の形成についてもマルクスは，物的生活は社会的に組織されるから，生産の社会関係が意識を規定することを強調したが，物的生活は人類と自然との相互変化であり，これらの物的ないし自然関係もまた意識を規定するという真実を弱めてしまった。フォイエルバッハの passive materialism，ヘーゲルの active idealism を逆転させた代償として，マルクスは，「作り変えられた第二の自然」は「自然性」を減少させないことを十分に強調しなかった，という[254]。

グリーン派はレッド派に，人間と自然との物的相互変化に関心を向けさせようする。レッド派の一部はグリーン派に，資本制生産関係・競争・世界市場と労働搾取を教えようとしてきた。フェミニストたちはグリーン派とレッド派に，労働力の再生産と女性労働一般の領域に関心と監視を向けるよう説得してきた。社会主義とエコロジーに求められているのは，新しい定義ではなく，自己決定と全面的計画，生産の協同化とコントロールである。また国家を廃止するのではなく，社会的労働の分業を民主的に組織する民主的国家を必要としている。そしてオコーナーは，社会主義とエコロジーが必要な根拠を次のようにまとめている。

> 結論を少し違ったようにいえば，すくなくとも，生産の社会関係を明確に認識させ，市場と商品物神性の支配を終わらせるために「社会主義」をわれわれは必要とし，すくなくとも，社会的生産力を明確に認識させ，地球の悪化と破壊を終わらせるために「エコロジー」をわれわれは必要としている[255]。

このようにオコーナーは，社会主義とエコロジーとフェミニズムの協力（「結婚」）を提唱している。

---

254) James O'Connor, *op. cit.*, pp. 276-277. 島崎隆は，マルクスの思想を「実践的唯物論」と規定する立場から，フォイエルバッハの唯物論やヘーゲルの主体的意識論からも学ぼうとするオコーナーの言明を，「凡庸なマルクス解釈に由来」し，「こうしたマルクス読解からは，新しい『エコマルクス主義』は生まれない」と批判する（島崎隆『エコマルクス主義』知泉書館，2000年，47-48頁）。しかし筆者は，フォイエルバッハやヘーゲルからも学ぶべきであると考えるし，マルクス読解（文献考証）だけからは「エコマルクス主義」を実践的に創造することはできないと考える。

第4節　新社会運動の理論化

　エコロジー運動を含めた新社会運動の理論的体系化はなされていないが，オコーナーはマルクス主義の立場から光をあてようとしている。

　環境運動やその他の新社会運動は，「権利」・「欲望」・「利害」として，民主的・文化的・政治経済的に理論化されうる。たとえば，労働現場の危険性を知る権利は合法的な政治的問題であり，自然との再結合のために社会秩序を革命的な方法で変えようとする欲望は文化問題であり，消費バスケットの一部として環境のより快適さを求める環境主義は政治経済問題である。マルクス主義者は，権利や欲望や合法性や文化を政治経済学用語に還元してしまっていると非難されてきた。オコーナーは，社会運動の批判的発展と前進を助けるために，どのような光を政治経済学とマルクス主義者の理論はエコロジーや社会運動に投げかけうるかを示そうとする[255]。

　キー・カテゴリーは「生産条件」である，とオコーナーはいう。ポラニーは「土地と労働」だけを生産条件と呼んだが，第3章第2節第2項で考察したように，オコーナーは，資本制生産条件を外部的ないし自然的条件・一般的共同的条件・個人的条件から規定していた。現代的にいいかえれば，環境であり，都市のインフラストラクチャーと空間とコミュニティであり，労働力である。これらの三つの生産条件は，価値法則や市場の強制力によって商品として生産されるものではないが，資本主義はあたかも商品のように扱うから，擬制的に価

---

[255] James O'Connor, *op. cit.*, p. 277. 尾関周二も，エコロジストと哲学との協力が必要だと次のように発言している。「……哲学が危機を乗り切る方向を打ち出せないのは社会哲学的な視点をもたず，現代社会の画一化傾向の根本に市場や資本の原理があることにまったく目を向けることができないこととも無関係ではないように思われる。それとともにまた，市民・労働者をはじめとする人類社会の危機という時代の課題に哲学もまたその総合性だけでなく，戸坂潤が強調した〈批判性〉という働きを生かして参与するという視点が弱いからと思われる。」（尾関周二『エコフィロソフィーの現在』青木書店，2007年，12頁）。さらに，「まさに，環境問題に関わる種々の学問を統合し，科学・技術のありかたや人間―自然関係における社会のあり方を抜本的に批判するために多くの哲学者の協力が求められているように思われる。」（同上書，12頁）。

[256] James O'Connor, *op. cit.*, p. 306.

格もつけられる。市場は，資本に利用可能な生産条件の量と質，これらの生産条件を資本に利用可能とする時間と場所を決定できない。資本はコストと需要に応じて商品を供給するが，自然や労働力や空間を作りだすことはできない。市場が生産条件の生産と分配を規制できないとしたら，誰がするのか。資本が自然・都市空間と土地・労働力を調達することを規制する代理人がおり，それは国家にほかならない[257]。

　ここ何十年間に生産条件の供給が問題になり，資本がより組織化され合理化されたから，国家の代理人や使者は拡大してきた。エコロジーに関していえば，自然は制限されているのに，資本の自然への組織的・合理的アクセスの必要性が強まったからでもある。資本蓄積に関するいかなる理論も，国家論と生産条件論とが欠如していれば不完全である。マルクスは生産条件を分類したが，それらを理論化しなかった。マルクス主義者たちは生産条件の一つや二つは理論化したが，その相互関係については理論化しなかった。エコロジカル・マルクス主義だけが同時に三つを理論化することができる，とオコーナーはいう。社会運動の理論においても，三つの生産条件と三つのタイプの社会運動との類似性はほとんど言及されてこなかった。エコロジー派は自然条件を，都市運動は都市のインフラストラクチャーと空間を，フェミニズムは労働力を問題にしていたが，生産条件論としては意識的には分析されなかった[258]。

　ポラニー流にいえば，新社会運動は，原住民の鉱物資源の権利や海岸，町の遊歩道，女性の育児能力や性的能力などの生産条件の商品化に対する闘い，と定義することができる。あるいはまた新社会運動は，維持可能な農業と対立するバイオテクノロジー，低所得者の住宅に替わる高層商業オフィス，女性の尊厳を無視し単なるセックスの対象とする女性像などの，すでに商品化された生産条件の資本主義的再構築に対する闘い，とも定義可能である。しかし同時に，新社会運動は独自の文化的・政治的次元を持っている。たとえば，文化的フェミニズムは女性の労働者化と女性の自立化と関係があり，生命中心主義やディープ・エコロジーはエコロジー科学の進化と関係があり，都市に根ざす

---

257)　*ibid.*, pp. 306–307.
258)　*ibid.*, pp. 307–308.

「アイデンティティ政治 (politics of identity)」は国際的分業と関係している。これらを政治経済学的概念に還元することはできない。しかしこうした文化的要素は，政治経済学を考慮しなければ社会科学の観点から十全には説明はできないと，オコーナーは示唆している[259]。

その理由は簡単であり，どの運動も遅かれ早かれ国家の代理人と交渉しなければならなくなるからである。そして，無責任で高圧的で官僚的であり，専門家に頼っていて本質的な統計を隠蔽する，といった類の批判がでてくる。そこでわれわれは国家を民主化する課題に直面する。新社会運動には三つの国家戦略がある。第一は，国家を拒否しローカルな反権力を発展させようとする無政府主義者の戦略である。第二は，自由で民主的な国家を改革しようとする環境主義者の主流である。第三は，国家を民主化しようとするラディカル派たちである。オコーナーは第三の立場から，第二の改革派の民主化は手続きの民主化に終わる危険性があり，民主化の目標は内容にあり，ブルジョア自由国家の形式（あるいは手続き）のなかに民主的内容を入れ込むことが必要である，と主張している。第一の立場に対しては，社会的労働の配分を担う国家を廃絶することはできない，と批判する[260]。

第5節　エコロジカル社会主義の理論的基礎

第4章第1節で考察したように，オコーナーのエコロジカル社会主義は，生産関係と生産力の矛盾ではなく，資本制生産（生産関係・生産力の両方を含む）と資本制生産条件との矛盾を重視する。人間の労働力，空間を含めた外部自然やインフラストラクチャーは，資本によって生産・再生産されない。しかし，商品として売買され利用される。こうした資本による生産条件の利用過程に必然的に，国家と社会運動が介入し媒介する[261]。そこで，次のような三つの問題をオコーナーは提起する。(1)資本はそれ自身の生産条件を破壊することによって，自己の制限を作るのか？　(2)なぜ資本はそれ自身の生産条件を壊

---

259)　*ibid.*, p. 308.
260)　*ibid.*, pp. 308–310.
261)　*ibid.*, p. 165.

すのか？ (3)生産条件破壊に対する社会闘争は，なぜ資本の伸縮性と可動性を潜在的に阻害するのか？

第1項 「資本の過剰生産」と「資本の過少生産」

　資本蓄積が資本自身の条件を傷つけたり破壊し，おのれの利潤と生産と蓄積の能力を脅かす例は，多種多様にある。地球温暖化は人々ばかりか利潤を破壊するし，酸性雨は森や湖ばかりか利潤を破壊するし，地下水の塩分化や有害廃棄物や土壌の浸食は自然ばかりか収益性を傷つける。既存のコミュニティ生活や家族生活を破壊し協業能力を弱め有害な社会環境を作りだす労働関係も，「生産の個人的条件たる労働力」を破壊する。このように考えればマルクス恐慌論に「不足」がもともと入っていると解釈できるし，生産条件の再生産費用の上昇を追加すれば，「資本の過少生産」の可能性もでてくる[262]。しかしオコーナーは「資本の過剰生産」を否定はせず，この両概念を結びつけようとする。そして，恐慌による生産関係・生産力・生産条件の再建（それらの一層の社会的形態の発展）は社会主義的形態の可能性を内包しているという。すなわち，

　　過剰生産恐慌は生産力と生産関係双方の再建を意味するのとちょうど同じように，過少生産恐慌は生産条件の再建を意味する。そして，生産力の再建は生産関係のより社会的形態を意味するのとちょうど同じように，逆に，生産条件の再建とは二重の影響—生産力として定義された生産条件のより社会的形態と生産条件が再生産される社会的関係のより社会的形態—を意味する。要約すれば，生産関係・生産力・生産条件の社会的形態の発展はともに，その内部に社会主義的形態の可能性を含んでいる。これらは，伝統的な生産力と生産関係の矛盾による恐慌だけでなく，生産力・生産関係とそれらの生産条件との矛盾による恐慌によっても，事実上引き起こされる。一つではなく二つの矛盾と恐慌が資本主義に内在している。すなわち，一つではなく二つの恐慌がもたらすより社会的な形態に向かっての再組織化と再建が資本主義に内在している[263]。

---

262) *ibid.*, pp. 166-167.

二つの矛盾を図示すれば，図 5-1 のようになる。

第 2 項　新しい社会的生産の準備

　恐慌は，費用削減・労働強化・資本組織の再建などの必要から生産力と生産関係を変化させる。それとともに恐慌は，地代を削減したり伸縮性を増加させるために生産条件を変化させる。恐慌を切り抜けるために生産条件を変化させる方法は，生産力の変化と生産条件の再生産の社会関係の変化とがある。ともに，資本内部・資本と国家・国家内部の新しい協業なり，人間と自然との物質代謝規制のより社会的な形態を作りだす。現代での例は，統一的害虫処理であり，それは農民の努力と訓練・教育計画の協力が必要である。また，急性伝染病の予防技術であり，コミュニティ関係のより協業的方向への変化である。こうした意味において，恐慌は社会主義への移行のイメージの可能性を作りだすともいえる。

　生産条件再生産の社会関係の変化は，生産条件の管理の強化であり，都市や地方の運輸計画や保健計画や自然資源計画などの計画化の強化でもある。現代のようなグローバル資本主義のもとでは，一群の国際的計画手段が生まれてくるかもしれない。このように，生産条件たる一連の技術と労働関係とその再生産の社会関係とは結び合っており，それらは生産条件分野のより社会的な形態

---

263)　*ibid.*, p. 171. このようなオコーナーの過剰生産論（実現論・「資本主義の第一矛盾論」）と過少生産論（搾取論・「資本主義の第二矛盾論」）は社会と自然を形式的に分離させている，とバーケットは批判している（Paul Burkett, *Marx and Nature*, pp. 3-4）。通説的な過剰生産論（日本での実現恐慌・「生産と消費の矛盾論」）の一面性を批判するために，対極的に過少生産論（蓄積危機ともいっている）をオコーナーは意識的に強調している。しかし同時に，オコーナーは過剰生産論と過少生産論は互いに排除しあう関係ではなく，二つの社会主義への同時的道だともしている。むしろ筆者は，両過程を「搾取」（剰余価値生産）と「実現」との矛盾として統合化すべきだと考えてきた。オコーナーは，恐慌論での「搾取」重視説（労働力や原料不足）は過少生産論（「資本主義の第二矛盾論」）の特殊な発現形態だ，ともいっている（James O'Connor, *op. cit.*, p. 161）。バーケットは資本主義の真の一般的危機を生産・搾取の条件の危機としてとらえているのだから，オコーナーとの「距離」は近いし，「搾取」と「実現」を統合化することをマルクスは示唆していたといっている（Paul Burkett, *op. cit.*, pp. 113-114）。同じ資本蓄積過程が環境危機と経済危機を同時に生みだしているとするオコーナー説の基本ラインを生かすためにも，過剰生産論と過少生産論を統合化していかなければならないだろう。

図5-1 資本主義の二つの矛盾

伝統的マルクス主義理論

生産力 ⇔ 生産関係

生産関係の変化を求める労働・社会主義運動 → より透明な社会（社会主義形態）

過剰生産（＝「実現恐慌」）（＝商品需要不足） → 経済恐慌 → 恐慌による生産力と生産関係の再建

例：計画化、国有化、利潤シェア

サイト：
* 政治・国家
* 生産と交換

エコロジカル・マルクス主義理論

生産力と生産関係

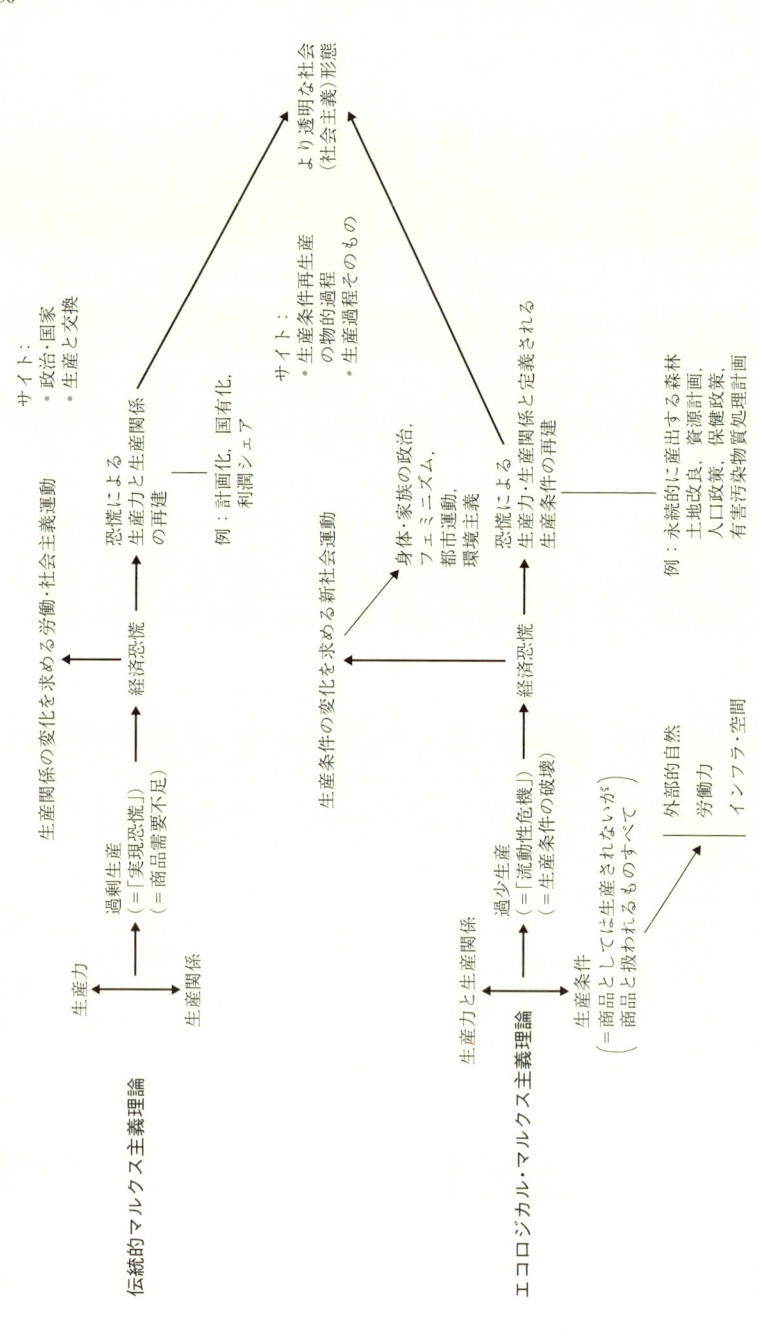

過少生産（＝「流動性危機」）（＝生産条件の破壊） → 経済恐慌 → 恐慌による生産力・生産関係と定義される生産条件の再建

生産条件（＝商品としては生産されないが商品として扱われるものすべて）
— 外部的自然
— 労働力
— インフラ・空間

生産条件の変化を求める新社会運動 → 身体・家族の政治、フェミニズム、都市運動、環境主義

サイト：
* 生産条件再生産の物質的過程
* 生産過程そのもの

例：永続的に産出する森林、土地改良、資源計画、人口政策、保健政策、有害汚染物質処理計画

出所：James O'Connor, *Natural Causes*, p. 172.

へのステップであり，少なくとも社会主義を想像可能とする，という[264]。

世界資本主義では，生産条件の社会的・政治的再生産形態は実践的には無限的に存在しうる。現代の世界危機は，生産力と生産関係だけでなく生産条件の多くの社会的形態を必要としている。そしてオコーナーは，社会主義への異なるがしかし並行する道が起こってくるだろうと予言し，「望ましさ」が「必要性」に優先する新しい「社会主義建設」の過程が，「必要性」を「望ましさ」に優先する伝統的「社会主義建設」の過程に取って代わられる。かつて労働組合が「資本のバリアー」となり，資本にたとえば団体交渉のような生産力と生産関係のより社会的形態を採用させたように，新社会運動も「資本のバリアー」となり新しい社会的形態をもたらすだろう，と展望している[265]。

第6節 「維持可能な資本主義」は可能か

「維持可能な資本主義 (Sustainable Capitalism)」[266]は可能か？ オコーナーは，この Sustainable という言葉は非常にあいまいな概念である，と批判する。さしあたり，資本蓄積を維持するとか，生活必需品を提供するとか，窮乏に耐えるとか，エコロジカルな維持可能性，として定義するならば，どの意味においても「維持可能な資本主義」は成立しないとする[267]。そしてエコロジカルの

---

264) James O'Connor, *op. cit.*, pp. 167-169.
265) *ibid.*, pp. 169-170.
266) Sustainable は「持続可能」と訳されているが，本書では都留重人と同じく「維持可能」と表現する。「Sustainable（サスティナブル）とは，客観的に『維持できるかどうか』を問題にしているわけです。経済の発展を考える際に，客体である環境の問題や社会的衡平，技術的効率などいろいろな問題をすべて考慮して，『維持できるかどうか』を Sustainable といっている。／ところが日本政府は『持続可能な』と訳した。新聞・雑誌もほぼそう訳しています。『持続可能な』は主体的，主観的で，経済発展を持続できるかどうかを問題にしている。しかも，現在の官庁は『持続的な成長』と訳している。こうなると大問題です。『持続的な成長』となれば，持続的な経済成長の可能性を問題にするということになってしまうからです。これはひじょうに問題なので，私はあらためて『サステイナブル』とは『維持可能な』という意味であることを強調しておきたいと思います。」（都留重人『科学的ヒューマニズムを求めて』新日本出版社，1998年，180-181頁）。宮本憲一も都留の訳語を継承している。
267) James O'Connor, *op. cit.*, pp. 234-236.

観点から，グリーン派と企業によって発展させられた Sustainable を批判している。

「グリーン生産物」，「グリーン消費」，「選択的林業」，「低投入農業」などの議論の氾濫にもかかわらず，資本主義はエコロジカルに維持はできないとの判断に有利な証拠が沢山ある[268]。緑の政党はほとんどの国に存在するが，少数派であり，国政や地方政治において地位を失っている。しかしオコーナーは，エコロジー維持のために必要なステップを提起している。まず，投入する原料（石炭・石油・ニトロゲン）やある種の生産物（ガソリン・合成建材）への高い課税，環境に冷たい広範な消費財（車・プラスチック製品・使い捨て罐）への付加価値税，などの国家予算化である。さらに，代替エネルギー，有害廃棄物処理の技術，大量輸送・居住地衛生と安全条件，国家・地方・コミュニティー次元での執行過程におけるイノベーション，科学研究や技術開発の優先度の再定義，に向けての国家の補助政策も必要なステップである。しかし残念ながら，こうしたグリーン予算は少なく，グリーン経済学者や活動家たちの論文以外ではどこにおいても発展していないし，国民所得計算方法の適切な変更もおこなわれていない[269]。

グリーン派と資本家的改革派との言葉の収斂にもかかわらず，現実とのギャップが存在する。資本家的改革派は，生物の多様性，水質，野生生活の保護，大気状態などと一致するよう企業が経済的に行動することを求める。彼らの目的は，自然の維持可能性と矛盾しないように資本を再形成することにある。しかしほとんどの企業の重役室では，問題は違った次元で議論されている。たとえば，消費者や公共にたいしていかにグリーンなイメージを与えるか，いかに省エネするか，いかにリサイクルするかなどである。リサイクルという言辞と実行は，計画的な陳腐化の新しい波を利用し，消費主義を合法化し，収益性を維持することになる。企業の関心は，維持可能な収益性と資本蓄積と矛盾しないように自然を作り変えることであり，その良い例は，合衆国の南東部と北

---

268) *ibid.*, p. 236.
269) *ibid.*, pp. 236–237. 国民所得計算方法の変更の努力は，たとえば，アメリカ合衆国のオークランド市のシンクタンク Redefining Progress 社がしている。彼らが提起し測定している GPI については，補論1，参照。

西部での植林である。資本主義以前の自然ないし準資本主義の自然は，特殊資本主義的な自然に転形してしまった[270]。そしてオコーナーは，資本家的改革派はグリーン運動への対応であるとして，

> そして労働運動が，たとえば，資本に絶対的剰余価値生産様式から相対的剰余価値生産様式への転換，労働時間の延長から賃金コストの低下への転換をもたらしたように，グリーン運動は，資本のイメージで自然を作り変え，資本主義に先行する社会の自然を本源的に搾取することをやめさせ，さらに資本コストとくに労働力再生産費用を低下させることを，資本に強制するだろう[271]。

このように，グリーン派と資本家的改革派の本音は，自然の維持可能性と利潤の維持可能性を両立させることであり，根本的解決にはならない，とオコーナーは批判している。

第7節　維持可能な社会

オコーナーの「維持可能性」論については前節で考察した。そもそもマルクスにも土地についての「維持可能性」概念が存在していた。すなわち，土地は幾世代にわたる人間の生活諸条件だとして，

> しかし，特殊な農業諸生産物の栽培が市場価格の諸変動に依存すること，また，この栽培はこれらの価格変動につれてつねに変化すること，資本主義的生産の全精神は目の前の直接の金儲けをめあてとしていること——こうしたことは，連綿とつながる幾世代もの人間の固定した生活諸条件全体を賄うべき農業とは矛盾する。その適切な一例は森林であり，森林は，それが私的所有でなく国家管理を受けている場合に，ときおり全体の利益にいくらか沿うように経営されるだけである[272]。

といっている。また土地は次世代に遺さなければならないとして，

> 一社会全体でさえ，一国民でさえ，いな，同時代の諸社会を一緒にしたも

---

270)　*ibid.*, pp. 237-239.
271)　*ibid.*, p. 239.
272)　マルクス『資本論』第3巻，第12分冊，1084頁。

のでさえ，大地の所有者ではない．それらは大地の占有者，土地の用益者であるにすぎないのであり，"よき家父長たち"として，これを改良して次の世代に遺さなければならない[273]。

同じく，

土地――共同の永遠の所有としての，交替する人間諸世代の連鎖の譲ることのできない生存および再生産の条件としての土地――の自覚的，合理的な取り扱いの代わりに，地力の搾取と浪費が現われる（この搾取が，社会的発展の到達水準に依存しないで，個々の生産者たちの偶然的で不均等な事情に依存するということは別として）[274]。

第2項で紹介するオコーナーの「Preservation First！」の基本的性格は，環境問題で議論されている「維持可能な発展」とか「維持可能な社会」と同じである．ただし，マルクス主義者であることを自認するオコーナーは，社会主義そしてマルクスの共産制社会（ないし社会的労働の社会）を未来社会として構想している．オコーナーは「アソシエーション」という言葉はほとんど使っていないが，コヴェルの『エコ社会主義とは何か』ではこの言葉がたびたび使用されている．コヴェルはキリスト教的共産主義を実践しているブルーデルホフに注目しているが，彼のエコロジカル社会主義像は次のようになる．

私たちは生産が自由に連合した労働によって，意識的に生態中心的な手段と目的をもって行なわれる社会をエコ社会主義社会と呼ぶ．……しかし，社会を調整する諸機関や諸部分――国家，市民社会，文化，宗教など――は生態中心的生産に依拠したものになる．……使用価値と質が交換価値と量よりも高く評価され，経済は資本主義におけるように社会のうえに立つというよりもむしろ，社会の中に再び埋め込まれる．……自由に連合した民衆によってつくられる社会は，事前に描かれた青写真を持つことができない．しかしその土台である労働の性格が，結果を特徴づけるであろう．自由に連合した労働は顔の見える関係を含意しているので，生態中心的生産の論理は，きめの細かい，場所ごとに特別な種類の社会の基礎をもたらすであ

---

273) マルクス『資本論』第3巻，第13分冊，1353頁．
274) マルクス『資本論』第3巻，第13分冊，1420頁．

ろう。それは，交易，コミュニケーション，正義の提供，仲裁を調整する緩やかに配置された調整機関や，集中させたほうがうまくいく専門的な医療センター，研究機関，大学，コンサートホール，などのような諸機能と，つながるであろう。その論理はそれぞれが他を必要とする「部分と全体のあいだの弁証法」の論理となるであろう。そしていかなる弁証法的プロセスにおいてもそうであるように，様々なレベルのあいだの緊張は必然的にあるだろうが，社会の土台としての自由に連合した労働の存在が，国家の押しつけがましさを食い止めるであろう。大衆化され，全体化する制度によって押しのけられないような危機管理と自由に連合した労働による自力更生は存在するであろう[275]。

第1項　現代的貧困の解決方向

本書の「はじめに」において，現代の最大の問題は環境問題と貧困・失業[276]である，と筆者は提起した。宮本憲一は環境問題を現代の貧困と規定している。すなわち，

> これまで述べたように，現代資本主義の環境問題は資本制蓄積の法則に規定されている。したがって，これを貧困問題の一形態として現代的貧困とよんでおきたい。環境問題と同じような社会問題は都市問題であろう。これを現代的貧困として，古典的貧困と区別した理由は次の点にある。／第一は，所得水準や雇用と一義的な関係がないためである。所得水準が上昇すれば古典的貧困は解決するが，今のように都市化と大量消費生活様式が続くかぎり，現代的貧困は深刻となる。たとえば，所得水準があがっても人々が自動車を買えば，公害はなくならない。耐久消費財やプラスチック製品などの大量消費によって，廃棄物の処理は破局的になっていくのである。／第二は，現代的貧困は福祉国家や現代社会主義国の政策では解決がつかず，ましてや新自由主義国家ではますますひどくなるだろう。その意

---

[275] ジョエル・コヴェル『エコ社会主義とは何か』384頁。
[276] 筆者はマルクスが論定した資本蓄積の一般法則（貧困，労働苦，奴隷状態，無知，野蛮化，道徳的堕落）は，グローバルにみれば貫徹していると考えている。拙著『現代マルクス経済学』第23章第1節，参照。

味では環境問題や都市問題の解決こそ未来の体制を決めるといってよい。／第三は，現代的貧困は従来のような職場内の労働運動では解決せず，生活の場での運動あるいは自治体運動で解決しなければならない。その意味では新しい社会運動が求められているのである[277]。

第2項　労働の復権，"Preservation First !"[278]

　維持可能な成長についてのオコーナーの見解は，環境との関連で前節で紹介したが，その結論は，「維持可能な資本主義」は不可能であった。「維持可能な成長」の理論はすでにたくさん存在しているし，「グリーン予算」と社会・エコロジー・経済計算に関する文献は山積みするほど存在している。多くの社会学者たちは良き社会関係とは何か，またいかに達成するかについて書いてきた。さらに，「ラディカル民主主義」と政治理論一般に関する書物が爆発的に出版された。もしこうした傾向を別種の「生き残り主義」と呼ぶとすれば，私有財産と極端な個人主義に立脚した合衆国の国民軍の「生き残り主義」と，国家と市場によって脅かされている快適さと資源への共同的アクセスを守ろうとする「貧者の環境主義」との間には巨大なギャップがある。後者は，社会を個人の単なる集計ではなくそれ自身と定義する「社会的生き残り」である。オコーナーは次のようにいう。

　　要約するならば，"Preservation First !"は，（資本家的生産のような）労働節約的ではなく労働集約的である。それは，純経済的論理ではなく平等主義的原理と社会政治的論理によって支配される。「労働」は，もはや資本の価値増殖（すなわち，剰余価値生産による資本価値の増加）を意味することをやめ，コミュニティ・環境・社会生活一般の「増殖」（たとえば，地震の復旧の初期段階や，民主的に組織された家計におけるような自発的で自由に組織された労働）に変わる。すべての"Preservation First !"労

---

[277]　宮本憲一『環境経済学』145-146頁。今回の世界経済（金融）危機からの左翼的脱出策の一つとして，Basic Incom 論が注目されている。現代的貧困としてのエコロジーの視点から考察した文献として，福士正博「基本所得の意義—エコロジーの視点から」（『歴史と経済』第184号，2004年7月）がある。

[278]　Preservation には，保存・保護・維持・保蔵・予防などの意味があるが，適切な訳語が見つからなかったので原語のまま使用する。

働は，事実，道具的意味とともに愛情に満ちた芸術的な意味を含むだろう。"Preservation First !" は労働関係を改革するばかりか，労働時間を短縮する[279]。

オコーナーの展望は，第1章第4節第1項で紹介したマルクスの展望と基本的に一致している。

第3項　内発的発展論

宮本憲一は，未来社会の経済に求められる目標として，生活の質の向上，所得配分の平等化，労働時間の短縮と余暇の増大，教育や文化への支出増，公私両部門のバランスの確立，を指摘している[280]。そして経済発展の内発型と外来型（中央政府主導）を比較し，外来型発展を次のように批判的に総括している。

> このような外来型開発は，進出企業の経済力とその波及効果による関連産業の成長によって所得や雇用を進め，税収をあげることによって地域の住民福祉を向上させるという方式であった。しかし，現実には，住民福祉の向上は開発の結果として予想されるにすぎず，開発の引き金である企業を誘致することに当事者の全力が注がれた。このため企業の必要とする産業基盤や従業員住宅などの先行投資が行われ，減税をし補助金を給付する。また誘致された企業は自然環境や社会資本を独占，あるいは占有した。他方で外来型開発のキーを握る企業の公害や環境保全のための規制はルーズにならざるを得なかった[281]。

このように外来型開発は，環境保全・公害防止を後回しにするばかりではなく，戦後の臨界工業地帯を三大都市圏と瀬戸内に集中化させてしまったし，絶対的損失・社会的損失が大きく地元への社会的便益が小さい，主役は企業であり民主化・近代化・文化の進展・地域福祉の面は失敗したし，地域を分裂させた，と総括している[282]。

宮本の提唱する内発的発展とは，

---

279)　James O'Connor, *op. cit.*, p. 322.
280)　宮本憲一『環境経済学』306–307頁。
281)　同上書，311頁。
282)　同上書，312–316頁。

地域の企業・労働組合・協同組合・NPO・住民組織などの団体や個人が自発的な学習により計画を立て，自主的な技術開発をもとにして，地域の環境を保全しつつ資源を合理的に利用し，その文化に根ざした経済発展をしながら，地方自治体の手で住民福祉を向上させていくような地域開発を「内発的発展」と呼んでおく[283]。

である。その具体的内容は以下のようになる[284]。①地元の技術・産業・文化を土台にして，地域を市場とし，住民が学習し，計画し，経営する。②総合目的を持つ。③地域産業連関をはかる。④自治権の確立。「保存は革命」といいボローニャ方式を評価している点は，オコーナーの"Preservation First！"と一致する。

第4項 「維持可能な社会」の可能性

オコーナーは「維持可能な社会」をめざすが，「維持可能な資本主義」は不可能だとした。しかし多くの経済学者たちは，「維持可能な資本主義」が可能だといっている。宮本によれば，

> 経済学者の多くは，いまの市場制度とくに多国籍企業の支配する世界資本主義体制を前提にして，経済的手段を使い，資源節約，リサイクリングや再生可能な代替物質・エネルギーへの転換など技術開発を進めれば，維持可能な発展は可能だと考えている[285]。

ということになる。ピアス・レポートなどは，

> 持続可能な所得＝所得－防御的家計支出－残留汚染物質の貨幣的価値－環境資本の減価償却（生態系機能の減価償却＋再生可能資源の減価償却＋枯渇性資源の減価償却）

として計算しているが，

> グリーンGNP，エネルギー価格や資源効率価格による資源配分の適正化，あるいは，割引率の導入による費用便益分析によって，従来のGNPによる経済成長政策を是正することは啓蒙的な意味で意義があると考える。し

---

[283] 同上書，316-317頁。
[284] 同上書，318-322頁。
[285] 同上書，329頁。

かしこれらは政策判断の指針になっても，自動的に市場価格を変更しうるものでない[286]。

と宮本は批判している。資本主義体制内部での環境保全を真っ向から批判し，環境保全の枠組みのもとで経済・社会の持続性を説いたハーマン・E・デイリーたちは，世界銀行に次のような提案した。すなわち，①自然資本の消費を所得として計算することをやめよう。②労働と所得にはより少なく課税し，資源のスループットにはより多く課税せよ。③短期的には自然資本の生産性を最大化し，長期的にはその供給量の増加に投資せよ。④自由貿易，自由な資本移動，輸出主導型の成長によるグローバルな経済的統合というイデオロギーから脱却し，きわめて効率的なことが明らかな場合に限って国際貿易に頼りながら，最も重要な選択肢として国内市場向けの国内生産を発展させようとするような，より国民主義的な方向を目指せ[287]，である。

19世紀の経済学者J. S. ミルは定常の経済学を提唱したが，オコーナーはゼロ成長ではなく，「維持可能な成長」が可能だとする。貧困を克服するためには成長は必要である。都留重人は最後まで「労働の人間化」を訴えていた[288]。宮本憲一は「維持可能な社会」の原理として，①労働から仕事へ，②需要から必要の経済へ，③新しい尺度としての社会的使用価値，を提起している[289]。さらに宮本は，維持可能な社会を足もとから作ることが重要だという。まず，維持可能な社会を次のように定義している。①平和を維持する，とくに核戦争を防止する。②環境と資源を保全・再生し，地球を人間を含む多様な生態系の環境として維持・改善する。③絶対的貧困を克服して，社会的経済的な不公正を除去する。④民主主義を国際・国内的に確立する。基本的人権と思想表現の自由を達成し，多様な文化の共生を進める[290]。そして，世界環境機構（WEO）または国連環境機構（UNEO）を設立することを訴えている。また，EU の維持

---

286) 同上書，330頁。
287) ハーマン・E・デイリー『持続可能な発展の経済学』第5章。
288) 都留重人『市場には心がない』（岩波書店，2006年）第7章。
289) 宮本憲一『環境経済学』336-340頁。
290) 同上書，340頁。Yoshiharu Shimizu, "Using Sustainable Growth Theory to Overcome the Global Environmental Crisis", *Economic Review* (Kanagawa University) No. 2 (October 1994) も，グローバル環境危機克服のためには「維持可能な発展」論の有効性を論じている。

可能な都市戦略や日本における維持可能な地域づくりから学ぶべきだともいう。滋賀県愛東町の「菜の花プロジェクト」運動[291]は，地域住民主体の循環型社会建設の偉大な実験である。こうした地域運動が全国的に広がっているところに[292]，環境問題解決の未来があるといえる。

---

[291] 藤井絢子『菜の花エコ革命』(創森社，2004年)。菜の花プロジェクトが広まった理由として，地域主義，自立と自律，エコロジー教育活動，があげられている(同上書，19頁)。
[292] たとえば，過疎地対策と地域の元気をつくる運動(広島県大朝町)，地域交通で「菜の花バス」を走らす運動(香川県豊島)，観光振興と菜の花トラスト運動(青森県横浜町)，生ゴミの堆肥でナタネを有機栽培する運動(佐賀県伊万里)，ディーゼル「Yes!」をすすめる運動(静岡県トラック協会)，木質系を資源循環の主役にする運動(山形県「知音」)，などが紹介されている(同上書，第4章)。循環型社会については，細田衛士・室田武編『循環型社会の制度と政策』(『岩波講座 環境経済・政策学』第7巻，岩波書店，2003年)，参照。

第6章 エコロジカル社会主義の運動

　オコーナーたちのエコロジカル社会主義やさまざまな「維持可能な社会」論の理念と理論については前章で紹介したので，本章では，アメリカ合衆国と日本と世界におけるエコロジカル社会主義の運動とその周辺の運動を紹介しよう。

第1節　アメリカ合衆国におけるエコロジー運動

　世界的にエコロジー運動が展開されてきたが，オコーナーは，アメリカ合衆国におけるエコロジー運動の諸潮流とそれらの理論・政策・政治について詳しく考察している。コヴェルはアメリカ合衆国の緑の経済学を，エコロジー経済学，ネオ・スミス主義，コミュニティ経済学，協同組合運動（デイリー），環境哲学（ディープ・エコロジー，生命地域主義（バイオリージョナリズム），エコロジカル・フェミニズム，アナーキスト・エコロジー，ソーシャル・エコロジー）に分類して批判・検討している[293]。コヴェルの立場はオコーナーと同じくソーシャル・エコロジー（エコロジカル社会主義）であるが，オコーナーの分析と重複する部分もあるので，オコーナー説を中心として紹介する。

第1項　エコロジカル無政府主義とエコロジカル社会主義

　アメリカ合衆国にはさまざまなエコロジー運動がある。そしてグリーン派は資本主義に非友好的である。彼らは，「農民」とか「小ブルジョア」，「住みよい都市」を構想する人たち，プランナー，「小さいことは美しい」と考える技術者，協同組合などと呼ばれる「小農業者と独立自営の企業者」，と同盟を結ぼうとしている。グリーン派は，南部では村落共同体的政治のなかに組織された分散化した生産を支援し，北部ではあらゆる種類の市民的・地域的政治とみなされている。それとは対照的なのは主流派の環境主義者たちであり，オコー

---

293)　ジョエル・コヴェル『エコ社会主義とは何か』276-324頁。

ナーは「エセ・グリーン派」と呼ぶのが妥当だろうと皮肉っている。彼らは収益性とグローバル資本主義の拡張と一致する環境規制を支持し，国益集団と国際的利益集団と同盟している。合衆国では彼らは，環境改革者やロビイストや弁護士，有名な「グループ10」組織に関係した人たちである[294]。

　エコロジー運動はあらゆるところで，大企業・国家・中央計画ばかりか主流派環境主義者に敵意を持っているポピュリズムの色彩を持っている。さらにエコロジー運動は「地域主義」と結び合っていて，地域文化を保存しようとする闘いと地方エコロジー運動とは，同じ闘いの両面である[295]。

　ほとんどの伝統的左翼は労働組合と同様に，生産性向上，成長，国際競争力強化に関心を集中させている。彼らは，高賃金したがってより低い搾取率を求めている。彼らは既得権益を失うことを恐れている。一層の成長と発展に反対する最大のグループは，皮肉なことに，都市の中産階級を中心とする主流派環境主義者たちである。したがって，労働（そして社会主義）とエコロジーを「結婚」させようとするいかなる試みも，はじめから死刑宣告されているようにみえる[296]。

　しかし，違ったタイプの左翼グリーン政治が主要諸国で登場してきた。たとえば，ニュージーランド同盟，オランダのグリーン左翼党，ノルウェーのグリーン社会党，フランスのレッド・グリーン・オルタナティブ，イギリスのレッド・グリーン・ネットワーク，カナダの新民主党などである。また北には，多くの左翼グリーン独立グループが存在し，労働党・社会党・共産党のグリーン化が進んできた。ブラジル，インド，メキシコなどでは，伝統的労働者階級と「農民」運動のなかにエコロジカル運動が起こっている。こうした傾向は，社会主義とエコロジーは矛盾していないこと，世界資本主義の矛盾自身がエコロジカル社会主義の条件を作りだしていることを証明している，とオコーナーはいう[297]。

　オコーナーは，合衆国におけるラディカル・グリーンの流れを五つにまとめ

---

294) James O'Connor, *Natural Causes*, p. 270.
295) *ibid*., pp. 270-271.
296) *ibid*., p. 271.
297) *ibid*., pp. 271-272.

ている。エコロジカル無政府主義とエコロジカル社会主義は，自覚的な左翼である。多文化主義とエコロジカル正義運動，ディープ・エコロジーと生命地域主義（bioregionalism），エコロジカル・フェミニズムは，互いに最初の二つと重なり合っている。これらの流れの同盟関係を作る必要がある[298]。コヴェルはエコロジカル社会主義はある種のコモンズを求める闘争であるという。

　いまや私たちはエコロジカル社会主義的な政治の課題をもっと具体的に述べることができる。それはコモンズの出現を見つけること，そして生態中心的勢力の勝利に有利なように介入することである。この光に照らして広い範囲の闘争を理解することができる。水のような生命の条件を脱商品化しようとする，あるいは汚染産業の侵入に抵抗する運動（いいかえると，「環境正義」をめざす運動），コミュニティ〔住民運動〕の努力など。自主管理的な生産，いいかえれば，資本の相対的に外側での生産〔労働者自主管理による生産〕の構築，労働組合をつくる闘争（「組合」については，資本主義生産のなかに囚われた人々の生態中心的な結集によって，生態中心性の原型的な概念である連帯が広がる兆候がある），グローバル化や軍事化に対抗する非暴力闘争の政治―やはり生態中心的組織化の範例的なものであるアフィニティ・グループを通じて取り組まれる―などである。それぞれが自分たちのやり方で，ある種のコモンズ―より統合的で，より組織された，より自覚された人間生態系―を追求する闘争である。それぞれが私たちをエコロジカル社会主義へと前進させる[299]。

　エコロジカル無政府主義は，マレイ・ブクチン（Murray Bookchin）の発展させた社会エコロジー理論に基礎をもち，左翼グリーン・ネットワークで実践されている。エコロジカル社会主義は，バーリー・コモナー（Barry Commoner）の思想に基礎をもち，地方や地域の有害廃棄物問題で重要な役割を果たしている[300]。ブクチンはエコロジカル政治学の理論家であり，コモナーは政治経済学的エコロジストである。前者は世界経済や分業を無視するし，後者はグリー

---

[298] *ibid.*, pp. 280-281. アメリカ合衆国におけるラディカル派エコロジーの哲学的背景については，島崎隆『エコマルクス主義』が詳しい。アメリカのエコロジー運動や理論や政策を紹介した文献として，前掲のハーマン・E・デイリー『持続可能な発展の経済学』。

[299] ジョエル・コヴェル『エコ社会主義とは何か』390-391頁。

ン政治に適した政治理論ないし自然の哲学がない。コモナーは汚染の発生源を重視し、生産力ないし資本主義的労働現場の社会的コントロールを主張する。生産のこうした社会的統治は生産関係の革命を意味するから、それは伝統的な社会主義の目標とも一致する。ブクチンは対照的に、エコロジーと無政府的共産主義を「結婚」させようとし、都市自治体を基礎としたエコロジカル社会を目標とする。二人ともラディカルな民主主義者であるが、コモナーは経済的民主主義を、ブクチンは政治的民主主義を語っている[301]。二人の背後にある社会主義と無政府性については次項で考察しよう。

第2項　エコロジー運動の諸潮流

　二つの左翼グリーン運動の違いの根底には社会主義と無政府主義があるので、オコーナーはこの両者を理論的に比較している。マルクス主義者と社会主義者は、労働現場や労働に焦点をあててきたが、土地とコミュニティについては多くを語らなかった。後者は無政府主義の領域にとどまっていた。その例外は、「共有のグローバルな囲い込み」を蒙ってきた原住民のなかの理論家たちである[302]。

　オコーナーは社会主義と無政府主義の違いを次のように対比している。すなわち、社会主義は計画を優先させるが、無政府主義は自発性を重視する。社会主義は「平等」に高い価値をおくが、無政府主義は「自由」を強調する。社会主義はより「友愛」を求め、無政府主義はより「自由」を求める。社会主義は「中央」を堅持するが、無政府主義は「地方」を堅持する。社会主義は自由で民主的な国家のなかでの労働者階級の力を祝福するが、無政府主義は国家の廃止と直接民主主義を要求する[303]。

　しかし他のラディカルな潮流は、コモナーやブクチンとは独立して発展してきた。そこには、多文化主義とエコロジカル反人種主義と環境正義要求とがあ

---

300)　Barry Commoner, *The Closing Circle: Nature, Man and Technology*, New York: Knopf, 1971. マレイ・ブクチン著、藤堂麻理子・戸田清・萩原なつ子訳『エコロジーと社会』（白水社、1996年）。

301)　James O'Connor, *op. cit.*, p. 283.

302)　*ibid.*, p. 284.

303)　*ibid.*, pp. 284-285.

る。ディープ・エコロジーと生命地域主義はほとんどのラディカル・グリーン派の世界観を採用し，エコロジカル・フェミニズムはあるフェミニストたちからは最も革命的であるとみなされている。それらの政治的本性から見れば，環境正義運動とエコロジカル・フェミニズムは「アイデンティティ政治 (politics of identity)」の形態を代表し，生命地域主義は「場所の政治 (politics of place)」のタイプを代表する。しかし前二者は後者と重なり合う一方，ディープ・エコロジー＝生命地域主義は無政府主義と近似しているが，環境正義運動とエコロジカル・フェミニズムは，社会主義の伝統は反人種主義と反性差別であるかぎりにおいて，エコロジカル社会主義に接近している[304]。オコーナーは，これらの運動の背後にある思想や主張を，アメリカ合衆国の政治のなかで現実的に考察している。

　エコロジカル反人種主義は，多文化主義の一部であり市民権利運動の群生の論理的帰結でもある。その指導者や活動家の多くは長年にわたり反人種運動をしてきた。多文化主義は文化を優先させるが，当然にも文化的違いを認めている。「典型的理念」の観点からみれば多文化主義は文化的ナショナリズムを擁護するために，エコロジカル社会主義の階級政治とエコロジカル無政府主義の共産主義者的政治を抑圧する。「小ブルジョア」的要素が現われたり，ナショナリズムの限界を示したりするが，階級分析によって資本主義内部とくに合衆国での改革には限度があることを理解しているグループも存在する[305]。

　「多様性」とは主流派リベラル政治の流行語であるが，将来性と能力と業績ないし貨幣をもつ人々のため言葉である。大学や政府や企業において，有色人たちはますます高い地位を獲得してきた。しかしそうした「成功」は，彼ら自身の文化規範を放棄して，支配的なヨーロッパ文化に従属するかぎりで得られる。このヨーロッパ文化はアメリカ合衆国に，産業資本主義，自由主義と個人主義，権利章典と奴隷制・人種主義・帝国主義，を与えた。そして「多様性」は他面では，ホームレス，福祉を必要としている人々，ワーキング・プア，低・中賃金階層の人々には影響がない。「多様性運動」から排除されている

---

304)　*ibid.*, p. 285.
305)　*ibid.*, pp. 285-286.

人々はほとんどが労働者階級であり,少数派のなかのより恵まれメンバーや最も野心的で才能のある人たちが,出世の階段を昇っていく。将来,有色人労働者階級のなかに階級政治が出現する可能性はあるが,それらは白人労働者階級と連帯しなければならない。こうした連帯が運動内部の思考のなかに起こりつつある兆候があり,文化的ナショナリズムは弱まり,環境正義運動内部のある指導者や活動家の階級政治はより公共的な表現を発見している[306]。

　政治的自己認識のタイプとして,多文化主義とともに「場所の政治 (politics of place)」がある。たとえば,都市運動,ネオ・ポピュリズム,南部の村落政治などである。「場所の政治」とは,次のようなグリーン派の思考と実践を意味する。彼らの未来観はディープ・エコロジーと生命地域主義との結合であったり,あるいは,特定の地域のエコロジカルな特性にもとづく物質的生活と文化を発展したがっている。生命地域主義は資本と賃労働の批判に向かう可能性があるだろうか。表面的回答はノーである。生命地域主義者の理論はせいぜいメキシコ系アメリカ人たる中・上流の白人の口述書みたいなものであり,彼らは階級や人種についてはほとんど語らないからである。生命地域主義が労働者階級問題を取り上げるか否かは,その地域の階級構成・産業構造・社会史に依存するといえるだろう[307]。

　ラディカルないし左翼エコロジカル政治とビジョンの問題は依然として複雑であり,環境正義や生命地域主義と同じく,理論化されていない。男性が自然を支配したことと,女性を支配したこととは同じ過程である。この支配が,何時,何処で,どのようにして,何故に起こったかは,エコロジカル・フェミニズムで議論されている。女性はより自然的か否かとか,女性と自然との同一視はジェンダー分業から生じた習慣であるのか否か,という質問こそ馬鹿げている。明白なことは,平和運動や地域のエコロジカル行動において,女性は指導的なオルガナイザーになってきたということである。エコロジカル・フェミニズムはいかなる総合的理論や政治も拒否している。しかし,資本と賃労働から構成された世界では,女性の物質的条件は男性より劣り,労働力再生産ばかり

---

306)　*ibid*., pp. 286-287.
307)　*ibid*., pp. 287-288.

か賃金負担はますます女性にのしかかっているがゆえに，ラディカルで左翼の
エコロジカル・フェミニズムが最も影響力を持つ蓋然性ないし可能性がある。
以上の五つの政治的傾向は，アメリカ合衆国資本主義の現実的あるいは潜在的
批判である。何が何故に間違っており，何がなされうるかに関する現実的ない
し潜在的分析を内包している，とオコーナーは展望している[308]。

　しかし現実には，エコロジカル・フェミニスト運動は困難に直面している。
個人主義イデオロギー，プラグマティズム，政治理論に対する無関心，内生的
左翼の欠如，広範なグリーン組織などは，レッド・グリーン・フェミニスト政
治運動の発展に不利に作用している。だから，最初の内生的なレッド・グリー
ン政治は，ニュージーランド同盟やブラジル労働者党やイタリアのレッド・グ
リーン・フェミニストの開始によって先導された。いま最も必要なことは，社
会主義者，無政府主義者，抑圧されたマイノリティ，生命地域主義者，エコロ
ジカル・フェミニストがお互いの主張を聞き合うことである。マルクス主義者
は，労働現場や労働や経済と同様に，土地・コミュニティ・人種・ジェン
ダー・エコロジーにも注意を向けるべきであり，文化的マルクス主義やエコロ
ジカル・マルクス主義へ転換すべきである，とオコーナーはいう[309]。

　認識論的にいえば，唯物論的歴史概念は十分に歴史的でも唯物論的でもない
がゆえに修正が必要である，とオコーナーは結論づけている。マルクスは，商
品と資本の物神性論を超えて社会と文化の理論を展開しなかったから，十分に
は歴史的でなかった。また『資本論』は，自然とエコロジーの理論を内包して
いないがゆえに，十分には唯物論的になっていない。こうなっているのは，マ
ルクス自身の主要関心が資本主義分析であり，文化と自然の資本主義的性格に
ついては言及が少なかったからである[310]。

　しかし，すべての政治理論を平等に扱うのは公平ではない。マルクス主義者
オコーナーはマルクスの偉大さに敬意を表している。社会理論は，何故にまた
何時，事物が運動したりしなかったりするのかを説明しなければならない。何
故にアメリカ合衆国の生産性と成長率は相対的に低いのか，何故に集中的な世

---

308)　*ibid.*, p. 288.
309)　*ibid.*, p. 289.
310)　*ibid.*, pp. 289-290.

界金融危機と不況が起こるのか,世界恐慌はどのような影響を不平等やエコロジーや社会生活にもたらすのか。これらについての解答を与えることができるのは,エコロジカル・マルクス主義者の資本蓄積と恐慌・競争・世界市場の理論以外にない。こうした意味において,無政府主義,多文化主義,生命地域主義,エコロジカル・フェミニズムは,エコロジカル・マルクス主義者に依存しているといえる。マルクスの真髄である社会的労働[311]の緊急性と資本蓄積の一般法則が,グローバルに現代において検出されていることを誇りにもすべきであろう,ともいっている[312]。

第3項 レッド・グリーン政治の可能性

オコーナーのエコロジカル社会主義は,社会主義(レッド)とエコロジー(グリーン)とを結びつけようとするものであるから,レッドとグリーンの政治の世界における結合可能性が検討される。

現代では,レッド・グリーン政治の可能性をもたらす三つの社会経済的傾向がある,とオコーナーはいう。第一は,恐慌を媒介とした資本蓄積が展開しているグローバル経済である。これは,貧困・失業・不平等・経済的不安定性などを激化させているだけでなく,コミュニティを破壊し,幾百万の生態地域を悪化させ,グローバルなエコロジー危機を深めている。第二は,生産と生活の条件を守ろうとする環境・都市・労働・農民・その他の社会運動の高揚傾向である。第三に,エコロジー危機と経済危機(恐慌)の解決は,お互いに前提しあっているということである[313]。

だからエコロジカル社会主義は,とくに階級政治の発展を前提にする。これ

---

[311] オコーナーの「社会的労働」概念は『資本論』の商品論における「私的労働」に対する「社会的労働」と同じであり,日本での社会主義論争での「アソシエイトされた労働」に近いと筆者は考える。「アソシエイト社会主義」については,大谷禎之介「資本主義的生産と商品流通」(経済理論学会年報第29集『市場と計画』青木書店,1992年),同「『現存社会主義』は社会主義か」(法政大学『経済志林』第58巻第3・4号,1991年3月),同「社会主義とはどのような社会か」(『経済志林』第63巻第3号,1995年3月),および補論2を参照。

[312] James O'Connor, *op. cit.*, p. 291.

[313] *ibid.*, p. 267.

は，たとえば北の環境正義運動と南の「貧者の環境主義」の成長や，労働現場を労働者とコミュニティ双方のためにより健康で安全な場所にしようとしている現代の労働・コミュニティ・環境闘争，によっても証明される。これらの闘争は，技術や労働関係や生産条件一般に影響を与えようとしている。労働・コミュニティ・環境グループは，さまざまな方法で，市場価値と利潤基準に挑戦している。労働・コミュニティ・環境は「生産条件」でもあるから，国家によってさまざまに政治化され規制されている[314]。

　しかし，社会主義者たちとエコロジストたちとの間に「誤解」がある。ほとんどの社会主義者たちは，エコロジー主義は質素のイデオロギーであるか，中産階級の快適な生活を保証するシステムだと信じている。ほとんどのグリーン派は，社会主義は無限の成長を推進するイデオロギーだと考えている。こうした誤解のなかで企業グループは誤った選択を宣伝する。すなわち，「仕事か，環境か」，「土地の資本主義化と経済成長か，それともコミュニティの価値か」，「経済発展か，維持可能な社会か」，の選択である。歴史的に欧米の社会主義者たちは，より平等的な分配と高い生産性という救済策を求めきた。高い生産性は自由時間を増大させ，大量生産は分配のパイを増加させる，と信じていたといってよい。こうした思考方法には問題がある，とオコーナーは批判する。一つは，富と所得の平等的分配は経済的動機を傷つけ，右翼からの政治的不安を促進し，生産性と生産に打撃を与えることはほとんど確実である。二つめには，生産性と生産を拡張することは，通常，搾取率を高め，経済的不平等を高める。グリーン派も悪化した自然条件の二つの救済策を持っている。第一は，社会主義者たちと同じく富と所得のより適切な分配である。なぜならば，貧困は物質的必要を満たそうとして自然を破壊するからである。第二の救済策は社会主義者とは違って，低成長なりゼロ成長なり維持可能な成長であり，これらは資源の枯渇と汚染を減少させると考える[315]。

　しかし問題は，資本主義経済においては低成長ないしゼロ成長政策は恐慌をもたらし，企業はさまざまな方法で費用削減に急発進し，結局環境を悪化させ

---

314)　*ibid.*, pp. 267–268.
315)　*ibid.*, p. 268.

てしまうということにある。全問題のフレーム・ワークを変えないかぎり，労働・社会主義とグリーン派との同盟は存在しないことになる。そしてオコーナーは，

> この罠から抜けだす唯一の方法は，生産主義（productivism）を再定義することである。原料のより効率的な再利用とリサイクルなどによって，グリーン都市でのエネルギー使用の減少と通勤時間の短縮によって，有機農業によって「農薬散布」を防ぐことによって，とくに労働と土地の非商品化などによって，社会はより高いレベルの生産性を達成できる；エコロジカル社会主義の生産主義とエコロジカル合理性とは，かくして両立する[316]。

と「維持可能な発展」路線を提起している。

第2節　日本における環境運動

高度成長期には公害が全国に「バラ撒」れたが，公害反対運動・裁判闘争・革新自治体運動などの成果によって，日本の環境問題は新しい局面を迎えた[317]。公害・環境運動の経験を総括して宮本憲一は，政府の「権力的公共性」に対して「市民的公共性」を次のように対置している。

> 第一はこれまでの政府の主張する公共性は政府と住民の間の垂直的な支配と従属という関係を表す権力的公共性であるのに対して，住民の主張する公共性は基本的人権を守るという市民的公共性である。基本的人権の擁護，特に環境という公共財の保全が政府の義務であるとすれば，公共事業がいかに社会的有用性があっても公害を発生させてはならないのだ。第二は社会資本は民間施設と異なり，100年以上半永久的に利用される施設である。従って，それが建設される場合には都市のアメニティを増進し，コミュニティーの美観や一体性を維持するのでなければならない。その点では日本の新幹線や高速道路は利便性のみを考えて，都市を縦断して景観やコミュ

---

316)　*ibid.*, p. 269.
317)　清水嘉治『日本の経済政策と公害』（汐文社，1973年）参照。

ニティーの一体性を破壊している。アメニティのある事業でなければ公共性は主張できない。第三は公共機関と言えども公害や環境破壊を引き起こす以上は，損害賠償や差し止め（公害対策）を行わねばならぬことが，これらの公共事業裁判で確立した[318]。

そして，公害から環境問題へと比重が移転し，さまざまな法制—環境基本法（1993年），環境影響評価法（1997年6月），土壌汚染対策法（2002年）—が制定されてきた。それとともに，ストック公害やアメニティという新しい公害・環境問題が重視されはじめた。しかし，新自由主義の市場原理主義の登場は環境政策を後退させ，環境問題の解決の焦点を企業活動から消費生活へシフトさせる風潮が生まれてきた，と警告している[319]。政府の権力的公共性には「限界」がある。宮本は次のように証言している。

> 日本では環境省などの政府は財界と話し合うが，住民運動団体と積極的に話し合い，その援助を求めるという姿勢は，1970年代前半を除けば，ほとんどなかった。中央公害対策審議会に財界人は入っているが，被害者組織の代表，あるいは住民団体の推薦する研究者は少ない。アメリカでは連邦環境保護庁の職員が環境保護団体に属して活躍している。日本では環境省職員が住民団体に属しても，隠密にしか活動できない。だが，ワイトナーの指摘のように，環境政策の前進は住民の世論と運動以外にない[320]。

アメリカ合衆国や先進資本主義諸国と共通した環境問題の困難性があると，宮本はいう。すなわち，市民的公共性の立場からの住民運動は，単なる環境運動だけではなく，広く人民主権形成としての性格を持っている。そこに固有の困難性が内在している。すなわち，

> いずれにしても，住民運動はボランティアの運動である。日本のように男性労働者が長時間労働し，通勤に時間がさかれ，しかも企業主義の網の目の中にあって企業の公害を批判することは困難な場合には，住民運動は家族労働者，すなわち主婦と高齢者あるいは地域に根差した自由業者（医師，

---

318) 宮本憲一『環境経済学』32頁。被害責任については，除本理史『環境被害の責任と費用負担』（有斐閣，2007年）がある。
319) 同上書，36-40頁。
320) 同上書，350頁。

弁護士，宗教家），教師，そして農魚業民，零細商工業者などの旧中間層で構成されることが多くなる。住民運動に労組が協力すれば，資金や労力の点でも格段の力になるのだが，公務員労働組合を除くと，民間労組は加害企業の利益をおもんぱかって，多くの場合，参加をしない。あるいは日本の労組は政党別に色分けされているので，住民団体を色分けしがちで，この狭い政治主義から共闘しない場合がある。つまり，日本では労働組合自体が市民社会あるいは自治体の一員でなく，地域から疎外されている。これらの条件のもとで，日本の住民団体はボランティアだけで成り立っているので，資金的にも労力の面でも恒常組織とはなりにくく，当初の目的が終わると消失していく場合が多い[321]。

と宮本は指摘している。

ヨーロッパには環境保護運動の長い歴史がある。その代表的例として宮本はイギリスの「ナショナル・トラスト」や「イタリア・ノストラ」を紹介している。日本の住民運動にもそれなりの歴史がある。日本資本主義の成立・確立とともに住民運動も変化してきた。戦前は，本源的蓄積への抵抗としてはじまり，その後の重化学工業化による公害に反対する運動が起こった。戦後は最新鋭の重化学工業化による公害への抵抗運動が爆発したが，それは最初は科学者，弁護士，医師の自主的な手弁当運動の性格が強かった。公害反対運動の貴重な教訓として，住民運動が成功する条件は，その運動の合理性，超党派の連帯，科学的運動の存在と協力，地方自治体運動の存在と支援，を掲げることができると宮本はまとめている[322]。

公害を防止し，環境保全を進め，内発的発展を進めるには，住民の世論と運動によって公共的介入をおこなわせる以外にはない，という。今後は土地問題の解決（土地の公有化，土地利用の規制，土地税制，コミュニティ開発法など）が迫られている[323]。公共的介入を成功させるためには，住民参加の制度

---

321) 同上書，351頁。
322) 同上書，356-358頁。Shigeto Tsuru, *The Political Economy of the Enviroment: The Case of Japan*, UBC Press, Vancouver, 1999 は，都留重人の公害・環境論を集約した英語版であるが，戦前と戦後の日本の代表的な公害事件が詳しく紹介されている。
323) 宮本憲一『環境経済学』359-361頁。

化が必要であり，自治体職員の行政能力の向上と，住民の行政監視も必要である。もっと根本的課題としては，環境権を公法上確立することである，と宮本はいう。

　そこで，次のような改革が必要である。基本的人権としての環境権を公法上確定し，それに伴って環境を信託された公共団体が環境保全や公害防止の責務を果たすように制度を整備する。このため地方自治体に権限を持たせ，環境情報の公開をすること，そして環境保全団体を公認し，環境を中心に都市計画（広くは空間利用計画）の住民参加を認めさせる。地方団体がその責務を怠る可能性がある場合，あるいは怠った場合，環境権による住民訴訟を起こす権利を認める。これらの公法上の処置がまず行われるべきであろう。次に私法としての環境権の範囲は，今すぐ全体像を明らかにできなくとも，原則として環境権を認め，事件に応じてその権利の範囲を決めていくことが必要であろう[324]。

　自治権と環境権の確立，住民参加の制度化が実現したとしても，環境の質を維持・向上させるためには，人民の文化水準と自治能力が必要であり，そのためにも環境教育が重要であると，という。

　宮本は，反公害運動の経験からして，環境政策は被害の実態から予防にかけて体系的でなければならない，とする。すなわち，①被害の実態の把握と原因の究明，責任の明確化，②被害の救済，経済的補償，健康・生活の復元，③公害防止のための規制，社会資本や土地利用計画による環境の保全，④地域（環境）再生，⑤予防（環境アセスメント，費用便益分析，地域・国土計画，国際協定など），といったステップが必要である，という[325]。

第3節　資本主義のグローバル化とエコロジカル社会主義の現実性

　オコーナーは，グローバル化を進めてきた世界資本主義（新世界経済）にお

---

324)　同上書，368頁。
325)　同上書，177頁。

けるエコロジカル社会主義の理論と運動を考察している。国際的な環境運動が盛り上がっているが，その背景には世界経済の長期停滞と環境破壊の一層の進展があったことを確認しておこう。

第1項　世界長期停滞のエコロジカル帰結

　もし万一にも資本主義がエコロジーの「維持可能性」に成功したと仮定しても，資本主義の国際的マクロ政策が持続できないとすれば，グローバル危機（資本の全般的減価と不況）が生じるだろうし，資本主義がそれにどう対応するのかは誰にもわからない。すなわち，自然の維持可能性が実現したとしても，資本主義の経済危機は避けられない，とオコーナーは主張する。

　経済危機は資本に費用の外部化を強制するから，費用の内部化を主張する環境運動とは対立する。すなわち，資本過剰（あるいは資本過少ないし双方）に起因する需要サイド（あるいはコスト・サイドないし双方）からの経済的圧力は[326]，個々の資本に費用を環境に転嫁させて，利潤を回復させることを強制するだろう。反対に，環境運動や環境規制は資本に費用を負担させる（費用の内部化）から，資本と環境運動の間に戦争が起こる[327]。しかし1930年代のニューディールのように，経済の長期停滞は全般的な環境再建計画を可能とするチャンスでもありうる。ニューディールは，大平原と南部と西部の牧草地の土壌悪化の回復と，強大なダム，水資源開発プロジェクト，長大な橋やトンネルなどの大規模インフラ・プロジェクトを開始ないし促進した[328]。来るべき大不況は同じような選択を迫るだろう[329]。すなわち，環境を悪化させるか，それとも，グリーン都市，都市と農村の結合，人々が期待する公共運輸などの

---

[326]　第4章第2節で考察したように，オコーナーの恐慌論によれば，資本過剰（過剰生産恐慌）は需要サイドに起因し，資本過少は供給サイドに起因する（搾取・生産の諸条件の悪化）。

[327]　この戦争は日本の公害負担についてもあてはまる。公害反対運動は公害の発生源負担の成果をあげたが，新自由主義のイデオロギー攻勢と1990年代の長期停滞は企業負担をできるかぎり軽減しようとしてきた。

[328]　James O'Connor, *op. cit.*, pp. 248-249. R. ポーリンたちの *Green Recover* は，①エネルギー効率を改善するための改良的建設，②大衆運輸網と貨物運輸鉄道の拡大，③「賢い」送電システムの建設，④風力，⑤太陽エネルギー，⑥次世代のバイオ燃料，への投資を提案している。

個人消費と社会的消費の飛躍的変化をもたらすか，である。これはまさに政治闘争に依存する。

「維持可能な資本主義」は理論的には不可能であることはすでに述べたが，オコーナーは，最初から最後まで政治問題であるという。南の世界の生産条件危機ははるかに深刻である。環境主義者や環境経済学者の「維持可能性」とは，再生可能資源のみの使用と，低汚染ないし累積しない汚染であるが，資本にとっての「維持可能性」とは持続的な利潤である。こうした環境維持可能性と利潤維持可能性が対立的であることは20世紀の歴史が証明している。環境主義者たちは，利潤原理にもっと関心を向けるべきである。南の国々（インド，ブラジル，メキシコ）の工業化は，巨大な貧困と環境安定性の犠牲によって実現したし，東・東南アジアの工業化も本来は，良い賃金，快適な労働状態，進歩的社会政策，有意義な環境保護を提供しなければならない。そのうえ，国内には経済的・社会的・エコロジカルな危険地帯を抱え込んでいる。こうした南の経済問題は，環境状態や生産条件一般とは独立して存在しており，社会的・政治的不安，移民，経済的・エコロジー的亡命を引き起こし，そして今度は，北の世界のもろもろのトラブルを継続させている[330]。

市場主義によって南の世界の環境破壊が進んできた。そして前章で考察したように，「維持可能な資本主義」の未来は暗いが，資本主義の自己否定傾向は「エコロジカル社会主義」の物質的準備を形成していることがわかった。オコーナーは，「エコロジカル社会主義」の戦略を次のように設定する。第一は，共有ないし公共領域において，少数派・労働・婦人・都市・環境などの組織が

---

[329] オコーナーが1990年代末に予想した大不況は，サブプライム・ローンの破綻に端を発する今回の世界恐慌（金融危機と同時不況）として現実に到来した。それが資本主義の枠内での修正によって克服できるか，それとも社会主義的方向に向かわなければ解決できないのかは，いままさに注視しなければならない世界史的な課題である。2009年に成立したアメリカ合衆国のオバマ政権は「グリーン・ニューディール」構想を打ちだした。その構想そのものは間違っていないが，成功するか否かはその実施過程そして政治的闘争によるだろう。J. B. フォスターたちの論文（"A New New Deal under Obama?"）は，アメリカの経済社会の構造を所与とすれば，GDPに占める政府の非軍事的支出の比率は「ニューディール末期の上限を超えない」とするバラン＝スウィージー仮説を立証している。彼らもまた，大衆的なラディカルな変革が起こらなければChangeは不可能であると主張している。

[330] James O'Connor, op. cit., pp. 248-249.

経済的・政治的に機能できるような二重権力を，自覚的に発展させる。第二に，グリーン都市，汚染のない生産，生物の多様性などの経済的・エコロジー的代替案を，自覚的に発展させる。第三に，労働現場や行政を民主化し，エコロジカルで進歩的な内容を自由と民主主義の貝殻のなかに押し込むための闘争を組織することである[331]。

既成の資本と国家の構造が場当たり的な改革しかできないのに対して，世界中で社会運動が毎日成長していることを思いださなければならない。それとともに，あらゆる種類の「社会的に病的な形態」が現われるだろう。すなわち，外国人労働者に対する人種主義・ナチズム・差別の復活，男性運動や反エコロジー運動の巻き返しなどの反動傾向は，ますます危険になってきている。また，右翼的なポピュリズムや政治的・経済的主流派の右傾化なども生じている。しかし進歩主義者，レッドないし左翼グリーン派，フェミニストの視点からは，すべての古臭くなった政治的命題をすべて疑い，普遍的な精神を高揚させ，「われらの違いと共にわれらの共有性と新しい共有を祝福する」必要がある，とオコーナーは宣言している[332]。

第2項　国際環境運動の盛り上がり

国際的な環境運動の盛り上がりの背景には，アメリカ金融資本を先頭とする多国籍企業が展開したグローバリゼーションがあった。多国籍企業による世界新秩序の形成は，一方では国民国家による規制を弱体化させたが，他方では地球環境の悪化と南の世界の貧困と環境破壊を深刻化させた。それと同時に，環境政策が国際化されていった。また環境概念が拡大し，越境型環境や地球環境も重視されるようになり，環境の「維持可能性」，資源と環境の次世代への継承問題，グローバル・ミニマムの維持，などが重要課題となった[333]。

宮本憲一は国際的環境問題を次のように分類している[334]。①越境型環境問

---

331)　*ibid.*, 250-251.
332)　*ibid.*, p. 251.
333)　宮本憲一『環境経済学』104-105頁。
334)　同上書，147頁。寺西俊一『地球環境問題の政治経済学』（東洋経済新報社，1992年）はグローバル化した環境問題の視点から考察している。

題 A：多国籍企業や先進国政府の活動による「公害輸出」や環境破壊（たとえば，ボパールの災害，カナダ先住民の水銀中毒事件）。②越境型環境問題 B：特定国の経済・政治行為による国際的な被害や国境を越えた森林火事などによる汚染（たとえば，沖縄米軍基地の環境問題）。③地球環境問題：地球温暖化問題，オゾン層の破壊，生物多様性の破壊など。その社会経済的特徴は，人種的民族的な差別があり，被害地域の伝統的生活習慣やコミュニティを破壊し，責任の逃避と拡散，である[335]。

　国連「環境と開発に関する世界委員会」(1984年発足)は「われら共有の未来」報告書を出した(1987年4月)[336]。宮本によれば，冷戦終結によって世界の環境運動が国際化した[337]。その節目となる会議や条約をみると，UNEP（国連環境計画）の「世界環境報告1972-92」，地球サミット・国際NGO地球フォーラム（1992年6月），「生物多様性条約」(1993年12月発効)，「気候変動枠組み条約」(1994年3月発効)，「森林原則声明」・「砂漠化対処条約」(1994年)，などがあった。しかしこれらの残した課題として，(1)グローバルな合意が得られなかった，(2)多国籍企業には触れていない，(3)NGOの参加が制限された，ことである[338]。地球温暖化問題については，「気候変動に関する政府間パネル（IPCC）」の「第四次評価報告書」(2007年)は，

　　最新の評価では，人間の活動による温暖化の可能性を90％以上とし，第三次評価報告書の66％から大きく可能性を前進させた。1906年から2005年の世界平均気温は0.74度上昇し，今後21世紀末までに循環型社会が実現しても約1.8℃，高度成長で化石燃料に依存した場合約4℃上昇するとしている[339]。

と報告したが，さきの「気候変動枠組み条約」では具体的な数値目標による規制は決められなかった。規制目標を決めたのがいわゆる「京都議定書」である。

　先の気候変動枠組み条約では，具体的な数値目標による規制などが決めら

---

335) 宮本憲一『環境経済学』154-155頁。
336) 環境と開発に関する世界委員会，大来佐武郎監修『地球の未来を守るために』（福武書店，1987年）。世界の環境問題が包括的に報告されている。
337) 宮本憲一『環境経済学』18頁。
338) 同上書，22-23頁。
339) 同上書，24頁。

れず，以後の国際会議に任された。そこで毎年締約国会議（COP）が開かれ，1997年12月のCOP 3においてようやく，京都議定書が採択された。この議定書の中で付属書Ⅰ（OECD加盟国と旧社会主義国）は，個別または共同して，温室効果ガス全体量を2008年から2012年までの第一約束期間中，1990年の水準より少なくとも5.2%削減する。削減率は各国別に決められているが，EU全体で8%。アメリカは7%，日本は6%を求められた。発展途上国がこの期間中に数量化された削減義務は負わない。この計算にあたっては，1990年以降の新規の植林，再植林および森林減少に限定して，吸収量を算定することとした[340]。

1980年代以降，反公害運動の主役は発展途上国に移行したが，アジアの環境問題の実態は不明だった。アジアの環境問題は，①資本の本源的蓄積期における資源の乱獲・輸出にともなう労働災害や環境破壊，②古典的な都市問題と労働災害，③産業公害，④現代的都市公害とリゾート開発による自然・街並みの破壊[341]，とまとめられるように，急速な工業化と資本主義化によって生じていることになる。高成長が続く中国では環境破壊が急速に進展しているが，政府の対策について宮本は，

> 特に環境問題が汚染による浄水の不足，死者や障害者などの絶対的損失を生み，経済成長そのものを止める可能性がある。中国政府は第11次5ヵ年長期計画で，維持可能な発展を目指すために，循環型社会形成法などを作り，環境政策を優先する政策を取るとしている。しかし，このためには分権が必要であり，政治経済システムの根本的な改革が行われねばならぬのではないか[342]。

といっている。日本の公害・環境問題の経験を中国に正しく伝えることは重要な国際協力となる。こうした交流をしてきた不破哲三の次のような発言は傾聴に値する。

---

340) 同上書，25頁。京都議定書そのものについて，コヴェルは地球温暖化のコントロールを資本家階級に引き渡すものであり，大気中の炭素を新しい市場および新しい蓄積様式の場所とするものであると批判している（ジョエル・コヴェル『エコ社会主義とは何か』92-93頁）。
341) 宮本憲一『環境経済学』29-30頁。
342) 同上書，31頁。

私は，中国共産党および中国のマルクス主義学会との日本共産党を代表しての理論交流のなかで，地球温暖化への対応は，資本主義体制の存続を問う課題となっていると同時に，社会主義をめざす国ぐにとっては，社会主義の体制が「資本主義にかわるべき社会進歩の有効な形態」であるかどうかが試される問題となっている，という点について繰り返し率直な提起をおこなってきました[343]。
　こうした国際交流は，民間・研究者・政党などのあらゆるレベルにおいて深められなければならない。

第3項　国際エコロジカル社会主義

　"Think globally, and act locally" といわれるが，それでグローバル問題と地域問題は同時に解決できるだろうか。経済危機と環境危機は資本蓄積の表裏現象であるから，環境問題も地域だけでは解決できない，とオコーナーはいう。同様にコヴェルも，

> グローバル化が資本蓄積のメカニズムを地球全体に広げるにつれて，諸社会は次々に生態系破壊の渦のなかに押しやられる。巨額の債務を伴う従属的で不均等な発展がこのプロセスの助産師となる。債務を負わされるところではどこでも，生態学的健全性を犠牲にすることによってそれを返済させようとする圧力がかかるだろう[344]。

という。そしてオコーナーは，「グローバルにかつ地域的に考え行動する」をスローガンとして提唱している。
　第二次大戦以後の資本主義世界の生命力は，生産の社会的かつエコロジカルな費用を大量に外部化したことに基礎をおいている。さらに1970年代後半からの低成長は，富と所得の分配や社会正義の規範やマイノリティーの扱いを悪化させたばかりか，コミュニティと環境の統一をも悪化させた。これらは，「恐慌を内包し，かつ恐慌に依存した資本蓄積」過程の表裏にほかならない。この

---

[343] 不破哲三『マルクスは生きている』（平凡社新書，2009年）146頁。詳しくは，不破哲三『21世紀の世界と社会主義』（新日本出版社，2006年），同『いま世界は面白い』（新日本出版社，2007年），参照。

[344] ジョエル・コヴェル『エコ社会主義とは何か』138頁。

過程は社会主義とエコロジーをトップの政治問題にしたし，両者の「婚約」と「結婚」を促進したが，資本主義はこの縁談を「破談」させようとする存在である，とオコーナーはいう[345]。

　環境問題は現代ではグローバル化しており，地域のみでは解決できない。地域と国と世界の共同的な計画化が必要である。地域主義は地域単独で新自由主義とグローバリズムに抵抗できると考えるが，それは幻想であると批判する。世界の資源は偏在しているのであり，資源の世界的な配分のためには中央の権威が必要である。エコロジー問題を都市環境にまで拡大すれば，都市交通とその渋滞，高い地代と住居費，麻薬などは，グローバルな問題にほかならない。これらは，金融投機と不動産市場が機能し貨幣資本が世界中に配分される方法に密接に結びついている。環境概念を健康や福祉や生活環境にまで拡大すれば，現代では国際的労働力移動が増加しているから，われわれは国内的解決と国際的解決を同時に語らなければならない。また，技術とその移転は多かれ少なかれ多国籍企業と国民国家によって毒されているのだから，新技術と地方的エコロジーや地域的エコロジーやグローバルなエコロジーとの関係は，国内的問題であると同時に国際的問題になる[346]。

　　要約すれば，われわれは，ほとんどの環境問題の原因と結果の解決は，国内的であると同時に国際的である（……）と信じてよい根拠を持っている。ゆえに，社会主義とエコロジーは調和できないなどというものではなく，うまく調和できるだろう。エコロジーは，自然内部および社会と自然との物質的交換の第一義的重要性と同様に地域の特性と相互作用を強調するがゆえに，社会主義はエコロジーを必要とする。社会主義は民主的計画と人類の社会的交換の基軸的役割を強調するがゆえに，エコロジーは社会主義を必要とする。対照的に，コミュニティや自治体や村に限定されたポピュラーな組織ないし運動は，おのずから，グローバル資本主義の全般的破壊性がもたらす経済的・エコロジカル側面のほとんどを効果的に扱うことができないし，経済危機とエコロジカル危機の破滅的な弁証法はさらに扱う

---

345) James O'Connor, *op. cit.*, pp. 272–273.
346) *ibid.*, pp. 273–274.

ことができない[347]。

　反グローバリゼーション運動では「グローバルに考え，地域的に行動しよう」が一つのスローガンになっている。しかしオコーナーはそれでは弱く，「グローバルにかつ地域的に考え行動しよう」と提唱し，「第5インターナショナル」の結成を訴える。ソ連の崩壊とともに，世界の共産党はかつて享受してきた労働者階級指導の合法性と主張を失った。しかし，資本と賃労働の緊張は現存するから，経済的・社会的正義を要求する人たちは新しい組織と闘争によって資本と戦わなければならない。

　1980年代後半からの世界覇権の地政学的中心の急変と，資本のグローバリゼーション運動と，経済成長率の低下は同時に進行した[348]。それとともに「旧社会主義」の権威の失墜と「自由市場」ドグマが，世界のなかのテクノクラートを支配するようになった[349]。この過程において，労働者階級の賃金水準は低下し搾取率が上昇したし，環境破壊は一層進展したが，資本への抵抗としての労働闘争とともに地域的コミュニティや非政府組織（NGO）による環境運動が登場した[350]。

　それとともに，レッドとグリーンが接近しはじめた。多くの労働組合・社会民主党・社会党は，グリーン問題とりわけ労働現場とコミュニティの健康的な環境に取り組むようになったし，多くの草の根環境グループは社会的・経済的正義を掲げるようになった。そして，ドイツの緑の党を筆頭として多くの左翼グリーン党が群生した。そこで次のような課題が提起される。グローバル資本に共同で対処できる国際的レッド・グリーン運動をどのように組織するか，新しい民主主義的で環境的に合理的で経済的・社会的に快適な生活の先頭にいか

---

347) *ibid*., pp. 274–275.
348) オコーナーは，1980年代後半からは世界的な低成長・長期停滞と規定している。1990年代のアングロ・サクソンの「繁栄」にもかかわらず，世界全体とくに日本とヨーロッパは「ゼロ」成長に近かった点において，筆者も同じ規定である。拙著『戦後の日本資本主義』第7章第2節第3項，参照。
349) 新自由主義イデオロギーで武装したアメリカ主導のグローバリゼーションによる貧困と格差の拡大については，ジョセフ・E・スティグリッツ著，楡井浩一訳『世界に格差をバラ撒いたグローバリズムを正す』（徳間書店，2006年）が包括的に告発している。
350) James O'Connor, *op. cit*., pp. 299–300.

にして立つか，未来の発展経路と見通しを変えるような仕方でいかに経済的・社会的・エコロジカル問題を結びつけるか，という課題である。いいかえれば，労働者と環境主義者を，都市労働者と小農民を，男性と女性を，マイノリティと抑圧されたマイノリティを，そして北と南を対立させようとする資本の「分断して支配する」戦略を打倒する課題である。これらの課題に答えるためには，「グローバルに考え，地域的に行動する」ばかりか，「地域的に考え，グローバルに行動する」することも必要であり，究極的には「グローバルにかつ地域的に考え行動する」ことが要求される，とオコーナーはまとめている[351]。

「グローバルに考え，地域的に行動する」というスローガンは，かつては，アメリカ合衆国やほかの国々での平和運動や反原子力キャンペーンや連帯運動を促進してきた。グリーン派にとってこのスローガンは，地域での行動がグローバルな環境に影響していることを考えることを意味する。その運動はグリーン思考を広め，地域的・国民的・国際的展望を持つようになった。しかしグリーン派の根本的問題は，「地域」を「グローバル」に転換する手段をほとんど提供していないところにある。彼らは，地域がグローバルによって形成される仕方を考える方法を持っていない。彼らは「地域的」な物質的・社会的生存の再生産規模の影響や，経済力・政治力の集中化の影響を軽視する。したがって，「地域的な環境」がグローバルな経済的・政治的リストラと変化の犠牲にますますなっていることを，軽視している[352]。

地域的行動の良き意図と意図せざる悪影響の間の亀裂は，深まる傾向がある。たとえば，北での有害廃棄物闘争は公害輸出となり，新聞紙リサイクルは製紙会社のコスト削減と環境投資を抑制する。リサイクル運動は真っ先に経済的利害からはじまっている。「地域的に考え，グローバルに行動」すれば，グリーン派は，環境破壊と環境再建の議論をグローバル政治のなかで発展させるだろう。彼らは，地域性はお互いの相互関係と世界経済の総体のなかでのみ存在する，ということを把握することができる。また彼らは，地域性は，世界資本主義によって作られた文化的・環境的性格を持つという現実を，考慮する必要が

---

351) *ibid.*, p. 300.
352) *ibid.*, pp. 300–301.

ある。たとえば，熱帯雨林の寿命は，林業の生産条件だけでなく木材の総需給，したがって利潤・利子率・負債の複雑な組み合わせ，世界の建設産業，労働闘争，環境運動，林業の技術革新にも依存している。新聞紙リサイクルの影響は，廃棄物減少の議論，他のコミュニティにおけるリサイクル計画，そして価格構造に依存している（いまでは多くの「リサイクル紙」は埋め立て用に使われている）。太陽エネルギーの利用は，地域の気候だけでなく，コミュニティの階級・人種構造，化石燃料使用率，産油国と石油消費国との帝国主義的敵対性，巨大公益事業体による太陽エネルギーの独占などにも依存している[353]。

「グローバルに行動する」ということは，資本の不均等・複合発展を所与としても，別の意味を持っている。北の資本が安い原料・エネルギー・労働力を求めてグローバルに行動してきたことは，南のナショナリストや革命家たちは知っている。だから彼らは，経済的にますます周辺部化され社会的に分離される危険性を理解し，ますますグローバルに行動するようになってきた。「グローバルに行動する」ことはまた，特定の企業や産業の環境的・社会的・破壊的実践に対してだけではなく，国際機関に対する戦略的思考と行動を認識することを意味する。こうした国際機関は，IMF，GATT，NAFTA，ヨーロッパ委員会，アジアにおける日本の金融・産業帝国，などである。こうした思考と行動は，民主的でない国際機関にその政策や計画の責任をとらせ，中央銀行や財務省や金融独占の利害ではなく世界の人民の必需と地球の弱い環境のための政策に，ギア・チェンジすることを要求することを意味する[354]。

しかしこれは，野心的かつ困難な課題ではあり，地域グループの国際的孤立が存在することを指摘しながら，オコーナーは第5インターナショナルを提唱する。すなわち，

> 世界中の地域グループと活動家とレッド・グリーン知識人と学者の連帯を発展強化するためには，国際的運動，「第5インターナショナル」が必要である。この新インターナショナルは，エコロジーと資本主義経済双方に深い理解をもつだろう。戦線は共通性とともに異質性を祝福するだろう。

---

353) *ibid.*, pp. 301–302.
354) *ibid.*, pp. 302–303.

その目標は，国際的力を発展させ，グローバル政治戦略を調整するだろう[355]。

と展望している。

第4節　新グローバル経済ともう一つの選択

多国籍企業が進めるグローバリゼーションとグローバル環境破壊に対抗するもう一つの選択（反グローバリゼーション）として，オコーナーは Preservation First! を対置する。

第1項　世界蓄積モデルの矛盾

国際エコロジカル社会主義運動を理論づけるために，オコーナーは世界蓄積モデルを提起している。まず世界経済の枠組みを次のように概観している。20世紀は三つの政治経済モデル（国家主義）が没落した。東の国家社会主義計画はあまりにも官僚的で硬直的であったし，南のナショナリストの発展論はあまりにも民族主義的で偏狭だった。西の社会民主主義＝ケインズ主義の福祉国家は，あまりにも「グローバル多国籍企業と金融資本の自由市場」を軽視，都市住民と労働者階級の物質的利害に配慮しすぎていた[356]。これらの三つのモデルを崩壊させた最大の要因として，オコーナーはアジアの奇跡をあげている[357]。「東アジアの台頭」の世界史的な意味について興味深い考察をしているので紹介しておこう。

アジア・モデルは権威主義的で輸出志向の資本主義であり，かつ世界経済の牽引車であった。奇跡の原因は，第一に，西欧の自由主義は多かれ少なかれ存在せず，南の準自給的民族主義から大きく解放され，東の非合理性からも解放

---

355) ibid., pp. 303-304.
356) ibid., p. 311.
357) 三つの蓄積モデル崩壊の原因を単一要因に求めるのは無理だし，「アジアの危機」を最大要因とするのは誤りであろう。基底にあるのはグローバル化した資本蓄積の矛盾であり，むしろほかのところでオコーナー自身が考察しているように，この世界的蓄積の矛盾と結びついたそれぞれに固有の矛盾の爆発として説明したほうが説得的である。

されていた，という社会経済的要因である．第二に，1970年代以降の西の過剰資本の輸入は，貨幣資本と多くのインフラ・工場と設備・企業活動と金融サービスを供給した（日本も主要な資本輸出国であった）．第三に，国内の貯蓄によって物的資本と同時に「人的資本」に投資した．企業と国家が協力して新産業と輸出市場を選択し，原料等を計画的に投入し，先進的な工業地帯を発展させ，輸出ドライブを支援する金融制度を配置し，組織化された労働市場も形成された．第四に，資本は，労働力の供給者・社会的規律機構・社会的安全制度としての家族を安定化させることに成功した．またアジアは「グループ主義」を定着させた．最も重要な影響を与えたのは「儒教」であるが，経済成長イデオロギーを民族主義的に利用したことも影響している．こうした「グループ主義」は家族制度とともに，資本と賃労働，製造業と流通業，銀行と企業，企業と政府のあいだに，忠誠や共同観念を生みだした．アジアで達成された文化的・政治的協業のレベルは世界一である，とオコナーは評価している[358]．

　欧米や日本の多国籍の銀行と企業の成長と並んでアジアの奇跡は，1970年代半ばから，世界の蓄積モデルをグローバル化した．貿易は国内生産より成長し，貿易よりも資本輸出が凌駕した．しかしアジアの成長は，欧米にはリストラ計画を強制し高失業と低賃金をもたらしたばかりではなく，アジアの自然環境を急速に悪化させた．欧米資本主義は，国内の生産能力と有効需要の不均衡，資本財と消費財の生産能力比率と利潤＝賃金比率の不均衡は，実現恐慌と不比例恐慌の脅威を作りだしている．この二つの傾向は，富と所得の不平等の拡大，ケインズ的経済操作の低下と主要な政策手段としてのマネタリズムの台頭によって強化されている．さらに，貨幣的かつ投機的取引量が急速に膨張し，したがって金融・保健・不動産セクターが物やサービスのセクターより比重を高めてきている．こうした傾向は，国内的かつ国際的な金融の安定性への新たな脅威である．それとともに各国は輸出志向に走るから，貿易戦争や保護貿易主義を再強化している[359]．

　こうした世界蓄積モデルの帰結は，世界的な長期停滞である．このモデルは，

---

358) James O'Connor, *op. cit.*, p. 312.
359) *ibid.*, p. 313.

西の低成長,1990年代の日本の長期停滞,アジアのトラ (NIEs) の成長率低下 (1996年),ドイツや EC の準停滞をもたらした。先進諸国は財政赤字を抱えており,失業＝停滞的賃金と財政赤字が悪循環している[360]。

第2項　利潤原理 vs Preservation First !

　停滞的賃金,経済的不安定性の増加と「周辺化」,高失業率 (ヨーロッパ),環境とコミュニティ生活と生産条件一般の悪化に対して,二つの広範な対応がされてきた。一つは労働時間の短縮と仕事の保証であり,二つめは社会資本投資の要求である。前者は,労働時間の短縮と社会的に有益な新しい仕事の発展を要求してきた。一定の生産をする方法は二つある。一方は資本家的やり方であり,長時間猛烈に働く労働者と失業してぜんぜん働かない労働者の並存である。他方は社会主義者あるいは社会民主主義者の要求であり,すべての労働者が短くかつゆっくりと働くことである。彼らはまた,「コミュニティ資本」(都市再計画,運輸・通信など),「人的資本」(学校,訓練施設,保健・介護施設など),「自然資源」(水利計画,土地改良など) を強調する。こうした代替案は,部分的に商品形態での欲望充足から非商品形態での充足をもたらし,「生活の質」の改善に焦点をあてている点でラディカルな潜在性を持っている。しかしながら,個人と社会の直接の必要に根ざした使用価値基準というよりは社会資本の潜在的交換価値が強調されている程度において,この代替案は,ラディカルな改革の可能性を妨害し抑圧するだろうという点で,ビル・クリントン政権の「社会的供給サイド経済学」に近いとしなければならない。また財政危機のなかでは実行不可能であろう,とオコーナーは批判する[361]。

　Preservation First ! というスローガンをオコーナーは掲げるが,それは潜在的にラディカルな代替案である。なぜならば,コミュニティ・ビジネス,協同組合,合弁企業などへの支出は,生活条件と生活自体を維持し保護し高めるために要求される社会経済組織への貨幣支出の形態とみなされ,「人的・自然的・共同的資本への投資」ではないからである。資本蓄積の中心的矛盾の一つ

---

360)　*ibid.*, p. 314.
361)　*ibid.*, pp. 315-316.

は，資本自身の生産条件を無視し，生活条件と生活そのものを腐敗させることである。この矛盾は二つの帰結をもたらす。一つは経済成長そのものにかかわり（量的問題），二つめは生産条件の社会的生産関係にかかわる（質的問題）。

われわれが，再生不能資源の枯渇と破壊，健康と安全のリスク，コミュニティ生活の腐敗や，現実の資本蓄積と成長によって引き起こされた生産条件への打撃を考慮すれば，過去半世紀にどれだけの真の成長を遂げたかは疑って考えるべきである。そしてオコーナーは，GPI（Genuine Progress Index）分析に賛成している[362]。二つめの帰結としては，ある西側の国々では，教育は啓蒙運動と同じく社会的馬鹿らしさを生みだし，法と秩序のシステムは社会的安寧よりは犯罪を増やし，保健・介護制度は健康以上に利潤を生みだし，都市計画者は快適な街路よりは過密と高地代と高土地価格を生みだし，地域計画者は都市と農村との最後の共生の小道を破壊し，農業省は統一された農業と地方文化を保護するよりは破壊したし，環境省はエコロジーと抑圧されたマオノリティを無視してきたこと，などがある。こうした生産条件の無視ないし軽視は，短期的には「コスト効果」を発揮するだろうが，長期的には都市はより過密になり汚染され，薬物犯罪を生みだし，精神的下劣化をもたらし，田舎は都市化され，自然は「自然資本」に，人間は「人的資本」にますますされる。「社会生活の病的形態」が増加し，ポスト・モダン的なグレシャムの法則のように，社会的悪行為が社会的善行為を駆逐する[363]。

---

362) *ibid.*, p. 316. GPI 分析については，補論 1，参照。オコーナーは最初の測定に依拠して，1 人あたり GPI は低下したと紹介しているが，2004年の測定では1970年代以降は停滞的であると報告されている。予備的な尺度である ISEW（Index of Sustainable Economic Welfare）による測定によっても，合衆国とイングランドでは，GNP の成長が福祉との関連でみた最適点をすでに越えてしまったことを示唆している。Daly E. Herman and John B. Cobb, Jr., *For the Common Good*, 2ed., Boston: Beacon Press, 1994; Clifford W. Cobb and John B. Cobb, Jr., *The Green National Product: A Proposed Index of Sustainable Economic Welfare*, Lanham, Md: University Press of America, 1994; Tim Jackson and Nick Marks, *Measuring Sustainable Economic Welfare: A Pilot Index: 1950-1990*, Stockholm: Stockholm Enviromental Institute. Published in Cooperation with the New Economics Foundation, London, 1994. こうした測定の結果が意味するものは，資本制社会では成長の限界点に達していること，そしてまさに唯物史観でいう生産関係が生産力の一層の発展の桎梏となっていることを示唆している。

363) James O'Connor, *op. cit.*, pp. 316-317.

こうした二つの帰結は，資本の過剰蓄積の結果だけではなく，資本主義システムに固有の帰結である。本質的に資本は，事物を維持するという点では悪なのである。維持したり保存することや，起こったであろう悪いことを防ぐための行動や，支出される資源には，利潤は存在しない。新旧の何かを低いコストで拡張し，蓄積し，販売するなかに，利潤は存在するのである。しかし個々の資本家の場合は自分の設備を維持しようとして貨幣を支出するが（修繕・維持費），剰余価値の生産にはならないから，この費用を最小限にしようとする。個々の資本家が生産条件の維持に無関心であるというのにも，いくつかの例外がある。たとえば熟練労働者を確保しようとするが，現代では，経営チーム，ソフトウェア・プログラマー，リサーチャー，市場専門家，重役などの派遣労働者が増えてきた。これらの現象は，理念的資本は何も所有せずにすべてをリースするかのようである。こうした資本は貨幣（貨幣資本）のプールであり，新技術，科学的・技術的資源，天然資源，安い労働，拡大する市場が誘引するどこにでも動く準備と可能性を持っている。現代のハイ・パワー資本主義世界では，とくに貨幣資本ないし金融資本は「維持」することには無関心で，自己をできるだけ急速に拡大することにすべての関心を向けている[364]。

　国家は生産条件の維持の責任を負っている。教育，病院や健康サービス，運輸施設などがそうであり，国家は環境浄化と回復を指導し，私的資本の短期的見通しを補う計画能力を発展させるものと考えられている。しかし現実には，国家のこうした活動はより民営化され，国家公務員の労働を強化している。かくしてわれわれは，公的衛生・教育・都市生活一般の貧困状態と，地方と自然環境の悪化という「ガルブレイス状態」に直面している[365]。

　Preservation First ! とは，労働力・原料・技術と機械・知識と社会組織などの「生産要素」を，再建・修理・再生・維持・保全のための闘いに使用することを意味する。こうした目標を達成するための闘争そのものを維持することがなにより大切であるが，最終的には，まず維持したうえで，残った資源で経済的不平等を少なくし，富者を富ますためではなく持たない人々を支援するため

---

364)　*ibid.*, pp. 317–318.
365)　*ibid.*, p. 318.

に資源を配分するように，一人あたり生産を拡大させることにある。労働力に関しては，公的健康と住宅衛生と安全性運動，エイズ予防運動，そしてフェミニズムの「身体政治 (politics of body)」は，Preservation First！を実証している。Gray Panthers や Rainbow Coalition Campaign は，Preservation First！の主張を取り入れている。環境保護の意義は疑いない。Earth First !，Greenpeace，Sierra Club などは環境問題を取り上げるようになった[366]。

農業再生・保護は Preservation First！のとくに重要な例である。維持・保存しようと闘っているすべてのグリーン派の影もこのスローガンの支援者たちである。都市運動や農村のコミュニティ運動もこのスローガンを試しているし，労働運動での労働現場の健康と安全を守ろうとする運動も Preservation First！の一種である。すでに「維持主義者の社会 (Conserver Society)」は存在している。子どもの育児モデル，男女の愛情の世界，学生の自助努力，マス・メディアの非商品化，潜在的なグリーン技術，公共運輸，低投入農業，太陽エネルギーの利用，地域計画立案能力，労働者の生産と労働の知識，農民の土壌の知識，などである。これらは良く知られているが，資本主義社会ではほとんど実行されない社会経済生活の可能な形態である。たとえば，多様な生活協同組合，労働者集団，混合企業，国家企業，自治体会社，非営利会社などである[367]。

このようにオコーナーは，Preservation First！は現実の社会のなかですでに生まれている運動であるとしている。Preservation First！の「生産主義」の内容については，次章の第2節で紹介しよう。

---

366) *ibid.*, pp. 319–320.
367) *ibid.*, pp. 320–321.

第7章　社会主義への多様な道

第1節　伝統的社会主義とエコロジカル社会主義の比較

　オコーナーによれば，伝統的社会主義は量的な分配問題を重視するが，エコロジカル社会主義は質的な生産問題を重視する。そして，総論，恐慌論，国有化と社会化，社会主義の理念と運動，にわたって両社会主義を比較している[368]。エコロジカル社会主義の特徴を知るには有益であるが，しかし伝統的社会主義の定義があいまいであり，オコーナーの理解による通説的な社会主義像を伝統的社会主義としてしまっている。もちろん筆者はオコーナーの解釈に全面的には同意できないし，そもそも生産（搾取の条件）と分配（実現の条件）を統一化しなければならないと考えているので，オコーナーの比較を紹介しコメントしながら，筆者自身の考えも提起しておきたい。

　オコーナーは伝統的社会主義との違いを際立たせるために，エコロジカル社会主義の特徴を単純化して宣言しているが，形式的な対立点よりも，マルクス＝エンゲルスの原像全体なり資本主義批判の全構造のなかに両社会主義を弁証法的に統一していくことが重要だと筆者は考える。

　そもそも，エコロジストやフェミニズムとの対話を提唱し，お互いの違いを認め合ったうえでの共闘を提起しているのがオコーナーの真髄であった。異なる社会主義に対しても同じ精神で望まなければフェアーではないであろう。第4章で引用したように，「一つだけの『社会主義への道』があるのではないだろう。より正確にいえば，ともに生産力と生産関係と生産条件の社会化とこれらの諸条件の生産と再生産の社会関係の社会化に進む（歴史的にはその後戻りもあるが）二つの傾向とがありうる。」[369]，として社会主義への多様な道を容認している。また恐慌論についても，「過剰生産恐慌は生産力と生産関係双方の再建を意味するのとちょうど同じように，過少生産恐慌は生産条件の再建を

---

368)　付録1（James O'Connor, *Natural Causes*, pp. 334-337）。

意味する。そして,生産力の再建は生産関係のより社会的形態を意味するのとちょうど同じように,逆に,生産条件の再建とは二重の影響——生産力として定義された生産条件のより社会的形態と生産条件が再生産される社会的関係のより社会的形態——を意味する。要約すれば,生産関係・生産力・生産条件の社会的形態の発展はともに,その内部に社会主義的形態の可能性を含んでいる。これらは,伝統的な生産力と生産関係の矛盾による恐慌だけでなく,生産力・生産関係とそれらの生産条件との矛盾による恐慌によっても,事実上引き起こされる。一つではなく二つの矛盾と恐慌が資本主義に内在している。すなわち,一つではなく二つの恐慌がもたらすより社会的な形態に向かっての再組織化と再建が資本主義に内在している。」[370],と二つの矛盾論によって説明しようとしている[371]。

オコーナーは伝統的社会主義とエコロジカル社会主義のエッセンスを比較しているので,そのまま引用しそのあとに筆者のコメントと見解を示していこう。

---

369) *ibid.*, pp. 161-162. オバマ政権のもとでの新ニューディールの可能性は革命的大衆闘争が必要だとする J. B. フォスターたちも,左翼は戦闘的組織だけでなく,底辺の人々の状態を改善するような変化(それは体制の論理に対抗した政府の拡大に依存する)を訴える義務があるとして,16項目の改良(変化)を提起している。すなわち,(1)生活可能賃金での仕事を政府に保障させる,(2)失業補償の拡充,(3)住宅差し押さえの危険のある人々への政府支援,(4)ホームレスなどへの住宅計画,(5)真の累進課税,(6)食糧スタンプと食糧計画,(7)全国民への国民健康保険,(8)年金基金の政府保証,(9)社会保障の拡充と逆累進的な支払い給与税の廃止,(10)組合参加を制限する法律の廃止,(11)連邦最低賃金の引き上げ,(12)週30労働時間,(13)全国規模での大衆運輸網の促進,(14)公的所有と管理下のコミュニケーション・システムの拡充,(15)公的教育資金の飛躍的拡大,(16)環境保護の巨大な拡大,である(John Bellamy Foster and Robert W. McChesney, *op. cit.*, pp. 9-10)。

370) James O'connor, *op. cit.*, p. 171.

371) オコーナーは「資本主義の二つの矛盾論」を並行させているが,両矛盾は同時進行的であるし,相互に対立しあう関係として理解すべきである。

伝統的社会主義	エコロジカル社会主義

Ⅰ　総論

①

資本主義＝交換価値（有効需要，流動性など）の普遍主義的・量的批判	資本主義＝使用価値（特殊的仕事・個人など）の特殊的・質的批判

②

具体的労働と使用価値の無視	具体的労働と使用価値の重視

③

抽象的労働と交換価値の関係，相互関係	具体的労働と使用価値の関係，相互関係

コメント　通説的なマルクス経済学では使用価値の側面が十分には研究されてこなかったとはいえるが，交換価値・抽象的労働，使用価値・具体的有用労働のどちらかだけを強調するのはともに一面的であり，まさにマルクスの体系は前者の生産関係視点と後者の生産力視点との統合視点から成立している。どちらか一方だけを強調するのはともに誤りであり，『資本論』の分析方法に学ばなければならない。

④

資本の生産・流通（労働現場と市場）に焦点	生産条件（社会と国家）に焦点

コメント　資本の生産・流通（資本循環）と生産条件を対立的見解とみる必要はない。たしかに実現の立場を重視する見解には生産条件を無視する傾向があったといえようが，資本循環（資本蓄積過程）そのものは生産条件によって支えられている。エコロジカル社会主義が生産条件は社会や国家によっても規制されていることを指摘しているのは正しい。そもそも筆者は，社会や国家やイデオロギー抜きに資本循環が自立的に貫徹するとの想定には根本的な疑問を持っている。

⑤

資本制生産関係は階級・地域・国・大陸間の富と貧困の両極を作りだす	資本制生産関係は生産力（土地，具体的労働）と再生産力（使用価値）を

| （交換価値） | 悪化させる |

コメント 資本制生産関係は，一方ではマルクスが「資本蓄積の一般的法則」として論定したように富と貧困の両極的分解を生みだすとともに，他方ではマルクスも土壌の悪化を警告していた。マルクスは体系的に土地と労働力の悪化は分析していないが，どちらか一方だけを重視するのではなく，オコーナーが積極的に分析しようとしているように，同じ資本蓄積のもたらす両側面としてわれわれは展開していかなければならない。

⑥

| 南の北への債務 | 北の南へのエコロジカル債務 |

コメント 北のグローバル化は，南に経済的貧困と北への債務を累積化したと同時に，環境破壊をもたらし，南への「エコロジカル債務」を作ってきた。オコーナー自身が分析しているように，同じグローバルな資本蓄積が南の世界にもたらしている古典的貧困と現代的貧困にほかならず，世界蓄積の両面的矛盾として分析されなければならない。

⑦

| 資本制生産関係（労働関係）は労働者の経済的搾取に帰結する（抽象的労働） | 資本制生産関係（労働関係）は労働者の生物学的搾取に帰結する（具体的労働） |

コメント 「資本＝賃労働」関係は，一方で経済的搾取（剰余価値生産）を強制するとともに，他方では労働者に劣悪で不健康な労働条件を押しつけ，生物としての人間の寿命を短縮化させる傾向があった。マルクスも当然この両面を『資本論』において詳細に分析した。通説的なマルクス経済学では，労働力の価値どおりの販売を前提にして剰余価値論が重視されてきたが，マルクスと同様にその前提や労働力の生物的搾取についても関心を払わなければならない。

⑧

| 労働生産性上昇を規定するものとしての機械の使用価値 | 労働者の安全と健康，汚染などを規定するものとしての機械の使用価値 |

コメント 機械についても同様に両面を取り上げるべきであり，資本のもっぱらの関心は機械導入による特別剰余価値の獲得であるが，賃労働の立場から

はそれによって労働条件は改善されるのではなく，不安全性・不健康・汚染をもたらす。まさに資本制生産関係の敵対的な矛盾である。

⑨
| 労働力の使用価値＝剰余価値生産 | 労働力の使用価値＝特定の具体的労働能力 |

コメント　労働力の使用価値についても，一方ではそれが剰余価値を生みだし労働力商品を購入した資本に搾取されるという交換価値の側面と，労働力がどのような使用価値を生産し，またその労働能力が改善され開発されていくのかという問題，いいかえれば，労働疎外とその克服過程を同時にもっている。

⑩
| 貨幣の使用価値＝交換価値の生産 | 貨幣の使用価値＝使用価値の生産 |

コメント　オコーナーの「貨幣の使用価値」は何を意味するのかが不明である。使用価値＝機能と解釈すれば，それほどの対立性はないだろう。そもそも交換価値と使用価値を生産するのは労働であるのだから，労働を「貨幣の使用価値」に置き換える意味が筆者には理解不可能である。

Ⅱ　恐慌論

①
| 資本循環の量的崩壊に焦点(解決策：赤字支出，低利子率など) | 資本循環と生産条件の質的崩壊に焦点(解決策：エネルギー政策，教育政策など) |

コメント　オコーナーは，伝統的マルクス主義は「実現恐慌説」であり，それに対するエコロジカル社会主義の立場の恐慌論は「過少生産説」であると解釈している。こうした解釈は，資本循環の「実現の条件」と「搾取の条件」とを切り離して，どちらか一方だけを一面的に強調する旧来の恐慌論と変わらなくなってしまう。マルクス自身の恐慌論は両条件を統合的かつ対立的にみることであった。したがって解決策としての有効需要刺激策とエネルギー政策・教育政策は同時に必要である。

②

土地や労働などの投入物の利用可能性を想定	投入物(エネルギー,土壌,生物学的な労働力など)の利用可能性とタイプの重視:生産物の使用価値(ダイエット,余暇の利用,住居パターンなど)

コメント 「実現恐慌説」は当然投資の有効需要創出効果を重視するが,投資を可能とする投入物(土地・エネルギー・労働力)が存在していること(利用可能であること)が大前提であることはいうまでもない。その前提が崩壊すれば恐慌を引き起こすことはマルクスも言及していた。

③

新投資の利用可能性したがって資本への需要に焦点	土地,エネルギー,労働などの利用可能性したがって資本の供給に焦点

コメント 「実現恐慌説」はたしかに土地・労働が利用可能であると想定しているが,その利用が不可能になる可能性(危機)を無視することは正しくない。この限りではオコーナーの対比は正しい。

④

労働運動が資本制生産関係に入り込むとき,危機が生じる(債務危機,政府の財政危機など)	新社会運動が資本制生産関係に入り込むとき,危機が生じる(政府の土地や労働などの「過剰規制」すなわち「合法性危機」)

コメント 労働運動と新社会運動が資本制生産関係したがってまた恐慌に与える影響を考慮することは重要であるが,両者を対立化させる必要はない。

⑤

生存穀物から輸出穀物へのシフトは南の経済的貧困化をもたらす	生存穀物から輸出穀物へのシフトは南の環境悪化をもたらす

コメント グローバル化による南の世界の商品経済化・資本主義生産化(生存穀物から輸出穀物へ)は,南の世界の貧困化と環境破壊を同時にもたらしているのであり,さきに指摘したように,同じグローバル蓄積のもたらす表と裏の関係としなければならない。

⑥
| 緑の革命＝経済的過剰生産と直接的生産者の経済的衰退 | 緑の革命＝モノカルチャーや植物の病気への抵抗力の損失など，すなわち，エコロジカル過少生産，直接的生産者のエコロジカル衰退 |

コメント　多国籍企業の推進する緑の革命にしても，世界的に（経済的）過剰生産と（エコロジカル）過少生産をもたらしているし，直接的生産者の経済的衰退とエコロジカル衰退とを同時にもたらしている。多国籍企業のグローバルな蓄積がもたらす表裏関係としなければならない。

III　生産手段の国有化と社会化
①
| 国有化：国家主義は，生産力の増大した社会的自然に対応する生産関係の新社会形態（国家と市民の関係） | 社会化：社会主義は，生産力の増大した社会的自然に対応する生産関係の新社会形態（労働者自身の関係） |

コメント　国有化と社会化は別個の概念である。スターリン主義は国有化をもって社会主義と宣言したが，それはマルクスの社会主義論とはまったく縁のない社会主義であった。国有化は「生産関係の新社会形態」を生みだしたが，それはマルクスの社会主義ではなく，オコーナーたちアメリカのマルクス主義者たちが呼ぶ国家主義である。社会主義社会の「生産関係の新社会形態」は「アソシエイト」された労働関係でなければならない[372]。「労働者自身の関係」はこうした意味であると理解できる。国家の「階級国家」的側面は漸次消滅しなければならないし，市民関係も本来の「自由・平等・博愛」を実質化していくものでなければならない。国家主義のもとでは国家と「市民」とは対立的であった。

---

372)　バーケットは，「アソシエイト」（結合）された生産の基本原理として，①生産者と生産手段の再結合，②労働力商品化の克服，③私有財産制の廃止，④個人の分配権の保証，⑤必要に応じた分配，⑥個性の発達のための個人消費，個人の発達は全体の発展の条件となる，⑦個人の全面的発達のための仕事は義務でもある，⑧私的労働と社会的労働の対立の解消，⑨労働と生産の直接的な社会化，⑩計画にもとづく結合した協業社会，⑪個々人の普遍的活動による個々人の真の自由な発達，を列挙している（Paul Burkett, *op. cit.*, pp. 230-239）。

②

| 交換価値批判と富と所得の再配分としての国有化，商品(個人)形態による欲望充足 | 使用価値批判と富と所得の再定義：欲望充足の社会形態 |

コメント 伝統的社会主義，とくに社会民主主義は富と所得の再配分を重視してきたといえよう。それ自体は否定すべきものは何もないが，商品形態による資本主義的欲望充足をそのまま利用することはできない。やはりオコーナーが主張しているように，富とは何か，所得とは何か，と本来的ニーズとは何かという根本的問い直しのうえで，平等や公正が追求されていかなければならない。さらにニーズ充足の社会形態も考慮しなければならない。

③

| 国有化はいかなる特定の生産手段と生産物ないし具体的労働ないし生産される使用価値を想定しない | 社会化は特定の土地利用・技術・労働熟練・生産される使用価値を想定する |

コメント 周知のように旧ソ連は，アメリカの生産力水準に追いつくことを至上命令として，使用価値や生産力のあり方は配慮しなかった。しかし社会主義の優位性はGDP概念を無批判的に適用した生産力の高さによるのではなく，生産・分配・消費の新しい質こそが追求されなければならない。こうした意味において，「社会化は特定の土地利用・技術・労働熟練・生産される使用価値」を重視するとの見解は支持されなければならない。

④

| 国有化：一国資本主義時代に適切か？ | 社会化：グローバル資本主義時代に適切か？ |

コメント オコーナーは国有化が一国資本主義(旧ソ連)時代に適切なのかと疑問符をつけているが，国有化は社会化(社会的所有)への過渡的なステップであり，旧ソ連時代において党＝官僚支配をもたらし，労働者大衆を抑圧したことを批判しなければならない。国有化をステップとしながら，「アソシエーション」にもとづく「自由人の共同所有」としての「社会的所有」こそが社会主義の目標であり，グローバル資本主義時代には社会主義は「グローバルな社会的所有」を目標としなければならない。

Ⅳ　社会運動＝社会主義

①

| 土地とコミュニティ問題の過小評価（あるいは小ブルジョアないし無政府主義者の問題とみる） | 土地とコミュニティ問題（労働現場と労働問題とともに）重視する |

コメント　エコロジカルな視点からは土地とコミュニティ問題が労働問題とともに根本的に重要であった。これを，小ブルジョアないし無政府主義者が主張しているからといって，切り捨てるような態度をとるべきではない。マルクスにしろエンゲルスにしろ，当時の土地やコミュニティに十分な関心を向けていたことを想起すべきであろう。

②

| 具体的労働の問題の過小評価（エンゲルスの技術決定主義） | 具体的労働の問題の重視（ネオ・マルクス主義者の技術決定主義批判） |

コメント　全体的に評価したときエンゲルスが技術決定主義であったか否かは留保せざるをえないが，技術によって一義的に労働のあり方が決定されるのではない。むしろ新しい労働内容や労働関係によって，開発されるべき技術が規定される側面も当然ある。どのような使用価値を，どのような労働過程と労働関係のもとで生産すべきは，社会主義の重要な課題であることを認識する必要がある。

③

| 消費者運動の過小評価（中産階級ないし小ブルジョアの特殊的利害とみる） | 消費者運動の重視（使用価値批判：ハンバーガーから車文化・TV文化などにいたる使用価値をターゲットとする） |

コメント　これからの社会は生活様式を変革することを考えなければならない。それがまた現在の生産様式への批判ともなっていく。中産階級や小ブルジョア運動として過小評価するのは，一種の左翼小児病的な「階級至上主義」に陥る危険性がある。現代の危機は人類的危機であることを認識することからエコロジー問題もとらえなおさなければならない。

④

経済的搾取は，労働者の産業的分業と専門化なしに議論できる	生物学的搾取は，労働者の分業と専門化（労働者統合の形態）の議論なしに議論はできない

コメント 経済的搾取（剰余価値生産）はたしかに労働力商品の一般規定によって説明できるが，それで労働者搾取のすべてが解明されたことにはならない。労働者の精神的・肉体的搾取（生物学的搾取・労働疎外）を克服していくためには，労働の分業・協業関係を分析しなければならない。

⑤

産業のトップ・ダウン経済計画と労働者管理とのバランスの困難性	産業のトップ・ダウン計画と労働者（そしてコミュニティと利用者）管理との止揚，すなわち，民主的国家（官僚制の民主化＝人民官僚制）

コメント 中央集権的計画経済においては，中央計画機構そのものの官僚制，トップ・ダウン指令を徹底させるための労働者管理の必然性とその弊害があり，労働者の自主性は抑圧されていた。これからの社会主義はオコーナーが主張しているように，官僚制を民主化し人民の代表による官僚の監視（コミューン原則）のもとで国家を民主化しなければならない。そのもとでの国家計画と労働者の自主性とのバランスをとっていかなければならない。

⑥

「君がなりうるすべてになれ」というエリート主義＝個人主義を追求する	エリート主義は，社会的不平等と社会的個体を放棄するから，自然的不平等も再生産するものとして批判する

コメント オコーナーの主張しているように，個人主義に立脚するエリート主義は社会的平等と個々人が社会的に連帯しあうことを否定するがゆえに，不平等を拡大再生産するものとして批判しなければならない。

⑦

経済的飢えと窮乏の終焉	エコロジカル貧困化による飢えと窮乏の終焉

コメント　これも二者択一的な目標ではありえない。これからの社会主義は，経済的貧困・窮乏化とエコロジカルな貧困・窮乏化とを同時に解決するものでなければならない。

⑧

| 食料安全＝所得のより平等的配分と地域ないし国家の自給，土地利用などは問題にしない | 食料安全＝より高い自己依存：伝統的農業と科学的農業の融合など，土地利用などを問題とする |

コメント　食料の自給率（自己依存率）を高めるのは両社会主義とも共通している。それに加えて，エコロジカル社会主義が主張しているように，伝統的農業は否定されるべきでなくそれと科学的農業とが融合することが追求されなければならないし，土地問題を積極的に取り入れなければならない。

⑨

| 原住民の経済的搾取と政治的抑圧の終焉 | 原住民の生物学的搾取と政治的抑圧の終焉 |

コメント　アメリカ大陸やオーストラリア大陸の原住民を殺害したり追放することによってヨーロッパ資本主義がアメリカ，オーストラリアなどに移植された。原住民の経済的貧困化とエコロジカル貧困化をともに終焉させるものでなければならない。

⑩

| 国レベルでの富と所得の再分配の経済闘争（ケインズ主義，最低賃金など） | 国際的レベルでの富と所得の再分配と児童労働などの廃止の闘争（たとえば，反 NAFTA 勢力） |

コメント　いうまでもなく富と所得の再分配闘争は軽視できないが，それが従来のケインズ主義のような一国レベルに限定してしまえば，南の世界の全体的な貧困は解決できない。再分配闘争はグローバルに展開されなければならない。それと同時に，現代にも残っている奴隷売買や児童労働の廃止を掲げなければならない。

⑪

| 過渡的雇用プログラム：労働時間の短縮と商品形態による資本制的欲望 | 過渡的雇用プログラム：労働時間の短縮と資本制欲望充足に取って代わ |

充足への「追加」としての社会的有益労働の創出，需要サイドを問題にしないし影響だけを扱い，原因を扱わない	る社会有益労働の創出(社会コストの防止と削減などのために)する，需要サイドを問題にし「原因」も扱う

コメント 労働時間の短縮はマルクスが予言したように歴史的必然であるが，その要求とともに，オコーナーが主張するように，商品形態による資本制欲望充足への追加ではなく，こうした欲望充足に取って代わる本来的欲望充足のために有用な社会的労働の創出を追求しなければならない。また，資本制欲望を資本（とくに独占資本）が意図的に作りだしているという分析をしていかなければならない。

⑫

社会主義建設(恐慌から解放された生産力の発展)	社会主義の再建設(土地利用や具体的労働や使用価値などを再定義し，維持・再建・保護・保存への道を拓く)

コメント 恐慌を克服し生産力を高めることは資本主義を超える大いなる前進であるが，生産力至上主義を廃し，エコロジカルな観点からの維持可能な成長に転換しなければならない。そもそも社会主義の質なり価値観を確立しなければならない。そのなかには，土地利用・具体的労働・使用価値の社会主義的再定義も含まれるだろう。

第2節　分配正義から生産正義へ

オコーナーは，さらに「分配正義」に対置して「生産正義」を宣言している[373]。紹介にとどめるが，われわれは吟味したうえで，その弁証法的統合化を考えていかなければならないだろう。

ブルジョア的正義（公正）とは「分配正義」であり，「生産正義」ではない。さらに，「分配正義」は個人の権利と主張に関連するが，社会的権利や主張は取り上げない。グループなり階級に関連する「社会的正義」は以下のような三

---

373) James O'Connor, *op. cit.*, pp. 338–339.

つのタイプがある。

　1　経済的正義は，一方では，富と所得（そして経済財一般）の平等的分配から，他方では，この富と所得を生産する負担の平等化から成り立つ。たとえば，社会民主主義者は通常，遊んでいる富者の物質的裕福さを生産する労働の負担の代償として，富者への累進税や福祉国家によって労働者は補償されるべきだと信じている。

　2　エコロジカルないし環境正義は，一方では環境便益（たとえば，景観，農民にとっての河川敷）の平等的分配と，他方での環境上の危険・リスク・コスト（たとえば，有害廃棄物の山や侵食された土壌との隣接）の平等化から成り立っている。たとえば，有害廃棄物の山の近くに生活する抑圧されたマイノリティなどは，有害物製造者と「望まざる副産物」（有害）を生産する工場で製造された生産物から恩恵を受けている人々によって補償されるべきである。

　3　コミュニティないし共同正義は，特定のコミュニティの財産・倫理価値・進路を決定する能力に対する資本制生産と蓄積から生まれる便益と危害の平等的分配である。たとえば，都市に通勤し都市設備とサービスを利用する近郊住民は，都市生活者を補償するために「通勤税」を支払うべきである。社会構造物が新しいフリーウェイやスーパー・ストアのようなものによって傷つけられているコミュニティは，運転者やスーパー・ストアの顧客などによって補償されるべきである[374]。

　以上の三つのどの正義においても，あるグループが負いそして償却されなければならない経済的・エコロジカル・コミュニティ的債務がある。こうした費用と便益は貨幣で測定される。こうして「分配正義」は人間生活と健康を貨幣で計算するが，それは正しくない。さらに現代では，労働力や自然やコミュニティの生産と再生産はますます社会化されてきたから，個人やグループの費用と便益を計算する方法がない。こう考えてくると，「分配正義」はますます不可能となる。

　要約すれば，生産・分配・交換・消費のますます社会化するシステムの発

---

374)　*ibid.*, p. 338.

展は，分配正義はますます決定し執行することが不可能であることを意味する。このことは，われわれが「生産正義」（そしてエコロジーの場合は「エコロジカル社会民主主義」というより「エコロジカル社会主義」である）と呼ぶものが，ますます可能となっているだけでなく，平等のために必要となっていることを意味する。／要約すれば，「エコロジーと社会民主主義」は生産と蓄積のプラスとマイナスを平等に分配すること，すなわち，交換の社会関係に関係する。「エコロジカル社会主義」は，生産と蓄積のプラスとマイナスの生産に，あるいは，労働関係を含んだ生産の社会関係に関係する。生産正義は，たとえば，コミュニティ建設に従事する企業や仕事での自己発展の可能性や有害物へのゼロ許容などを優遇しながら，あらゆる種類の否定的外部性を最小限にし，積極的な外部性を最大限にするような，労働過程と生産物（具体的労働と使用価値）を強調する。「生産正義」は，どの場合にも，社会生産の発展した形態の世界では実現困難な分配正義の必要を最小限にするかもしくは捨て去る。それゆえに唯一実行可能な正義は，生産正義である：そして唯一実行可能な生産正義の牽引輪はエコロジカル社会主義である[375]。

以上はオコーナーの宣言した「生産主義」であるが，筆者は次のように考える。共産制社会の実現は困難な厳しい過渡的時期を経験していかなければならない。この過渡期においては分配正義を実現することも重要な一つの課題であるが，分配正義のブルジョア性を剝ぎ取り，生産正義へとシフトしていくことが最重要な課題となるであろう。

---

[375] *ibid.*, p. 339.

補論1　成長の臨界点の可能性
―GPI（真の進歩指標）分析を中心として―

　GNP 至上主義に囚われている人々は，GDP（国内総生産）や GNP（国民総生産）で測定された成長率が高まれば進歩が増進するかのような錯覚に陥っている[376]。しかし周知のように，GDP や GNP は貨幣取引されたモノすべてを金額で計算する。貨幣取引されない非市場的労働や使用価値などは排除されるし，環境破壊のマイナス効果は控除されない。また，貨幣取引される商品には，本来的に人間の健康や福祉に役立たないようなものまで含まれている。

　アメリカ合衆国のカリフォルニア州オークランド市に本部をおく公共政策に関するシンクタンク Redefining Progress 社は，かかる GDP 概念に代わる真の進歩指標（Genuine Progress Indicator: GPI）を総括的に測定して，GPI は GDP より低いこと，1950・60年代は両者ともに成長していたが，70年代から最近まで（2004年）は GPI は低い水準で停滞している，と報告した。いいかえれば1970年代以降，アメリカ社会は全体としては進歩していないことになる[377]。GPI 概念は，環境破壊を重視した「維持可能な発展」（susutainable growth）論における

---

[376] GDP の変動は景気の状態を判定するには有効であり，実体経済を反映する鉱工業生産や機械の受注と GDP は一定の関連があるから，GDP の変動はある程度実体経済の変動を表現している，といえる。しかし，GDP の成長はただちに福祉の増大（進歩）とはいえない。経済成長神話への依存がどれだけの福祉的意義があるのかに関して，否定的ないしマイナスの答えを出している論者は少なくない。たとえば，都留重人の最後のメッセージとなった『市場には心がない』第7章，参照。とくに，歴史学者のガバン・マコーマックの『空虚な楽園―戦後日本の再検討』（松居弘道・松村博訳，みすず書房，1998年）は，戦後日本社会への警告でもある。

[377] 最初の1995年版（Clifford Cobb, Ted Halstead and Jonathan Rowe, *The Genuine Progress Indicator*, Redefining Progress, September 1995）では，GPI は1970年代以降低下していると報告された。「維持可能な発展のためのツール」という副題のついた2006年版（John Talberth, Clifford Cobb and Noah Slattery, *The Genuine Progress Indicator 2006 (A Tool for Sustainable Development)*, Redefining Progress，インターネット版，http://www.progress.org/publications/2007/GPI%/202006.pdf（2008年11月16日付））は，測定法を改善（アップ・デート）した結果，1970年代以降2004年までの GPI は停滞状態と報告している。

green GDP 概念に近いが，GDP 概念を批判しかつ「真の進歩」概念を量的に表現しようと努力してきたことは高く評価してよい。しかし，進歩や福祉には質的な側面が同時にあり，そうした側面から新しい進歩概念を探求していくことも重要な課題である。この補論では，GPI 概念を紹介検討し，商品経済批判，資本制社会批判（社会主義）の観点からその意義と限界を明らかにしてみようと思う[378]。

GPI 概念に入る前に，先駆的にマルクスとケインズの国民所得論の違いを重視し，GDP 概念の物神性を鋭く警告してきた都留重人[379]の見解からはじめよう。

I 都留重人の GDP 批判とクオリティ・オブ・ライフ（QOL）概念

1 GDP 批判

経済成長には，福祉の増進とならないばかりか，福祉や幸福を阻害（減少）している面があることを総括して，都留は財・サービスを次のように分類する[380]。

（1）福祉にプラス
　（a）市場性あるもの
　　　基礎的消費（A）
　　　任意的消費（B）

378）　この補論 1 は，拙稿「成長の臨界点の可能性—GPI 分析を中心として」『東京経大学会誌』262 号，2009 年 3 月）を若干修正して再録したものである。本文と重複する箇所もある。

379）　都留重人の先駆的な公害・環境問題研究については，宮本憲一「都留重人先生と環境研究」（『学際』No.19），宮本憲一「公害研究委員会と都留先生」（『都留重人著作集』第 10 巻「月報」第 10 号，講談社，1976 年），『環境と公害』（第 35 巻第 4 号，Spring 2006）の〈都留重人追悼〉（執筆者：宮本憲一・柴田徳衛・永井進）参照。都留評伝はたくさん出されたが，もっとも総括的なものとして，Kotaro Suzumura "Shigeto Tsuru, 1912-2006: Life, Work and Legacy", *European Journal of the History of Economic Thought*, Vol. 13, 2002, を紹介しておく。

380）　都留重人『21 世紀日本への期待』（岩波書店，2001 年）54 頁。（D）も貨幣取引されれば，GDP に入る。

（ｂ）市場性のないもの(C)
（２）福祉にマイナス(D)
（３）反福祉事象への対策処置(E)

　GDPを構成するのはA＋B＋Eであって，Cは加えられず，Dは控除されない。Eは，反福祉事象を作りだすことによってまずGDPを作りだし，その対策事業によってさらにGDPを増加させる。そのような寓話は，蚊を繁殖させ蚊取り線香や蚊帳を売ることであるが，現実の経済にも起こっている。そのような例は，国民の危機意識をあおりながら兵器に支出する国防費である。また，市場性のある政府支出にも積極的な福祉的意義のないムダがある（自然を破壊して作った工業団地の未開発など）。Cの最たるものは家庭の専業主婦の労働であり，それを外部化すればGDPの増加になる。また，市場性がないからGDPには計算されない福祉要因はたくさんある（自然環境のさまざまな恩恵）。Bのなかには企業によって意図的に作りだされた消費が含まれている（いわゆるガルブレイスの「依存効果」）。このように簡単に考察しただけでも，GDP指標でもっては福祉を表現できないばかりか，GDPの成長率を高めること自体を政策目標とするのは危険であることになる。

2　クオリティ・オブ・ライフ（QOL）

　このようなGDP批判は，次に検討するようにGPIを支持する人々にも共通するが，都留はGDPに代えて労働や生活の質を重視したクオリティ・オブ・ライフ（QOL）を提起した。GDPにおいてはinputよりoutputが重視されてきたが，それを逆転すべきであり，投入される労働のあり方を問題にする。そして，対象を市場性のある財・サービスに限定しながら，それらを次の四つに分類する。

（A）"Goods"と呼ばれうる財貨およびサービスで，その福祉的意義に問題はない。
（B）"Bads"と読んでもよい大気汚染のような公害や麻薬の類。
（C）"Anti-bads"と呼ぶべき汚染防止のための機器等。
（D）"Pseudo-goods"（似非グッズ）と呼ばれうる財貨およびサービスで，その福祉的意義がかなり疑問であるもの。

この分類は，前の GDP 分類に対応させれば，(A)が「基礎的消費」と「任意的消費」のうちの福祉にプラスのものに，(B)が「福祉にマイナス」に，(C)が「反福祉事象への対策処置」，(D)は「任意的消費」のうちの福祉にマイナスのもの，に対応すると考えてよい。こうした output が多ければ多いほど良いとはならない。「すなわち，アウトプットは多ければ多いほど良いとはいえないのであって，また，たとえカテゴリー(A)の場合でも，地球資源の維持可能性を脅かすものであれば，その生産を抑制することが要請されるのである。なお，消費や観賞の対象としては，以上のほかに，市場化されないもの，amenities と呼ばれる自然景観等があることも記憶しておかねばならない」[381]。
　さらに投入される労働について，近代経済学では労働＝苦痛であり，苦痛の代償として金銭的代償（賃金）を規定するが，こうした考えは疑問である。
　　第一に，定職について，1 日 6 〜 7 時間程度の就労というのであれば，一般には，労働が苦痛と考えられるよりは，むしろ生活の張り合いと見なされることが多く，そのような定職があってこそ，レジャーの時間も楽しいものとなりうる。／第二に，働くことの動機が，貨幣的報酬というよりも仕事それ自体から得られる満足感である人たちも多い。芸術家や学者等，自由職業人の場合がそうだろうし，個人商店の店主の中にもそうした人たちがいる。／第三に，雇用関係の中にある従業員でも，職人意識を発揮して作業を楽しめる職種が存在する。最近の技術革新は，大工場内における職人的労働者の必要を減らす方向のものであったが，そのことがあらためて，働く人々の中に「働きがい」の要求を呼び起こし，その要求をどのようにして実現させるかが探求されている[382]。
として，苦痛の代償を受ける labor から，働き甲斐のある work への転換を提唱している。こうした労働観は，マルクスやエンゲルスの創造的・主体的・自己開発的労働観と共通している。こうした発想の転換の例として，ジョン・ラスキンやウィリアム・モリスの「労働・生活の芸術化」論や，グリーン企業としてのマックス社・KOA 社，アメリカでのリエンジニアリング，日本でのフ

---

[381]　都留重人「クオリティー・オブ・ライフ（QOL）の内容について」（『如水会会報』No. 772, 1994 年 8 月）31 頁。
[382]　同上，32 頁。

レックス・ワーク，などが指摘されている。

　こうした output から input への発想の転換によって，労働の人間化，余暇の開発，生活の芸術化が可能となる。生活の芸術化は伝統的な日本の庶民生活のなかに生きてきたし，経済学者シュンペーターなどの訪日知識人たちが日本の庶民の芸術性を賛辞していたことを忘れてはならない，としている[383]。

　こうした労働・生活・時間の質を重視しながら，それを貨幣価値に還元して量的に測定し，GDP とのギャップを問題し，公共政策への指針に役立つものにしようとしているのが Redefining Progress グループの GPI 概念である。

II　GDP の幻想

1　GDP が排除する福祉

　GPI の GDP 批判は都留と共通しているが，彼／彼女たちはアメリカの膨大な資料と研究成果を駆使して，数量的に測定してきた。測定上の基準やデータや測定方法には引き続き改善すべき点が多い。しかし，GDP では繁栄してきたように見える戦後のアメリカ社会には，GPI でみれば種々の貧困があること，その繁栄と貧困との傾向を知るうえで，非常に貴重な分析結果を提供している。

　GPI の測定方法は，家計がアメリカ社会全体の福祉の基礎であるとして個人消費支出から出発し，それに育児労働・家事労働・ボランティア活動・高等教育などの福祉増進活動と，「家計資本」（耐久消費財）や公共的インフラストラクチャーなどのサービスを追加する。その額から，汚染・レジャー時間の喪失・自動車事故・「自然資本」（自然環境）の破壊と悪化・国際債務・資源損耗（depletion）に結びついた費用を控除する。その結果得られる GPI は，「経済的・社会的・環境的領域から引きだされる維持可能な発展原理から見たわれわれの集計的福祉」[384]の指標である。

　まず，GDP 批判からはじめよう。その概略は前項で都留が批判したのと基本的には一致しているが，GDP が依然として重視される背景や，GPI の基礎

---

383)　同上，35頁。
384)　John Talberth, Clifford Cobb and Noah Slattery, *op. cit.*, p. 28.

にある理論的前提や，それに対する批判への解答も与えられている。

　GDPがその大欠陥にもかかわらずいまだに利用される理由は，「幸福」を測定する代替物やそもそも「幸福」をどのように測定するのかについてほとんどコンセンサスがないことに由来する[385]。しかしGDPには厳然たる欠陥が存在する。すでに指摘したように，どの貨幣取引も「社会幸福」を増加すると定義され，犯罪・事故・有毒廃棄物汚染・予防できる自然災害・刑務所や企業詐欺などの本来必要のない費用を，住居・教育・ヘルスケア・衛生設備や大衆運輸機関などの社会的に生産的な投資と同じように計算する[386]。第二に，GDPは非市場活動を無視するから，家計やボランティア・セクターは，洪水管理・水の濾過・炭素の隔離・土壌の形成・遺伝子の多様化などの生態的サービスと同様に無視されてしまう。IMF報告（2002年）によれば，非市場経済の生みだす「付加価値」は，発展途上国経済ではGDPの44％，移行経済では30％，OECD諸国では16％にもなる。アメリカにおける非市場経済（家計とボランティア・セクター）は控えめに計算して，GDPの9％，約2500万人になる[387]。

　こうしたGDPの欠陥を克服する指標として，GPIやISEW (Index of Sustainable Economic Welfare) やgreen GDPがあり，後者はオーストリア，チリー，ドイツ，イタリー，ネザーランド，スコットランド，スウェーデン，イギリスで測定されており，前者はアメリカとオーストラリアで測定されている。オーストラリアでは，1950～2000年間のGDP成長率は3.86％，GPI成長率は1.47％であり，両者のギャップは拡大している。この事実は，GDP成長による「便益」が，ますます格差の拡大や社会的・環境的条件の悪化による「費用」によって相殺されてきたことを意味する[388]。

2　GPIの理論的支柱

　GPIの理論的根拠は，(1)「福祉に等しい所得」(welfare equivalent income)，(2)「維持可能な所得」，(3)「純社会的利潤」，にある。福祉に等しい所得とは

---

385)　*ibid.*, p. 1r.
386)　*ibid.*, p. 2r.
387)　*ibid.*, p. 2r.
388)　*ibid.*, p. 3r.

フィッシャー流の所得概念である。所得は生産された財よりも人間が作りだした財すべてによって享受できるサービスであるべきだから，福祉増進的消費から消費の有害性を控除しようとする。(2)「維持可能な所得」とはヒックス流の所得概念であり，GDP から，「人間が作った資本」と「自然資本」のストックの損耗や自己防衛のための支出（たとえば安全システム）を控除する。(3)「純社会的利潤」は政策の有効性を測定し，もし政策が福祉増進的であればプラスとなり，逆であればマイナスとなる。しかしフィッシャー流の定義では，どの消費が福祉を高めるか，「便益」と「コスト」はどのように測定すべきかをめぐる価値判断に依存するために，明確性にかける。GPI のもつこのような「主観性」を少なくするために，「維持可能な発展」原理に進んでいく[389]。

3 「維持可能な発展」原理

「環境と開発に関する世界委員会」(1987年) は，「維持可能な発展とは未来の世代の幸福のレベルが低下しないことを条件とする」とした。この原理は，経済・環境・社会の3領域にグループ化されるが，メタ原理としては，維持可能な結果をもたらすためには相互がバランスしなければならないことになる[390]。そこから，「維持可能性」のためには再生不可能な資源が維持されることが要求されるし，環境領域ではエントロピー法則が原理となる。熱力学の第1法則たる「物質とエネルギーの総和は不変である」を経済に適用すれば，資源は有限であり，その使用は使用不可能な有害な残留物を環境に生みだし，それは除去されなければ生産と消費に否定的なフィード・バックをもたらす。第2法則たるエントロピー増大法則の経済的帰結は，「完全なリサイクリングは不可能であるから，不足する低エントロピー・エネルギーが枯渇し，残りの高エントロピー・エネルギーと物質がリサイクルされる可能性がなくなり，あらゆる種類の資源がますます不足するようになるので，われわれの現在の経済システムは究極的には崩壊するであろう」ということになる[391]。GPI が構想する「維持可能性の低い経済」と「維持可能性の高い経済」の違いは，図1と図2のよ

---

389) *ibid.*, pp. 3r-4r.
390) *ibid.*, p. 4r.
391) *ibid.*, p. 5r.

図1　生産極大化にもとづく維持可能性の低い経済

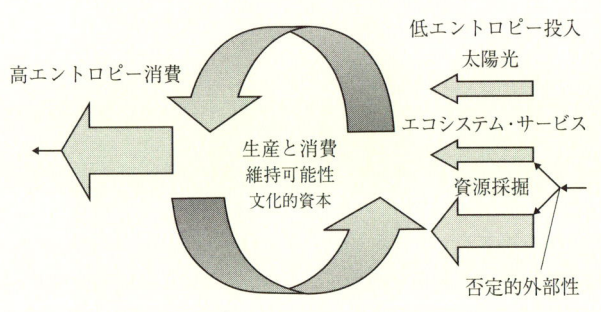

出所：John Talberth, Clifford Cobb and Noah Slattery, *The Genuine Progress Indicator 2006*, p. 6.

図2　生産極小化にもとづく維持可能性の高い経済

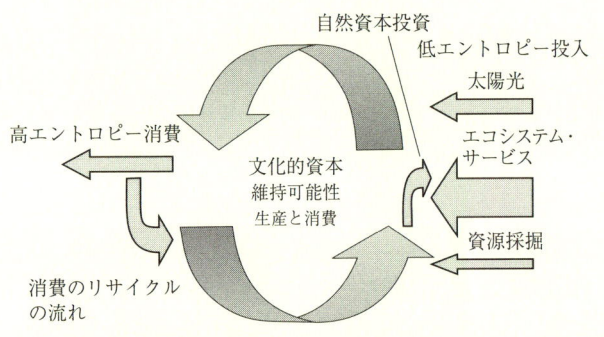

出所：John Talberth, Clifford Cobb and Noah Slattery, *The Genuine Progress Indicator 2006*, p. 6.

うになる。低い経済では資源の投入が多くエコシステムのサービス投入が少ないが，高い経済では逆になる。社会のあり方も，低い経済では生産と消費が最優先され，維持可能性は後退し，「文化的資本」は最低である。高い経済では，文化的資本が最優先され，次が維持可能性であり，生産と消費は最低限の目標となる。その結果環境に対しては，低い経済は高度のエントロピー浪費を排出するが，高い経済ではエントロピー消費が少なくなり，エントロピー消費は経済にリサイクルするようになる。

　以上簡単に紹介してきたように，GPI概念は，フィシャーやヒックスの所得概念とエントロピー法則にもとづく「維持可能な発展」論に依拠している。そ

の積極面と限界については，それぞれ経済学や物理学のなかで検討されていかなければならないし，また，その学際的な交流が緊急の課題でもあることを指摘しておこう。こうした GPI 概念の理論，内容，計算方法に対して批判が巻き起こった。ここでは論争そのものには立ち入らないで，その論点のみを紹介しておこう[392]。批判点は，現在の福祉と将来の世代への「維持可能性」は結びつかない，福祉概念には政治的自由や両性間の平等が含まれていないし主観的である，測定方法に問題がある，など多岐にわたった[393]。こうした批判を踏まえて，GPI はアップ・デートされているので，以下順次個々の指標を検討していこう。

　その前に，GPI 概念についての筆者の考えを述べておこう。フィッシャー流に，財・サービスから得られる満足度のなかに非市場労働の提供するサービスを入れるのには賛成であり，ヒックス流に福祉 (well-off) が維持されることを大前提におくことも賛成できる。そして，アメリカ社会での政治や政策に役立てるために，アメリカの主流派経済学（近代経済学）の理論に立脚せざるをえない GPI の立場も理解できる。しかしその GDP 批判は，アメリカ合衆国経済の根底にある商品経済と資本制経済そのものの批判にまでは進んでいない。筆者は，GPI が提起している「真の進歩」概念は社会主義へと進まなければ実現できない，と考える。社会主義の視点からの「真の進歩」概念については，Ⅶの「エコロジカル社会主義」において触れておきたい。

　さて，GPI はアメリカ合衆国の1950～2004年間にわたる26の時系列データから測定されている。測定された数値については，拙稿「成長の臨界点の可能性―GPI 分析を中心として」（『東京経大学会誌』262号，2009年3月）の第1表 (144-147頁) を参照されたい。基礎的進歩指標，追加する労働，控除すべき費用に分類し，逐次コラムを説明していこう。

---

[392] GPI グループの反論としては，Clifford W. Cobb and John B. Cobb, Jr., *The Green National Product: A Proposed Index of Sustainable Economic Welfare*, Lanham, MD: University Press of America, がある。

[393] John Talberth, Clifford Cobb and Noah Slattery, *op. cit.*, pp. 7l-8l.

Ⅲ 基礎的進歩指標

コラム B 個人消費

　財・サービスの個人消費支出は GDP の最大の項目であり，GPI の出発点となる。ちなみにアメリカ合衆国（2004年）の GDP 構成は，個人消費67％，投資16％，政府支出17％である。GPI は個人消費を所得分布の変化によって修正する。

コラム C 所得分配指標

　所得分配の不平等の拡大は経済的福祉を低下させる。すなわち，高度な不平等は犯罪を増やし労働生産性と投資を低下させるので，福祉を低下させる。さらに，最富裕層の疑わしい消費による社会的便益は，最下層の基礎的な消費による社会的便益よりも低いから，所得集中によって経済的便益の増加は逓減する。GPI は，所得分布を反映する指標としてジニー係数を使用し，その変化率を測定し，1968年のジニー係数を100とおいている。コラム C より，1968年がもっとも所得分布が「平等」化したが，その後は格差が拡大してきた。2004年の最富裕層20％は所得の50％近くになるのに，最貧困層20％はたったの3.4％にしかなっていないことによっても，格差とその拡大は深刻であることがわかる。

コラム D ウェイトされた個人消費

　コラム B をコラム C で割って得られた個人消費が基礎となる。それから追加すべき額と控除されるべき額が計算されていく[394]。

コラム Z ネットの資本投資

　経済が繁栄するためには，1人あたり資本（建物・機械・その他のインフラ）が維持され増加しなければならない。GPI は，新資本ストック（民間非住宅の再生可能な固定資本のネットのストックの増加）から，1人あたりの資本レベルを維持するのに必要な必要資本量を控除して，資本ストックの変化（ネットの資本成長）を計算している。必要資本量は人口の変化率と前年の資

---

394) 以上の個人消費とその修正についての説明は，*ibid.*, pp. 8*l*–9*l*.

本ストックを掛けて計算している（ともに5年の移動平均値）。ネット資本投資は，2001年の4902.9億ドルから2004年には3880億ドルに低下している。

コラム AA　ネットの海外債務

アメリカ合衆国は1980年の2570億ドルの債権国から，2004年には2540.2億ドルの債務国になった。この国際投資ポジションがプラスならGPIにその額が追加され，マイナスであれば控除している[395]。

Ⅳ　進歩指標（GPI）に追加すべき労働[396]

コラム E　家事・育児労働の価値

家事や育児労働はもとより，家屋のクリーニングや修繕労働も価値ある経済活動である。その価値を測定するためにGPIは，雇用されている男性・非雇用男性・雇用されている女性・非雇用女性の家庭内労働時間を計算し，それをもとにしてアメリカ全体の労働時間を出し，家庭労働が受け取る時間あたり7.14ドル（年によって異なる）を掛けている。2004年の価値額は2兆5421.6億ドルであり，個人消費支出の約33％にもなる。1950年には58％であったから，この間，家庭内労働が市場にますます頼るようになってきたことになる。

コラム F　高等教育の価値

高等教育は投資か消費か防衛的支出かをめぐっては論争があり，旧版のGPIでは投資とみなし考慮しなかったが，新版では社会への貢献（便益）として積極的に評価する。Kent Hillら[397]はそのような便益として，知識のストック，生産性，市民活動への参加，労働市場の効率性，貯蓄率，研究・開発活動，慈善的寄付，健康，などの増進（貨幣・非貨幣両方）に関する膨大なリストを提供した。彼らはこうした活動の間接的効果を，大卒労働者1人あたり年間1万6000ドルと計算した。それに，25歳以上の4年生大学卒業者数を掛ければ，高等教育による社会的便益は年間8279.8億ドルになる（2004年）。この額は，家

395）　コラムZとコラムAAについては，*ibid.*, p. 8*l*.
396）　以上の追加的価値の説明については，*ibid.*, pp. 9*l*–11*l*.
397）　Kent Hill, Dennis Hoffman and Tom R. Rex, *The Value of Higher Education: Individual and Societal Benefits*, Tempe, Arizona State University, W. P. Carey School of Business.

事・育児労働の価値についで第二番目の GPI への追加となる。

コラム G　ボランティア労働の価値

コミュニティや近隣での労働も重要だが，支払われていない。弁護士・ブローカー・広告代理店が社会のネットの利益になっているかは疑わしいが，コミュニティやボランティア領域での無償の活動—教会，市民団体，非公式の近隣相互援助—などは極端に必要な労働である。Current Population Surveys や American Time Use Surveys に依拠して年間のボランティア時間数を計算し，その時間あたり価値15.68ドル（Independent Sector 調査）を掛けると，総額1313.0億ドル，1人あたり447ドルとなる（2004年）。1950年には1人あたり202ドルであったから，アメリカ人はボランティア活動の価値を高めていることになる。

コラム H　耐久消費財のサービス

GPI は，耐久消費財の購入価格は，耐久消費財から受け取るサービスの測定値としては不適当であり，むしろ，それが何年間も使用することによるサービスが適当だと考える。そして，耐久消費財からのサービスを便益とし消費財購入価格は費用としている。耐久消費財のサービスは，耐用年数の逆数である償却率と利子を加算して計算される。具体的には，減価償却率を15％，利子率を7.5％と想定し，年末の耐久消費財のネットのストックに合計22.5％を掛けてサービスを計算している。購入価格はコラム M で計算されるので，償却率と利子率から計算されたサービスが耐久消費財のサービスとなる。その額は7437.2億ドルとなる（2004年）。しかしこうした測定は貨幣額での計算であり，減価償却額と利子相当額でサービスを測定しているのには疑問である。しかし，耐久消費財は疑わしいものがあり，使用によるサービスと購入（貨幣）とを区別しようとしている点は首肯できるだろう。より一層の検討が必要である。

コラム I　ハイウェイと道路のサービス

政府支出の最大項目は国防費のように福祉増進というよりも防衛的性格なので，GPI には含めない。運輸システムや上下水道などの政府活動は料金が支払われるので，すでに個人消費として計算されている。理論的には売られているが価格算定が困難な政府サービスは道路やハイウェイの使用であり，それらを GPI は追加価値として計算する。そのサービスは，経済分析局の連邦・州・地方政府のネット・ストックに7.5％を掛けて計算している。7.5％の根拠は，減

価償却率2.5％＋平均利子率7.5％は10％であるが，道路総マイルの25％は通勤用でありそれらは「防衛的支出」として控除すべきなので，10％×0.75＝7.5％，となるからである。2004年には1115.5億ドルが GPI に追加された。耐久消費財と同じく，サービスを減価償却率と利子率で計算しているのは疑問である。また，国防費を防衛的性格である以上，GPI から控除すべきであると筆者は考える。

V　退歩指標として控除すべき費用[398]

コラム J　犯罪の費用

　犯罪は社会の大きな経済的負担であり，救済医療費や失われた財産などのコストははっきりしている。しかし，暴力を受けるだろうという恐怖は心理的であり，脅迫や暴力を恐れて活動を停止するようなものは機会費用の形態をとり，よりとらえどころがない。GPI は，被害者が自己負担した費用や盗難財産の調査をした Bureau of Justice Statistic National Crime Survey を利用している。さらに，鍵・盗難防止警報機・警備手段・警備サービスへの支出も犯罪による費用として GPI から控除する。過小測定であるが，その額は342.2億ドルとなる（2004年）。

コラム K　余暇時間の損失

　GDP は，猛烈に働きたくさん消費すれば豊かさが増大するかのような幻想を作りだす。しかし，GPI は失われた余暇を計算に入れる。家庭内労働を含めた年間総労働時間を計算し，それを「裁量的時間」3650時間（1日10時間）から控除して年間余暇時間を計算している。余暇時間のピークは1969年であったから，そこからの余暇時間の減少（損失）に13.36ドル（1950～2004年間の平均実質賃金率に近い）を掛けた額を損失総額として，GPI から控除している。控除額は4019.2億ドルとなる（2004年）。

コラム L　過少雇用の費用

　失業は社会的コストとなるが，失業の困窮は失業手当によって緩和されるの

---

[398]　GPI から控除する費用の説明については，John Talberth, Clifford Cobb and Noah Slattery, *op. cit.*, pp. 11*l*–18r, 参照。

で，GPI は循環的・短期的失業そのものよりも過少雇用を重視する。過少雇用とは，慢性的に失業している人々，失望して職探しをしない人々，フル・タイムの就業ができないか育児や不便な交通機関などによってパートで働く人々，である。過少雇用によって供給されなかった時間を損失（費用）とみなす。測定された総労働に余暇時間の損失のときと同じ13.36ドルを掛けた損失額は，1989年に1950.9億ドルのピークになったが，2004年には1769.6億ドルに低下した。

コラム M　耐久消費財の費用

耐久消費財のサービス（コラム H）のところで説明したように，耐久消費財の購入価格（費用）を控除する。

コラム N　通勤の費用

都市化は車を膨張させ，通勤・帰宅の時間が急増した。通勤はほとんどの人たちに不満とフラストレーションをもたらすにもかかわらず，GDP は，通勤支出が増えれば消費者への便益と計算するし，通勤・帰宅時間によって失う「機会費用」を考慮しない。車・バス・汽車に支払う貨幣と失う時間を費用として GPI は控除する。その測定は，毎年の被雇用者数×1人あたり通勤時間×8.72ドル，として計算する。8.72ドルの根拠は，一部は通勤をレジャーと感じる人を考慮して，平均実質賃金率13.36ドルより低くするためである。1983年から通勤時間は29.1％増加し，2004年には5226.1億ドルとなり，1人あたり通勤の費用は1950年より91％増加している。

コラム O　家庭汚染減少の費用

汚染が家庭に負担させる費用は，空気と水の浄化のための支出である。このような費用は環境を基礎的レベルに回復させるだけのものであり，費用として計算されなければならない。1972～94年間は経済分析局のデータを利用し，それ以前はこの間のトレンド20％増加を仮定し，それ以後は1991～94年の平均増加率をあてはめ計算すると，212.6億ドルになる（2004年）。

コラム P　自動車事故の費用

自動車事故による経済的損失は，工業化と自動車需要の急増による。自動車事故による賃金喪失，法的・医療的費用，葬儀費用，保険費用などを考慮して，National Safety Council は死亡事故は113万ドルの経済的損失，傷害事故は4.97

万ドルの損失と測定している。財産の損失は考慮されていないが,損失総額は1996年ピークで2069.8億ドルとなり,2004年には自動車安全性運動の成果によって1751.8億ドルに減少した。

コラム Q　水汚染の費用

　水は環境資産の最重要要素であるにもかかわらず,GDPは水資源の量的保有量や質的重要性を提供しないばかりか,その汚染に対する損失を計算していない。GPIは質的損失と沈澱物による被害を計算に入れている。しかし,ポイント調査以外のものは除外されているから計算値は過小測定である。水資源の質の悪化による損失,沈澱物による被害,浸食による損失を合計すると,水汚染による総費用は1197.2億ドルと計算される(2004年)。

コラム R　大気汚染の費用

　Myrick Freemanは,農作物収穫への打撃,塗装や金属や合成ゴムなどの物質的打撃,土壌生産物のクリーニング費用,酸性雨,都市の自然景観の喪失,身体への影響などを考慮しながら,1972年の大気汚染費用を993.4億ドル(2000年ドル換算)と推定した[399]。GPIは,微生物(PM)・酸化硫黄(SOX)・酸化窒素(NOX)の排出量を指数化し,その平均値で大気汚染の水準を測定し,Freemanが計算した1970年の汚染費用993.4億ドルを修正していった。環境運動の成果や1970年に成立したクリーン大気法の影響で,大気汚染損失は,1970年の993.4億ドルから2004年の400.5億ドルに減少した。

コラム S　騒音汚染の費用

　騒音規制のなかった1972年までは,World Health Organizationが計算した40億ドルを基準として年間3％で騒音被害が増加したと仮定する。騒音規制が始まった1972年から1994年までは年間1％ずつ悪化率が低下したと仮定し,データがでなくなった1995年以降は年間1％ずつ低下していったと仮定する。その総額は2004年で182.1億ドルになる。

コラム T　湿地喪失の損失

　湿地はもっとも生産的な生息環境のいくつかを提供しているにもかかわらず,

---

399) Myric Freeman, *Air and Water Pollution Control: Benefit-Cost Assesment*, New York: John Wiley and Sons.

それらの価値は経済計算されていない。湿地1エーカーあたり914ドルを喪失額とし，過去の湿地喪失は現在にもマイナス効果を及ぼしているから，それを累積する。喪失した湿地面積については，U. S. Fish and Wildlife Service のデータを利用し，1975年までが年間46.2万エーカー，1976～84年29.4万エーカー（年間），1984～95年12.1万エーカー（年間）とし，1995年以降は1985～95年間の変化率によって推計している。その推計額は2004年で532.6億ドルである。

コラムU　農地喪失の損失

　農地の破壊は，維持可能な食糧を供給するという生態系の根源的サービスを失うばかりでなく，景観的・美的・歴史的価値，洪水，水質悪化，野生の生活環境の悪化，などの損失をもたらす。GPI は，都市化による農地喪失と失われた生産性を問題としている。農地の転用についてはデータを得るのが困難ではあるが，種々の調査から年間40万エーカーが都市化に転用されていると計算している。都市化による農地消失の損害額を最終的には1エーカーあたり6203ドルとし，湿地の損失と同じく累積性を前提とすれば，1950年の最初の損失は33.1億ドルであったが，2004年には911.9億ドルになる。さらに，土壌浸食と土壌の凝固による損失額を加えると，1950年の258.0億ドルから2004年の2638.6億ドルに増加していることになる。

コラムV　原生林（primary forest）の損失と山林道路開発による打撃

　原始林ないし原生林が伐採され木材や道路に変えらるたびに，洪水を防ぎ，空気と水を浄化し，生物と生命の多様性を維持し，もろい種への生息環境を提供し，非用材の生産物を生産し，景観的・レクリエーション的・健康的価値を近隣コミュニティに与える森林の能力が，破壊されたり永久に喪失してしまう。GPI は，主要な原始林喪失の損失を年間計算しそれを累計する。論争のある点だが，道路のない地域と長年成長してきた森林とはほとんど重複しないと仮定する。生物学的多様性にとくに恵まれている原生林についての調査は広範になされてきた。さらに，地盤沈下・山崩・山林火災・生息環境の破壊となる木材搬出用道路建設による損失も考慮する。

　アメリカ合衆国南東部の長葉松の森林は1935年の6000万エーカーから2004年の290万エーカーに減少し，北部の樹齢の高い森林はほとんどが国有林であり，1994年には787万エーカーしか残っていないと Forest Service は報告している。

シエラス地域は Beardsley のデータを利用し，アラスカのトンガス国有林では高樹齢の気候温和な雨林が完全伐採されたとみなした。道路のない森林は西部では1.67億エーカーに等しいと仮定するが，1980年には6202万エーカーと報告され，2000年には5851万エーカーと減少している。道路建設による道路なし森林の喪失面積は1マイルあたり26.44エーカーとして計算した。総計して GPI は，累計した原生林の喪失を7456万エーカーと計算した。2004年の原生林喪失による損失は3989億ドルとなる。

　1マイルの道路建設は，少なくとも周辺の500エーカーに影響を及ぼす。GPI は，道路建設による森林に与えた損失を，1950〜59年間はマイルあたり1万5939ドル，1960〜79年間は道路基準の改善によって1万1954ドルとした（2000年ドルに換算）。これらの損失は累積するから，原生林喪失による損失と道路建設による打撃を506.4億ドルと計算した。

コラム W　再生不能エネルギー資源の減耗

　再生不能資源の損耗（depletion）は現在負担しなければならない次世代へのコストであるから，それは損失である。GPI は，その費用を再生可能エネルギーによって置き換える費用とほぼ一致すると計算する。バイオマス燃料は再生可能エネルギー市場の47%を占めているので，この「補填費用」をバイオマス燃料の費用によって計算する。1988年に U. S. Department of Agriculture は，1バーレルあたりの「補填費用」を99.1ドルと報告したので，それ以前は3％で割り引き，それ以後は3％で割り増す。1バーレルの石油は千兆（10^{15}）の BTU（250カロリー）に相当するとして計算すれば，再生不能エネルギーの「損耗費用」は1兆7612.7億ドルとなり（2004年），GPI の費用中の最大費用となる。

コラム X　二酸化炭素（CO_2）排出による打撃

　二酸化炭素の地球温暖化への影響，地球温暖化のハリケーン・洪水・旱魃などに与える影響についてほとんどの科学者は議論しない。したがって，地球温暖化・ハリケーンからの復旧費用・自然資源の減耗による損害額は計算されてこなかった。2005年に1トンあたりの二酸化炭素による損失は89.57ドル（2000年価格）と発見された。これを基準として測定がはじまった1964年をゼロとなるように限界損害費用を隔年ごとに計算し，それを累計して1トンあたりのコストとする。二酸化炭素排出能力は大雑把にいって40億トンと見積もり，1兆

図3　実質 GDP と GPI（1950〜2004年：2000年ドル）

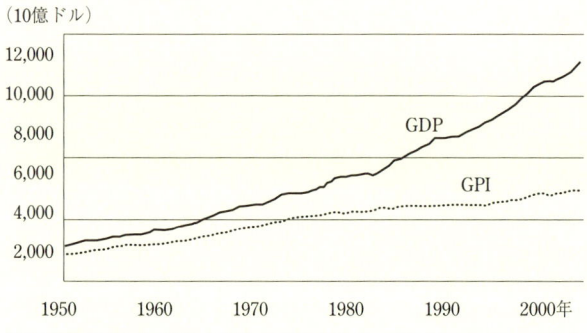

（10億ドル）

出所：John Talberth, Clifford Cobb and Noah Slattery, *The Genuine Progress Indicator 2006*, p. 20l.

1828.2億ドルになる。

コラム Y　オゾン層破壊の費用

フロンガスの年間排出量が劇的に低下したとしても，オゾン層破壊への累積的影響は続いていく。世界全体でのフロンガス排出量中のアメリカのシェアにトンあたり4万9669ドルを掛けて，その損失額を4789.2億ドルと計算している（2004年）。

コラム AB　真の進歩指標

コラム D の所得不平等によって調整された個人消費に，コラム Z とコラム AA を加え，コラム E〜I を加え，コラム J〜Y を控除して，GPI（真の進歩指標）が得られる。コラム AC とコラム AD は，1人あたりの GPI と GDP である。

Ⅵ　GPI が診断するアメリカ社会の進歩と退歩

コラム AB・AC・AD を比較して，以下のような注目すべき事実が発見される。

1　GDP と GPI のギャップの拡大

図3は1950〜2004年間の GDP と GPI を示す。GDP は，1950年の1.78兆ドルから2004年に10.76兆ドルとなり，平均年成長率は9％である。GPI は，1950

図4　1人あたり実質 GDP と GPI（1950～2004年；2000年ドル）

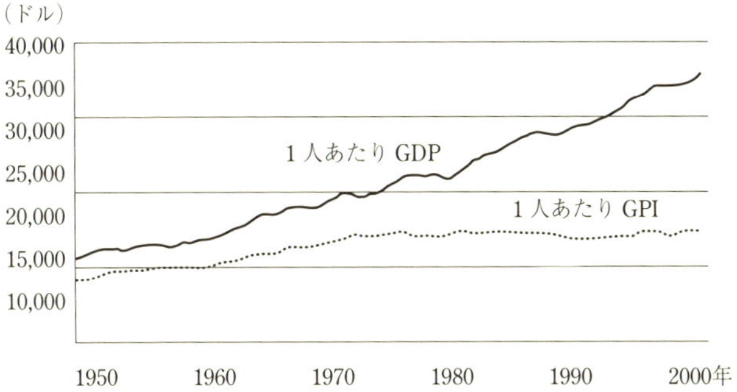

出所：John Talberth, Clifford Cobb and Noah Slattery, *The Genuine Progress Indicator 2006*, p. 19.

年の1.31兆ドルから2004年の4.42兆ドルとなり，平均年成長率は4％である。ともに順調に発展してきたといえるが，そのギャップは拡大してきた。

2　1人あたり GPI の停滞

図4は，一人あたりの GDP と GPI の動向を示す。注目しなければならないのは，1978年以降1人あたりの GPI が停滞化してきたことである。それは，個人消費・非市場時間・資本サービスの増加による便益が，所得不平等・資源の損耗・耐久消費財支出・防御的費用・成長による望ましくない副作用・外国からの債務の増加による費用によって相殺されたことを意味する。

3　成長の限界点（境界線）の可能性

こうした GPI の停滞は，アメリカ社会の成長の限界を意味する可能性がある。Max-Neef は次のように結論づけている。「経済成長が生活の質の改善をもたらす時期はどの社会にもあるが，それはある点―臨界点―までであり，それを越えるともっと経済が成長しても生活の質は悪化するかもしれない」[400]。長期波動論は経済成長の長期的波動を重視するが，この見解は経済成長があっても生

---

400) M. Max-Neef, "Economic growth and quality of life: a threshold hypothesis", *Ecological Economics*, 15, 1995, p. 117.

図5 GPIの構成（1950〜2004年；2000年ドル）

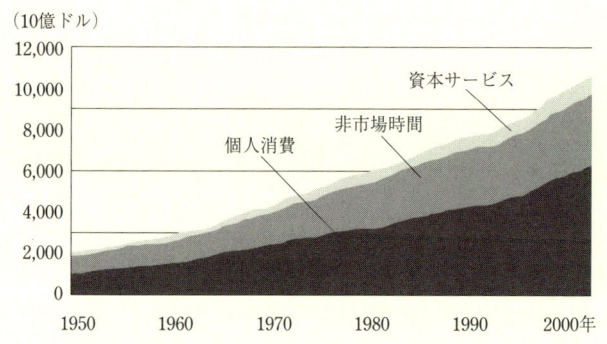

出所：John Talberth, Clifford Cobb and Noah Slattery, *The Genuine Progress Indicator 2006*, p. 24r.

活の質は悪化する可能性を示唆していることになる。こうした質の問題は，唯物史観での「生産力と生産関係の矛盾」の理解にとっても示唆的であることを指摘しておこう。図5は，GPIを個人消費・非市場時間・資本サービスに分けて示している。その構成比は，個人消費が1950年の51％から2004年の59％に上昇しているのに対して，非市場時間が1950年の41.21％から2004年の32.8％に低下している。非市場時間が市場化されて減少してきたことを物語っている。

4　GDPでみる豊富とGPIでみる貧困

アメリカ社会は全体として進歩してきたのか。以上のGPI計測を次のように総括している。

> 貨幣を毎年より多くの財・サービスに多く支出すれば，健全な経済とうまくいっている社会のサインとみなされる。GDPが絶えず増加し1人あたり個人消費支出が1950年以降3倍以上になったという事実は，アメリカは繁栄したことを意味するだろう。……しかしGPI計算は，1人あたり財・サービスの個人消費が増加しつづけたが，平均時間あたり賃金は低下し，個人債務は増加し，個人貯蓄が低下し，われわれの家庭での時間や建設的に市民活動に参加する時間や自己向上を追求する時間が質的に侵害されたことを示している。……GPI計算での非市場時間の比重低下は，われわれの豊かさは増加しているかもしれないが，われわれの個人的・集団的幸福

が脅かされているということを示す憂うべき傾向でもある[401]。

さらに,「自然資源」の損耗費用は,控除費用中の1950年の35.45％から2004年の59.32％に上昇していることに注意しなければならない。この損耗費3.8兆ドルのなかの最大項目は1.18兆ドルになる二酸化炭素（CO_2）の排出である。地球温暖化は自然環境の浄化・保全機能を低下させ,それがまた地球温暖化を促進するというように累積的に作用するから,それが臨界点にまで達したときのカタストロフィーを恐れなければならない,と警告している[402]。

日本のGPI研究グループの1955～1999年間の測定結果では,日本では,1970年代と90年代にGPIは停滞的であり,生活満足度とGPIの動きは似ていることが報告されている[403]。

Ⅶ　GPI分析とエコロジカル社会主義

Redefining Progress社はシンクタンクであるから,GPIは政策上の効果の判定（たとえば,市場開放,減税,都市化の効果）や地方政府の環境政策などで利用されている。本節では,GPIや「維持可能な発展」論の一つの立脚点であるエコロジー論と,マルクスの社会主義論との結合の可能性と必要性を提起しているJ. オコーナーのエコロジカル社会主義（Green & Red）論の結論的部分を紹介しておきたい。

そもそもGPIやISEWは,貨幣取引された商品額をすべてGDPとして計算し,GDPの増加＝福祉の増加とすることを根本的に批判していた。GDPのこうした測定法は,現実の商品経済において発生するすべての貨幣的取引を国民所得に入れる伝統的な近代経済学の概念と結びついている。本来の人間の福祉や幸福に貢献するような進歩と,商品経済で評価される所得とは一致していない。商品経済はまさに商品物神が支配する世界であり,空想的欲望を満たすも

---

401) John Talberth, Clifford Cobb and Noah Slattery, *op. cit.*, p. 20*l*.
402) *ibid.*, pp. 20*l*–20*r*.
403) 中野桂・吉川栄治「Genuine Progress Indicatorとその可能性」（『彦根論叢』第357号,2006年1月）176頁。日本のGPIを計測した文献として,大橋照枝・中野桂・牧野松代・和田喜彦（日本のGPI研究グループ）『日本のGPI（真の進歩指標）の計測結果』（NPO法人・ヒューチャー500,2003年,改定版2004年）がある。

のであれ、胃袋を満たすものであれ、すべて使用価値を持ち、それが貨幣で購買されれば交換価値を帯びるようになり、したがってまた所得の増大にもなる。マルクスは、こうした商品経済は社会的分業が私的所有のもとで営まれる特殊・歴史的経済システムから発生したものであるにすぎない過渡的な経済であり、商品経済を廃絶した社会的所有にもとづく計画的な社会的分業を構想した。したがって、GPI分析を理論的に展開していけば、それは商品経済批判となり、体制問題そして社会主義的要素を豊富に取り入れた社会へのなんらかの転換へとなっていかなければならない。

　また、GPIは正しくも非市場労働を福祉や進歩に貢献するものとして積極的に評価する。商品経済のもとでは、資本家に利潤をもたらす労働のみが資本にとっての「生産的労働」となるが、利潤原理（資本の価値増殖運動）を廃絶した社会から見れば、労働の意義は、商品化されるか否かではなく、結合した労働として、社会と個人の有機的・連帯的発展のために必要不可欠かどうかによって判断されるようになる。マルクスの「生産的労働」論と国民所得論は、このように資本制社会を超えた社会からの規定であったことを想起する必要がある。農業や都市と農村の考察においてマルクスは、エコロジー問題を論じてはいるが、その資本主義分析の力点は商品経済であり、資本によって商品経済が包摂されることによる物神性の深化過程が重視された[404]。したがって、商品の価値（交換価値）や抽象的人間労働が重視され、使用価値や具体的有用労働にはそれほどの関心が向けられていなかったといえる。それは『資本論』の本来的目的からしてやむをえない扱いであったが、それでもマルクスの一貫した分析方法は、価値（生産関係）と使用価値（生産力）との統一的展開であり、また協業や分業や機械制大工業の分析は具体的労働関係の分析であるともいえる。しかし、マルクスの時代にはエコロジー問題は地球的規模では問題にされていなかったし、本来的進歩や福祉は資本制生産様式を止揚した社会主義社会になってはじめて問題にすることができると考えていたように思える。しかし、その後の資本主義の歴史とマルクス主義の停滞を知っているわれわれは、真の

404）マルクスの物象化・物神性・物神崇拝論については、さしあたり、拙著『現代マルクス経済学』第17章、参照。

進歩とかエコロジー問題が社会主義のもとでいかに解決されるべきかを当然にも提起しなければならない。

　オコーナーのエコロジカル社会主義論は，多岐にわたるエコロジー論との交流を基礎として，自然を歴史と資本主義と社会主義の観点から総括的に考察している[405]。マルクス主義者でもあるオコーナーは当然，自然に関するマルクス自身の研究や言及を最大限に発掘しようとしているし，マルクスやエンゲルスにもエコロジー論があることを正当に評価している[406]。しかし，彼らの時代には資本主義的工業化は始まったばかりであり，環境破壊は現代に比べたらはるかに小さかった。こうした時代的制約により，資本主義的生産がもたらす負の効果（環境悪化）を体系的に考察する視点が欠如していたと考えざるをえない。オコーナーの提起するエコロジカル社会主義は，「維持可能な発展」が重視する環境悪化による損失を考慮に入れた発展論であり，従来のマルクス主義が無視ないし軽視してきた使用価値視点に立った社会主義論であるともいえる。

　GPI 分析は所得分配を重視しているが，それ以上に非市場労働やエコロジー喪失による損失を重視していた。オコーナーは，伝統的社会主義は「分配的公正」を重視しすぎてきたと批判し，「生産的公正」を含めた資本主義の質的批判を重視する。そして，土地（そして，あらゆる形態での自然）をめぐる闘争，原子力からパソコンにいたる具体的労働をめぐる闘争，消費財・サービスの最終的使用価値をめぐる闘争，が普遍的になってきたという[407]。最後の闘争の例としては，健康ケアと教育の性質，車と車文化，テレビとメディアとテレビ文化，エネルギー非効率な住居，食品公害などをめぐる闘争であり，それらの費用は GPI においても重視されていた。しかし，GPI においては貨幣への量的還元が重視され，こうした資本主義社会での生産と生活そのものの質的な批判とはなっていなかった恨みは残っている。

　GPI 分析は個人消費に「疑わしい」ものがあることを意識しているが，資本主義のもとでは労働が疎外されているばかりか，欲望も疎外されている。資本

---

405) James O'Connor, *Natural Causes*.
406) マルクスやエンゲルスのエコロジー論については，第 1 章第 3 節，参照。
407) James O'Connor, *op. cit.*, pp. 324–325.

主義社会では使用価値は商品として生産され，われわれの社会的ニーズは，車文化・ファーストフード文化，幾千というプロセス・イノベーションやプロダクト・イノベーションなどによって形成されたものであり，個々人が相互に共有するニーズではない。商品形態の使用価値は，たとえば，化学肥料が土壌を破滅させ，車が交通渋滞をもたらしているように，種々の機能障害を引き起こしている。さらに商品形態による欲望充足は，社会的にはよりコストが低くより直接的に社会的形態を持っている欲望を抑制する。マルクスはこのようなことを知っており，農業や都市と農村の関係が合理的に再建されるだろうと予言者的に展望したが，労働力再生産に必要な当時の消費財バスケットの特殊的使用価値を体系的に理論化はしなかった。その後のマルクス主義は使用価値を軽視ないし無視してきたが，現代では労働力の価値が低下していることをもっと重視する必要がある，という[408]。こうした使用価値の軽視に対してオコーナーはマルクス自身をも批判する。すなわち，

> マルクスとエンゲルスは，資本主義が土壌と森林の生産性に与える影響，スラムの住宅事情，都市の汚染，ある種の具体的労働の破滅的な物理的・精神的影響，等々に興味を持ち決定的な言及もしているが，たとえば，汚染や危険で不健康な労働条件などへの抗議のような労働過程から発生する社会的・政治的闘争についてはほとんど述べていない。彼らは，たとえば，悪い肉やスラムの住宅事情に対する抗議のような，特定の使用価値に標的が当てられた抗議，食糧備蓄のような伝統的形態の社会的連帯を維持しようとする闘争について，共通して沈黙していた[409]。

こうなった理由は，こうした質的闘争が当時は十分に発展していなかったという歴史的事情と，マルクスは当時の多くの特殊的病と土地と労働の使用を改革しようとする多くの闘争を知っていたが，それらに特別の政治的重要性を与えなかったことにある[410]。

こうしたマルクス評価と批判にたってオコーナーは，エコロジカル社会主義を提起している。市場（資本）は，労働力と土地・自然という本来商品化でき

---

408) *ibid.*, pp. 325–328.
409) *ibid.*, p. 329.
410) *ibid.*, p. 330.

ないものまで商品化しているが，市場による調整には限界がある。伝統的社会主義は資本の生産と再生産を問題にしてきたが，エコロジカル社会主義は，使用価値視点に立って「生産条件」の生産と再生産を重視する。多くの労働者やマイノリティやコミュニティ運動家や環境運動家がやっているように，その主張は，交換価値を使用価値へ，利潤のための生産をニーズのための生産に従属化させることである。

　エコロジカル社会主義は，資本制的生産関係が生産力を形成する方法を批判すると同時に，代替的技術・労働関係・運輸方法・育児施設等々にもとづいてこれらの生産力を修正したり廃棄しようとする社会運動と闘争に基礎をおいて，資本主義的生産力をも批判しなければならない。オコーナーは，伝統的社会主義とエコロジカル社会主義との対比，社会民主主義的分配闘争とエコロジカル社会主義の生産正義闘争との対比を，付録1，付録2，としてまとめている[411]。

---

411) 本書の第7章，参照。

補論2　さまざまな社会主義論
―独占研究会の記録より―

　独占研究会は，45年間にわたってマルクス経済学の理論を中心とした報告と討論を続けてきた[412]。その報告テーマの変遷はだいたい日本のマルクス経済学の研究動向を反映しているといえる。2003年から，報告要旨と討論の論点と参加者を簡単にまとめた記録を作ってきた。この間，数人の研究者がそれぞれの社会主義論を報告し，さまざまな論点が活発に討論された。まさに社会主義への多様な道を参加者たちがもっていることを確認できた。簡単な記録であるから報告全体や討論の細部を伝えることはできないから，報告者も討論者も不満であろうが，どのような論点が話題になっているかを知るのには役立つと思うので，本書に収録してみた。報告者にはそれぞれ詳しく論じた著作や論文があるから，興味のある読者はそれらを参照してもらいたい。ただし，本書に収録したものは筆者がまとめたものであり，その文責は筆者にあることを明記しておきたい。

I　大谷禎之介「賃労働からアソシエートした労働へ――アソシエートした諸個人への生成と発展」(2007年12月15日)

〈報告要旨〉

　報告の力点を，社会主義を全般的に論じた「社会主義とはどのような社会か」を労働に絞り，レジメに沿って報告する。

---

412) 独占研究会は原則として毎月の第4土曜日に東京経済大学で開催されている（8月は夏休み）。現在の世話人は鶴田満彦と長島誠一であるが，そこで報告されてきたテーマや研究会の簡単な「歴史」については，長島誠一(独占研究会)編『独占研究会40周年記念誌―『30年の歩み』・『40年の歩み』合併製本　1965年4月〜2005年12月』(2005年12月，非売品)を参照されたい。

はじめに

　報告では，第1に，「資本主義社会がアソシエーションという新社会を産みおとすさいにその産みの苦しみを短縮し和らげようと行動しないではいない人間諸個人を，資本主義社会自身がどのようにつくりだすのか」，第2に，「アソシエーションの成立と発展の過程で人間諸個人はどのように発展するのか，この発展はアソシエーションの発展にとってどのような意味を持つのか」，を考えてみたい。その際，マルクスの真意を探ることに徹する。

1　アソシエートとアソシエートした労働の生産様式

　(1)マルクスは新社会を，最も多くアソシエーションと呼んだ。すなわちこの新社会は，「自由な労働する諸個人が，自発的，能動的に結びつきあうことによって，すなわち自分たち自身の意識的行為によって，形成する社会」である。(2)システムとしての資本主義社会とこの社会を質的に規定している資本主義的生産様式とが区別されるように，社会システムとしてのアソシエーションの土台をなす生産様式を把握することが肝要である。マルクスはその生産様式を「アソシエートした労働の生産様式」と呼んでいた(『資本論』第3部第1稿, MEGA, Ⅱ/4.2, S. 504, S. 662。MEGA, Ⅰ/22, S. 59。引用文は省略)。(3)「アソシエートした労働」とは，①労働する諸個人が「主体的，能動的，自覚的，自発的にアソシエートして行なう労働」である。②共同的に生産する「直接に社会的な労働」である。③労働する諸個人が「全生産を共同して意識的・計画的に制御する行為」である。④協業として行なわれる「多数の労働する諸個人による社会的労働」である。⑤協働によって自然を全面的に制御する実践的行為，「生産への科学の意識的適用」である。⑥「喜びをもたらす人間的実践，類的行動」である。⑦諸個人が各自の「個性と能力を自由に発揮し，全面的に発展させる行為」である。

2　資本主義的生産を否定する主体への，労働する諸個人の発展

　マルクスは『資本論』第1部で，「資本主義的生産様式の本質を明らかにしていく理論的展開のなかで，同時に，この生産様式自身が，労働する諸個人を，この生産様式を否定する主体に鍛え上げていく過程」を明らかにしている。商品の交換過程では「法的に平等な人格」として，貨幣の資本への転化においては「二重の意味で自由な労働者」として，本源的蓄積過程では「教育や伝統や

慣習によってこの生産様式の諸要求を季節の変化を受け入れるのと同じくらい自然に受け入れる労働者階級」として登場してくる。生産過程においては，「労働者階級として資本家階級に標準労働日を押しつける闘いのなかで，アソシエートすること」を学ぶ。協業においても，「他人との計画的な協働のなかで，労働者は自分の個人的な諸制限を脱ぎ捨てて，自分の種族能力を発展」させる。大工業においては，「大工業が発酵させる変革の酵素の能動的主体は労働する諸個人であり，資本の支配にたいする闘争は一般化していく。資本は，一方では，新社会の形成に必要な生産過程の物質的諸条件を準備し，他方では，生産過程における労働する諸個人の社会的結合」を成熟させる。また，「大工業と農業」においてはエコロジーに対する先見的見通しを示していた。再生産過程において，労働者の労働によって資本＝賃労働関係が再生産され，剰余価値が搾取の主体に転化することによって，労働者は資本システムの全体を見抜くようになるし，資本蓄積の一般的法則によって，「資本主義的生産および蓄積の敵対的性格」が明白になってくる。このシステムの諸矛盾と過渡的性格が否定しがたい姿で現われてくるのが「総過程の諸姿態」である。リカードでさえ，利潤率の低下を予見し，「この固有の制限がこの生産様式の被制限性とその単なる歴史的性格とを証明している」と感じるし，資本主義的生産様式の矛盾と制限とが人々の目に見えるものとなってくる。さらに，機能資本家と貨幣資本家への分裂は，資本の過渡的性格をあらわにし，株式会社においては「結合されて社会的になった労働者」だけが生産過程を実際に担っている主体であることが自明となる。他方で労働者たちは，生産協同組合において，「生産手段にたいして自分たちに属するものだという仕方で関わる」試みが開始される。まとめると，「資本主義的生産様式の諸矛盾のこのような発展は，労働する諸個人のなかに，『生産物を自分自身のものだと見抜く』という，そしてさらに『自己の実現の諸条件からの分離を不埒な強制された分離だと判断する』という，『並外れた意識』を生み出すのであって，これは『この生産様式の滅亡への前兆』にほかならない。」(『経済学批判要綱』MEGA, Ⅱ/1.2, S. 371. 『1861-1863年草稿』MEGA, Ⅱ/3.6, S. 2287)。

3　労働する諸個人の発展という見地から見た過渡期の課題

「収奪者の収奪」の過程が開始されてからアソシエーションが成立するまで

の時期が,「資本主義社会からアソシエーションへの本来の過渡期」である。この過渡期の重要な課題は,「労働する諸個人が,アソシエーションを自覚的に形成する能動的な社会形成者に成長」することであり,この過程は「長い産みの苦しみののちに」はじめて生まれると,マルクスは『ゴータ綱領批判』や『フランスにおける内乱』第1草稿で述べている。

4　アソシエーション生成期におけるアソシエートした諸個人の発展

マルクスは『ゴータ綱領領批判』で,成立したアソシエーションのなかでの諸個人の発展について,きわめて示唆に富んだ記述を残している（引用は省略）。共産主義社会が「第一段階」と「より高い段階」に区別され,その基準は「労働のあり方の発展」と「人間諸個人の発展」におかれている。後者の段階は以下の四つが完了している。①奴隷的に従属する分業の廃止,②精神的労働と肉体的労働との対立の解消,③労働そのものの第一の生命欲求化,④能力に応じて働き,必要に応じて消費する。

おわりに

(1)労働にもとづく社会把握が未来社会論にも貫いている。(2)「社会的諸関連のなかにある人間そのもの」の自己認識とは,「社会そのものの自己認識」であり,「自然の自己認識」である。(3)「『資本論』での理論的展開が,その認識対象にその認識主体そのものを含んでおり,この認識主体による認識の必然性とその深化の過程をも明らかにしている」。最後に,「アソシエーションの根本的原理は各個人の完全で自由な発展」であることを強調して終わりたい。

典拠

「共産主義社会,すなわち,諸個人の独自で自由な発展がけっして空文句でない唯一の社会」（『ドイツ・イデオロギー』MEW, Bd. 3, S. 424）。「各人の自由な発展が万人の自由な発展にとっての条件であるようなアソシエーション」（『共産党宣言』MEW, Bd. 4, S. 482）。「アソシエートした諸個人による自分たちの全生産の統御」（『経済学批判要綱』MEGA, II/1.1, S. 91）。「生産手段の共同の取得と統御との基礎のうえにアソシエートした諸個人」（『経済学批判要綱』MEGA, II/1.2, S. 378）。「個人の全面的発展に対する物質的生産の関係によって物質的生産の制限が揩定されている」（『経済学批判要綱』MEGA, II/1.2, S. 510）。「各個人の完全で自由な発展を根本原理とするより高い社会形態」（『資本論』第1部, MEGA, II/5, S. 477）。

討論の論点

1. アソシエート社会での消費欲求の満たし方。生活カード，労働の動機，貨幣の性格について。
2. 未来の現実性について。未来は空想ではないか。
3. 株式会社と生産協同組合との相違。
4. 株式会社とアソシエーションとの相違。
5. 労働，アソシエーション，個人の相互関係について。
6. 「個人的所有の再建」の内容について。労働条件と労働との再結合であり，労働の喜びの再建か。
7. マルクスの言及してない諸点の補充の必要性。
8. 現代，多様なアソシエーションが生まれているのではないか？ 社会保障をどう見るか。
9. 労働運動が後退し，物神崇拝や労働疎外が進んでいる現代資本主義をどう認識するか。
10. 個人と組織との関係，やりたい労働同士の関係，自己愛と利他愛との関係。

参考文献

大谷禎之介「資本主義的生産と商品流通」(経済理論学会年報第29集『市場と計画』青木書店，1992年)

大谷禎之介「『社会主義』は社会主義か」(法政大学『経済志林』第58巻第3・4号，1991年3月)

大谷禎之介「社会主義とはどのような社会か」(『経済志林』第63巻第3号，1995年3月)

参加者

芦田良幸，東洋志，井汲明夫，大友敏明，大谷禎之介，大野和，岡田清，岡本磐男，熊野剛雄，小谷崇，斎藤武光，桜井香，重田澄男，島田悦子，柴垣和夫，関口修道，瀬戸岡紘，高山満，竹永進，建部正義，鶴田満彦，鄭淵沼，長島誠一，野田弘英，范立君，古野高根，前田重朗，松本久雄，前畑雪彦，松下和輝，宮田和保，宮田惟史，村岡到，山村延郎，吉田賢一，吉田暁，ほか1名 (計36名)

Ⅱ 小松善雄「資本主義から協同社会主義への移行」(2007年11月24日)

〈報告要旨〉

　配布したレジメは7月に基礎研で報告したものであるが，その後に考えたことを追加し，マルクスの資本主義から協同組合社会主義への移行過程論を中心として報告したい。ソ連社会をどう評価するかをめぐってはさまざまな見解があり論争されているが，報告者は「国家社会主義」説である。大谷禎之介氏がすでにマルクスの社会主義像を提示しているので，それを補足する視点から「『資本論』の社会主義像(上)(中)(下)」，「ロバート・オーエンと『資本論』」(『立教経済学研究』第59巻第2〜4号，第60巻第2号，2005〜2006年) を執筆した。その結論を言えば，マルクスやエンゲルスはオーエンの協同社会主義・アソシエーション論を大枠では支持していた。

1 『共産党宣言』の移行過程論

　1830年代に労働者協同組合運動は盛んになりその後下火となるが，チャーティスト運動と協同組合運動を結びつける主張も出ているイギリスにエンゲルスは行き，マルクスに伝えた。こうしたなかで執筆された『共産党宣言』では，「アソシエーション」という用語は，「結社」一般と協同組合とくに生産協同組合，として使用されていた。「ブルジョアジーは自分自身の墓掘人をつくりだす」という叙述は，国家権力の獲得として強調されてきたが，「労働者階級オーウェニズム」期の生産協同組合結成にもとづく叙述だと理解する。労働者が権力を獲得した後の移行過程は，第一局面は「生産手段の国家への集中」であるが，これは国家社会主義の局面であり，第二局面は「協同組合連合を作っている諸個人の手への生産の集積の局面」であり，これが協同組合社会主義の局面となる。

2 『ノーツ・トゥ・ザ・ピープル』論説の移行過程論

　マルクスの『フランスにおける内乱』や『ブリュメール18日』における協同組合批判を重視して，1850年代前半はマルクスは協同組合運動に否定的だったというのが通説だが，報告者の調査による『ノーツ・トゥ・ザ・ピープル』に掲載されたマルクスの協同組合・運動3論説 (MEGA. 第10・11巻収録) では，真

の協同組合にはマルクスが賛成している。「協同組合原則の擁護者たち，および協同組合諸協会の構成員たちへの手紙」と「協同組合 それは何であり何をなすべきか」において批判されているのは，個々バラバラの生産・経済単位としての協同組合をつくっているロッチデール公正先駆者協同組合・キリスト教社会主義運動系の協同組合運動である。マルクスは剰余は組合拡大のために利用すべきであり，国民的基金として国民的連合体を提唱している。それは初めての先進国革命綱領といってもよく，利潤主義・市場主義が否定されている。この国民的連合体という協同組合運動の戦略路線は，「資本主義的総再生産過程への漸進的浸透路線」であると理解できる。不足する基金は，民主的政府のもとでの国家の信用基金の前貸しを提唱している。『経済学批判要綱』におけるアソシエーションについては省略する。

3　第1インターナショナル期の移行過程論

『国際労働者協会創立宣言』は『共産党宣言』よりも高い位置を与えられるべきであり，19世紀中葉の先進国革命の総路線を提起している。オーエンの実験が高く評価され，またロッチデールの紡績工場を評価している。ラッサールとマルクスの間には生産協同組合運動の路線上の違いはなく，ただラッサールの国家補助より自分の国民的基金のほうが優位性を持っている，といっている（エンゲルスへの手紙）。国家補助は民主主義的政府のもとでのみ容認していた。国際労働者協会第1回大会（ジュネーヴ大会）の「中央評議員の協同組合労働への指示」では，『共産党宣言』，3論説，『創立宣言』の三つを貫く思想・理論が定式化されている。また，協同組合社会主義への移行の二局面説も踏襲されている。

4　パリ・コミューン期の移行過程論

『フランスにおける内乱』においてマルクスは，「もし協同組合の連合体がひとつの協同計画にもとづいて全国の生産を調整する（……）とすれば，―諸君，それこそ共産主義，『可能な』共産主義でなくて何であろうか！」といったが，レーニンは何度も詳細に読んだにもかかわらず，「可能な共産主義」（アソシエーション）は目に入っていなかった。資本家が放棄した工場はコミューンに徴発・収用され（一時的国有化・産業再生機構の役割），最終的には協同組合諸団体に譲渡されるものとされた。これはマルクスの構想が実践されようとし

たことを意味するし，国家所有（国家社会主義）ではなく，また「市場所有」（市場社会主義）でもない，ソシエテ（労働組合諸団体）所有である。マルクスはこれを容認し，「可能な共産主義」と評価した。エンゲルスもこの点を認識していたのであって，国有化論（国家社会主義者）ではなかったと考える。

5　晩年のマルクスの移行過程論

『ゴータ綱領批判』でも，協同組合的生産の諸条件を国民的規模でつくりだそうとすることは，現存の生産諸条件を転覆することに努めることだけを意味する，との主張が貫いている。

6　むすび

(1)ソ連型社会主義は，マルクスの社会主義像の本質的誤認に発し，その移行過程論に対する根本的誤解にもとづく歴史的悲劇であった。(2)一時的国有化はありうるとしても，マスクスは，協同組合アソシエーションの拡大再生産，資本の総生産過程への浸透戦略を先進国革命の戦略路線とすること基調としていた。(3)協同組合アソシエーションのアソシエーション＝国民的連合体によって，市場経済の揚棄を構想したと考えられる。(4)労働者生産協同組合の国民的形成途上での株式会社改革はありうる。

討論の論点

1　協同社会主義と株式会社との異同。
2　協同組合が失敗する原因は何か。
3　協同組合の国民的連合化の方法。
4　社会主義において需要予測と注文生産をどうやるか。
5　会社法と協同組合法との歴史的関連。
6　日本における会社法改革と協同組合法改正をどう評価するか。
7　市民社会とアソシエーションとの関連。
8　協同組合運動の未来性について。
9　生活生協の実態をどう考えるか。
10　計画経済における生産物評価とそのインセンティブのあり方。
11　競い合いの社会（フーリエ）の評価をめぐって。
12　協同組合運動はソ連や中国でも実験済みではないか。

13 日本的経営は「労働力商品化の廃絶」に近かったのではないか。
14 人間の意識や行動の変化が重要ではないか。

参考文献

小松善雄「物質代謝論とエコ社会主義論―物質代謝論の社会経済システム論的射程（上）（中）（下）」（『立教経済学研究』第54巻第3号（2001年1月），第54巻第4号（2001年3月），第55巻第1号（2001年7月））

小松善雄「『資本論』の社会主義像（上）（中）（下）」，（『立教経済学研究』第59巻第2号（2005年10月），第59巻第3号（2006年1月），第59巻第4号（2006年3月））

小松善雄「ロバート・オーエンと『資本論』」（『立教経済学研究』第60巻第2号，2006年10月）

参加者

井汲明夫，植竹美乃里，大谷禎之介，大野和，川崎志帆，熊野剛雄，小松善雄，桜井香，重田澄男，柴垣和夫，瀬戸岡紘，髙山満，建部正義，鶴田満彦，鄭淵沼，長島誠一，范立君，古野高根，前田重朗，前畑雪彦，松下和輝，宮田惟史，吉田賢一　（計23名）

Ⅲ　村岡到「社会主義経済システムは〈協議経済〉」（2007年10月27日）

〈報告要旨〉

1　ソ連邦崩壊の教訓

　社会主義経済＝計画経済とするのが通説であるが，マルクスもレーニンも計画経済と書いたことはない。計画経済とは指令経済にほかならなかった。ソ連経済は，①生産資材の凍結，②闇経済の跋扈，③生産資材の浪費・無駄な生産，④駆込み生産，⑤計画当局の無知，⑥価格体系の恣意性，⑦官僚制の肥大化，⑧労働意欲の喪失，と特徴づけられる。国家資本主義説は誤りであり，利潤動機のない「資本主義」はない。マルクス主義経済学の弱点は，経済計算に必要不可欠な生産物評価を無視してきた点にあると考える。

2　社会主義経済を構想するいくつかの前提的認識

　第一に，マルクス主義では生産関係の変革だけが重視され，分配が軽視されてきたが，分配を軽視すべきでなく，生存権こそ社会主義の原理的基礎である。

第二に，生産物の評価が絶対に必要である。第三に，労働の動機づけが重要となり，「誇競」となる。第四に，社会主義経済の目的は生存権の保障と万人の平等の実現にある。第五に，情報の公開が決定的であり，第六に，農業が重要であり保護すべきである。

3　協議経済

『資本論』第1巻第1章（フランス語版）の「共同の生産手段を用いて労働し，協議した計画にしたがって……」にヒントを得て，この用語を使用した。マルクスの「指図証券」と同じものとして生活カード制を提起した。この生活カードは引換え手段であるが，流通したり蓄蔵されたりはしない。このメリットは，①消費選択の自由の確保，②生産物評価の適正化，③企業の解体，④「家父長制」の経済的根拠の打破，にあると考える。協議生産には二つの前提が必要であり，第一は「労働の義務化」であり，第二は生産手段の「連帯占有」の実現である。協議生産の内実は，①協議評価によって生産物評価をすること，②「自主的計画」と「公共的計画」の二重の生産システムを作ることにある。

討論の論点

1　協議経済と計画経済の違い。
2　協議経済と市場との関係。
3　シルビオ・ゲゼルと生活カード制との関係。
4　本能や利己心をどう位置づけるか。
5　市場によらずとも需給関係がつかめるのではないか。
6　性善説に立たないと市場主義になるのではないか。
7　協議経済と社会・組織・政治・人間の関係。
8　競争概念・誇りをめぐる競争の検討。
9　全員が食える社会のほうが「暴走」を食い止めることができるのではないか。
10　協議経済と過渡期経済との関係。
11　ポラニーの資本主義経済と社会主義経済の区別は妥当か。
12　国民全体としての協議経済が可能か。

参考文献

村岡到『協議型社会主義の模索』(社会評論, 1999年)

村岡到『生存権・平等・エコロジー』(白順社, 2003年)

参加者

大谷禎之介, 大野和, 岡本磐男, 長田浩二, 小谷崇, 高山満, 鶴田満彦, 長島誠一, 村岡到, 吉田暁 (計10名)

IV 岡本磐男「新しい社会経済システムを求めて」(2006年2月25日)

〈報告要旨〉

1 はじめに

　拙著のエッセンスを順番を追って説明してゆきたい。マルクス経済学者でありながら、社会主義を主張しないのは矛盾している。私は宇野弘蔵のエピゴーネンではないが、宇野は資本主義の崩壊を信じていたし、ソ連はマルクスをきちんと理解していなかったとの宇野の主張は引き継いでいる。

2 長期停滞はなぜ生じているか

　現状の日本は長期停滞状態にあると認識しており、インフレにはならないだろうしグローバル化のもとでかえって国家対立が激しくなっていくだろう。「デフレ」論は原因について述べていないが、物価下落は生産性上昇(コスト低下)による商品価値の低下によると考えるし、今日の利潤率低下は、(1)技術革新、(2)サービス産業の増大、(3)使用価値は不変でも価値が低下することによる過少消費、によっていると考える。

3 なぜいま、マルクス主義か

　ソ連体制とマルクス経済学とは違うが、マルクス主義とは経済学＋イデオロギー論＋革命論から成立している。スミス流の「商品経済の歴史」説は間違いであり、宇野は共同体における労働配分を考えていたし、共同体と市場経済との対立として歴史を見る必要がある。オイケンが中央計画経済と流通経済の二分法で経済組織を見ているのは注目すべきである。また、今日の地球環境問題は私有財産制を否定するかもしれない。

4 経済学の巨匠たちの社会主義への熱き思い

　宇野は，商品経済は「外来的社会」であり，経済原則が資本主義のもとでは商品経済によって形態的に実現されるが，社会主義では意識的・計画的に実現されると考えていた。資本主義の経済学による構造認識があってはじめて社会主義建設が可能となるし，人類史を把握することができる。現代では労働者は革命の主体とはならないだろうから，サービス・情報労働者の増大を重視しなければならない。シュンペーターは「資本家」が変質することによる資本主義の崩壊を予言したが，労働のインセンティブを重視したし，貨幣は指図証券になるとした。その弱点は，ソ連の影響が強く，また現代資本主義を本格的に知ることができなかった点にある。

5 ソ連型社会主義に関する考察

　ロシア革命は圧倒的に農民が多い社会での革命であり，参考にはならない。スターリン体制とは，軍需を充たすための重工業化であり，成長（工業化）を最優先した体制であり，鉄道・流通を軽視していた。そこでは経営者や労働者のインセンティブがなく，「過小報告と過大申請」があったし，民主主義と自由が欠如した硬直的システムであった。そのために消費財が不足し，西方への関心が高まるにつれて大衆の不満が増大したことが，ソ連崩壊を導いた。

6 ソ連型社会主義をめぐる諸見解の検討

　脱社会主義化説（コルナイ，ブルス，ラスキ）は官僚指導や私有財産論がないし，国家資本主義説（大谷等）では固定価格なのに商品経済としているし，労働力商品の未止揚説（柴垣）は労働市場がなかったことを無視しているし，社会主義的計画経済不在説は剰余価値が厳然として意識的に配分されていたことを無視している。スウィージーの過渡期社会説を支持するが，ソ連研究をもっと進めるべきである。

7 市場社会主義論の源流の考察

　戦前，社会主義経済における経済計算論争があったが，ランゲ説が正しかったし，今日のコンピュータの発達よってミーゼス説は覆るだろう。1970年代半ば頃から市場社会主義論が提唱されたが，私的所有の否定・労働に応じた分配・資本主義的市場経済とは違った市場の導入などがその内容であるが，採用されることはほとんどなかった。マクナリは，市場社会主義は資本主義化であ

り，民衆の需要を在庫変動によって知ることができると言っている。

8 社会主義と労働

労働こそが基礎であり，労働配分原理を重視するし抽象的人間労働は歴史貫通的存在だと考える。「計画と市場」の関係こそが根本的問題になる。「金廃貨」論は間違っているし，現代の労働者とサラリーマンとは違うと考える。

9 現代におけるサービス・情報経済とその労働

生産力に貢献する労働は生産的労働と規定するので，流通・金融なども回転速度を高める生産的労働であると考える。情報労働も，流通費を節約し回転速度を高めるので生産的労働となる。

10 社会主義社会とサービス・情報化

社会主義においては需要情報が重要となるが，情報化時代においては需要情報が飛躍的に高まるから効率的な社会が実現されるだろう。こうした意味において情報社会主義を提唱したい。本来の社会主義は搾取の廃止にあるが，民主主義と社会的所有が条件となるし，官僚制の克服・社会主義イデオロギーの確立・商品経済の残存などを考察しなければならない。ローマーのクーポン社会主義は興味深い。

討論の論点

1 クーポン社会主義は株式市場がなくても可能か。
2 文化・芸術も広い意味での生産力に貢献するのではないか。
3 岡本の生産的労働論の妥当性をめぐって。
4 商業労働の商品配分機能の評価。
5 現代日本の危機の内容。
6 金は価値を尺度しているか。
7 金価値を一定として価値低下による物価下落がいえるか否か。
8 失業の実体をめぐって。
9 アソシエイトされた生産者の社会的所有とは何か，企業の自己所有なのか。
10 社会主義下での労働時間の計算問題。
11 社会主義での利子や配当の源泉。
12 現代の革命の主体は誰か。

13　社会民主主義とは何か，その評価をめぐって。
14　市場批判の原点は何か，市場は人間を奪うからか。
15　社会保障が考察されていないのはなぜか。

参考文献
岡本磐男『新しい社会経済システムを求めて』（世界書院，2005年）

参加者
井汲明夫，岩田勝雄，大谷禎之介，岡田清，岡本磐男，小幡道昭，金子ハルオ，小谷崇，齋藤日出治，島田悦子，関口修道，高山満，建部正義，鶴田満彦，長島誠一，新村聡，藤田憲資，古野高根，前田重朗，松本久雄，結城剛志，吉田賢一，吉田暁　（計23名）

V　小谷崇「現代資本主義論の移行論的解釈——混合経済的資本主義から混合経済的社会主義へ」（2003年10月25日）

〈報告要旨〉

　社会政策論争において，「体制擁護のための総労働保全政策」と「現代資本主義のなかで育っている社会主義の要素」とみる対立があるが，両者を統一的にみる必要がある。
1　国家独占資本主義論においても最近，「過剰富裕化」・「逆流する資本主義」・「自由貿易帝国主義」・「ポスト・インペリアリズム」・「進化経済と複雑系」・「人間の危機」・「規範理念」などの新しい提起がされるようになったが，現代資本主義の成功と破綻の両面を考察しなければならない。
2　移行論において，「資本主義の行き詰まり・矛盾の爆発・崩壊」論的見方と「闘いによる改良の積み重ねによる漸進的移行」論的見方が対立してきたが，報告者の基本的スタンスは後者にある。『経済学批判』序文における「物質的存在条件」には「社会主義の諸要素」が含まれるし，資本主義の成立過程も混合経済であり，江戸時代の一揆などには窮乏化革命はあてはまらないし，資本主義は生産関係を改良して成長・存続してきたと考える。
3　現代資本主義の内部にも社会主義の諸要素が育ってきている。「大きい政府」は存続し社会保障も拡充しており，景気循環管理体制が確立し，労働条件

の大幅改善（実質賃金率の上昇・時短・労働者階級の多数派化・労使協議体制など），経済構造と経済政策の変化（不換通貨制・政府の諸政策・企業の社会的責任など），多様な大衆運動，帝国主義体制の崩壊などの変貌が起こっているが，その暗い面も当然あり，両者が併存している。

4　社会主義への移行の基本的メルクマールを「労働者自主管理」に求め，所有関係に先行させて考える。ソ連の中央集権的計画経済の失敗を踏まえれば市場が不可欠であり（市場社会主義・混合経済的社会主義），国有化による「一産業一企業」体制は非現実的であり，IT革命は小規模化した計画化を可能にしている。日本共産党の綱領改定案は「社会主義についての新しい見方」を提起しており興味深いことが報告された。

5　21世紀の社会主義像として，環境問題・飽和化問題が指摘されゼロ成長が主張された。IT革命は生産の小規模化・分散化とコミュニケーションの濃密化をもたらし，「新しい計画化」の可能性を生みだしている。労働者自主管理下で労働を仕事化（楽しみ・生活の第一欲求化）し，飽和下での新しい分配観・利己心と利他心を包含した平等観の確立の必要性が論じられた。

討論の論点

1　旧ソ連社会の性格をめぐって。
2　混合経済に対する純粋資本主義国家をどこに求めているのか。
3　純粋な封建制社会はあったか，混合経済であったのではないか。
4　混合経済の深化は社会主義への道なのか，福祉国家が社会主義を準備しているのか。
5　「福祉国家の危機」をどう見るか。
6　労働運動の後退をどう見るか，労働運動をどう立て直すのか。
7　現代の労働者階級概念の再検討，サラリーマンは中間階層か階級か。
8　労働市場の分断化，企業別労働組合をどう見るか。
9　冷戦体制下のソ連の果たした役割について。
10　実質賃金率の大幅上昇は労働者の闘いの成果といえるか。
11　不換銀行券の性格，労働を標章するものになっているか。
12　実質賃金率の上昇は，賃金バスケットの拡大か，分配闘争の成果か，再分

配関係の拡大か。
13 EU加入の条件（マーストリヒト条約）は「大きな政府」を制限しているのではないか。

参加者
岩田勝雄，岡田清，岡本磐男，河野次郎，小谷崇，斎藤武光，須江国雄，高山満，鶴田満彦，鄭淵沼，長島誠一，藤田憲資，吉田賢一　（計13名）

引用・参照文献

相川泰『中国汚染 「公害大陸」の環境報告』ソフトバンク新書，2008年。
Ben Agger, *Western Marxism, an Introduction: Classical and Contemporary Sources*, Goodyear Publishing Co., 1987.
明石博行「社会資本および公共財の理論分析」，『一橋論叢』第98巻第2号（August 1987）。
明石博行「社会資本分析の基礎視角」，『経済地理学年報』第33巻第3号（1987年）。
Samir Amin, "Capitalism and the Ecological Footprint", *Monthly Review*, Vol. 61, No. 6, November 2009.
岩佐茂『環境保護の思想』旬報社，2007年。
岩佐茂編『環境問題と環境思想』創風社，2008年。
『岩波講座 環境経済・政策学』全8巻，岩波書店。
　（第1巻）佐和隆光・植田和弘編『環境の経済理論』2002年。
　（第2巻）吉田文和・宮本憲一編『環境と開発』2002年。
　（第3巻）植田和弘・森田恒幸編『環境政策の基礎』2003年。
　（第4巻）寺西俊一・石弘光編『環境保全と公共政策』2002年。
　（第5巻）寺西俊一・細田衛士編『環境保全への政策統合』2003年。
　（第6巻）森田恒幸・天野明弘編『地球環境とグローバル・コミュニティ』2002年。
　（第7巻）細田衛士・室田武編『循環型社会の制度と政策』2003年。
　（第8巻）吉田文和・北畠能房編『環境の評価とマネジメント』2003年。
岩波書店『環境と公害』第35巻第4号（Spring 2006）の〈都留重人追悼〉（執筆者：宮本憲一・柴田徳衛・永井進）。
F. エンゲルス『反デューリング論』，『マルクス・エンゲルス全集』第20巻，大月書店。
F. エンゲルス『自然弁証法』，『マルクス・エンゲルス全集』第20巻，大月書店。
F. エンゲルス「猿から人間への移行における労働の役割」（岡崎次郎訳），『世界の大思想』Ⅱ-5，河出書房。
OECD編集，環境庁地球環境部企画課＋外務省経済局国際機関第二課監訳『OECDレポート 日本の環境政策 成果と課題』（1994年版）中央法規，1994年。
OECD編集，環境省・総合開発政策局環境計画課監訳『OECDレポート 日本の環境政策 成果と課題』（新版）中央法規，2002年。
大内力『国家独占資本主義』東京大学出版会，1970年。
大谷禎之介「『社会主義』は社会主義か」，法政大学『経済志林』第58巻第3・4号（1991年3月）。
大谷禎之介「資本主義的生産と商品流通」，経済理論学会年報第29集『市場と計画』青木書店，1992年。
大谷禎之介「社会主義とはどのような社会か」，『経済志林』第63巻第3号（1995年3月）。
大橋照枝・中野桂・牧野松代・和田喜彦（日本のGPI研究グループ）『日本のGPI（真の

進歩指標) の計測結果』NPO 法人・ヒューチャー500, 2003年；改定版 2004年。
岡敏弘『環境経済学』岩波書店, 2006年。
岡本磐男『新しい社会経済システムを求めて』世界書院, 2005年。
James O'Connor, *The Fiscal Crisis of the State*, NY: St. Martin's Press, 1971. 池上惇・横尾邦夫訳『現代国家の財政危機』御茶の水書房, 1980年。
James O'Connor, *Accumulation Crisis*, Basil Blackwell, 1984. 佐々木雅幸・青木郁夫ほか訳『経済危機とアメリカ社会』御茶の水書房, 1988年。
James O'Connor, *The Meaning of Crisis*, Basil Blackwell, 1987.
James O'Connor, *Natural Causes: Essays in Ecological Marxism*, The Guilford Press, 1998.
尾関周二『エコフィロソフィーの現在』大月書店, 2001年。
尾関周二『環境思想と人間学の革新』青木書店, 2007年。
Brett Clark and Richard York, "Rifts and Shifts: Getting to the Roots of Environmental Crises", *Monthly Review*, Vol. 60, No. 6, November 2008.
J. コヴェル著, 戸田清訳『エコ社会主義とは何か』緑風出版, 2009年。
Clifford W. Cobb and John B. Cobb, Jr., *The Green National Product: A Proposed Index of Sustainable Economic Welfare*, Lanham, MD: University Press of America, 1994.
Clifford Cobb, Ted Halstead and Jonathan Rowe, *The Genuine Progress Indicator*, Redefining Progress, September 1995.
小松善雄「物質代謝論とエコ社会主義論―物質代謝論の社会経済システム論的射程（上）（中）(下)」『立教経済学研究』第54巻第3号（2001年1月）, 第54巻第4号（2001年3月）, 第55巻第1号（2001年7月）。
小松善雄「物質代謝論と都市・農村関係論（上）(中)(下)」, 『立教経済学研究』第55巻第2号（2001年10月）, 第55巻第3号（2002年1月）, 第55巻第4号（2002年3月）。
小松善雄「『資本論』の社会主義像（上）(中)(下)」, 『立教経済学研究』第59巻第2号（2005年10月）, 第59巻第3号（2006年1月）, 第59巻第4号（2006年3月）。
小松善雄「ロバート・オーエンと『資本論』」, 『立教経済学研究』第60巻第2号（2006年10月）。
Barry Commoner, *The Closing Circle: Nature, Man and Technology*, New York: Knopf, 1971.
A. ゴルツ著, 杉村裕史訳『資本主義・社会主義・エコロジー』新評論, 1993年。
佐和隆光『グリーン資本主義』岩波書店, 2009年。
滋賀県『GPI による滋賀県の計測可能性等に関する調査研究』2005年。
清水嘉治『日本の経済政策と公害』汐文社, 1973年。
清水嘉治「地球環境の危機に対応する経済学と政策課題―環境経済学の国際的課題」, 『商経論集』（神奈川大学）第29巻第2号（1993年12月）。
Yoshiharu Shimizu, "Using Sustainable Growth Theory to Overcome the Global Environmental Crisis", *Economic Review*（Kanagawa University）No. 2（October 1994）.
島崎隆『エコマルクス主義』知泉書館, 2007年。
Tim Jackson and Nick Marks, *Measuring Sustainable Economic Welfare—A Pilot Index: 1950–*

1990, Stockholm: Stockholm Enviromental Institute, Published in Cooperation with the New Economics Foundation, London, 1994.

Ann-Mari Jansson ed., *Integration of Economy and Ecology: An Outlook for the Eighties*, Proceedings from the Wllenberg Symposia, 1984.

J. シュンペーター著，吉田昇三監修・金融経済研究所訳『景気循環論』全5冊，有斐閣，1958～1962年。

J. E. スティグリッツ著，楡井浩一訳『世界に格差をバラ撒いたグローバリズムを正す』徳間書店，2006年。

Kotaro Suzumura "Shigeto Tsuru, 1912-2006: Life, Work and Legacy", *European Journal of the History of Economic Thought*, Vol. 13, 2002.

関根友彦『経済学の方向転換』東信堂，1995年。

高島善哉『時代に挑む社会科学』(著作集第9巻) こぶし書房，1998年。

玉野井芳郎『科学文明の負荷』論創社，1957年。

玉野井芳郎『転換する経済学』東京大学出版会，1975年。

玉野井芳郎『エコノミーとエコロジー』みすず書房，1978年。

玉野井芳郎『市場志向からの脱出』ミネルヴァ書房，1979年。

玉野井芳郎『生命系のエコノミー』新評論，1982年。

John Talberth, Clifford Cobb and Noah Slattery, *The Genuine Progress Indicator: A Tool for Sustainable Development*, Redefining Progress, インターネット版 http://www.progress.org/publications/2007/GPI%202006.pdf（2008年11月16日付）。

都留重人編著『現代資本主義と公害』岩波書店，1968年。

都留重人『公害の政治経済学』岩波書店，1972年。

都留重人編『世界の公害地図』上・下，岩波新書，1977年。

都留重人「クオリティ・オブ・ライフ (QOL) の内容について」，『如水会会報』No.772（1994年8月）。

都留重人『科学的ヒューマニズムを求めて』新日本出版社，1998年。

Shigeto Tsuru, *The Political Economy of the Enviroment*, Athlone Press, 1999.

都留重人『21世紀日本への期待』岩波書店，2001年。

都留重人『体制変革の展望』新日本出版社，2003年。

都留重人『市場には心がない』岩波書店，2006年。

E. Herman Daly and John B. Cobb, Jr., *For the Common Good*, 2ed., Boston: Beacon Press, 1994.

H. E. デイリー著，新田功・蔵本忍・大森正之訳『持続可能な発展の経済学』みすず書房，2005年。

寺西俊一「公害・環境問題研究への一視角―いわゆる社会的費用論の批判と再構成をめぐって」，『一橋論叢』第90巻第4号（October 1983）。

寺西俊一「『社会的損失』問題と社会的費用論」，『一橋論叢』第91巻第5号（May 1984）。

寺西俊一『地球環境問題の政治経済学』東洋経済新報社，1992年。

長島誠一「現代資本主義の経済・社会・イデオロギー危機」,『東京経大学会誌』第149号（1987年1月）。

長島誠一『景気循環論』青木書店，1994年。

長島誠一『経済学原論』青木書店，1996年。

長島誠一「未完の社会科学―高島善哉の遺したものは何か」,『東京経大学会誌』第207号（1998年2月）。

長島誠一『戦後の日本資本主義』桜井書店，2001年。

長島誠一「生産力と生産関係とイデオロギー」,『東京経大学会誌』第227号（2002年1月）。

長島誠一「オコーナーの危機論」,『東京経大学会誌』第237号（2004年1月）。

長島誠一『経済と社会』桜井書店，2004年。

長島誠一（独占研究会）編『独占研究会40周年記念誌―『30年の歩み』・『40年の歩み』合併製本 1965年4月～2005年12月』2005年12月（非売品）。

長島誠一『現代の景気循環論』桜井書店，2006年。

長島誠一「『資本論』の現代化に向けて」,『東京経大学会誌』第258号（2008年3月）。

長島誠一『現代マルクス経済学』桜井書店，2008年。

長島誠一「成長の臨界点の可能性―GPI分析を中心として」,『東京経大学会誌』第262号（2009年3月）。

中野桂・吉川英治「Genuine Progress Indicator とその可能性」,『彦根論叢』第357号（2007年1月）。

除本理史『環境被害の責任と費用負担』有斐閣，2007年。

Paul Burkett, *Marx and Nature: A Red and Green Perspective*, NY; St. Martin's Press, 1999.

馬場宏二『富裕化と金融資本』ミネルヴァ書房，1986年。

馬場宏二『教育危機の経済学』御茶の水書房，1988年。

馬場宏二『新資本主義論』名古屋大学出版会，1997年。

広松渉『生態史観と唯物史観』講談社，1991年。

J. B. フォスター著，渡辺景子訳『マルクスのエコロジー』こぶし書房，2004年。

J. B. Foster and B. Clark, "Rachel Carson's Ecological Critique", *Monthly Review*, Vol. 59, No. 9, February 2008.

J. B. Foster, B. Clark and R. York, "Ecology: The Moment of Truth—An Introduction", *Monthly Review*, Vol. 60, No. 3, July-August 2008.

J. B. Foster, "Ecology and the Transition from Capitalism to Socialism", *Monthly Review*, Vol. 60, No. 6, November 2008.

J. B. Foster and R. W. McChesney, "A New New Deal under Obama?", *Monthly Review*, Vol. 60, No. 9, February 2009.

J. B. Foster and B. Clark, "The Paradox of Wealth: Capitalism and Ecological Destruction", *Monthly Review*, Vol. 61 No. 6, November 2009.

J. B. Foster, "The Vulnerable Planet: Fifteen Years Later", *Monthly Review*, Vol. 61, No. 7, December 2009.

J. B. Foster, "Why Ecological Revolution?", *Monthly Review*, Vol. 61, No. 8, January 2010.
福士正博「基本所得の意義――エコロジーの視点から」,『歴史と経済』第184号（2004年7月）
M. ブクチン著，藤堂麻理子・戸田清・萩原なつ子訳『エコロジーと社会』白水社，1996年．
藤井絢子『菜の花エコ革命』創森社，2004年。
Marc Breslow, "Is the U. S. Making Progress ?", *Dollars and Sense*, March/April 1996.
Marc Breslow, "Is the U. S Making Progress ?", *Dollars and Sense*, March/April 1996.
不破哲三『21世紀の世界と社会主義』新日本出版社，2006年。
不破哲三『いま世界は面白い』新日本出版社，2007年。
不破哲三『マルクスは生きている』平凡社新書，2009年。
K. ポラニー著，吉沢英成・野口建彦・長尾史郎・杉村芳美訳『大転換』東洋経済新報社，1975年。
R. Pollin, H. Garret-Peltier, J. Heintz and H. Scharber, *Green Recovery: A Program to Create Good Jobs and Start Building a Low-Carbon Economy*, Political Economy Research Institute (PERI), University of Massachusetts-Amherst, 2008.
Fred Magdoff and Michael D. Yates, "What Needs to Be Done: Socialist View", *Monthly Review*, Vol. 61 No. 8, January 2010.
G. マコーマック著，松居弘道・松村博訳『空虚な楽園――戦後日本の再検討』みすず書房，1998年。
M. Max-Neef, "Economic growth and quality of life: a threshold hypothesis", *Ecological Economics*, 15, 1995.
K. マルクス『経済学・哲学手稿』岩波文庫。
K. マルクス「1857-58年の経済学草稿Ⅰ」，翻訳委員会訳『マルクス 資本論草稿集』1，大月書店，1981年。
K. マルクス「1857-58年の経済学草稿Ⅱ」，翻訳委員会訳『マルクス 資本論草稿集』2，大月書店，1993年。
K. マルクス『経済学批判』国民文庫。
K. マルクス「経済学批判（1861-1863年草稿）Ⅱ」，翻訳訳委員会訳『マルクス 資本論草稿集』5，大月書店，1980年。
K. マルクス『資本論』第1巻，新日本出版社版，全4分冊（①～④）。
K. マルクス『資本論』第2巻，新日本出版社版，全3分冊（⑤～⑦）。
K. マルクス『資本論』第3巻，新日本出版社版，全6分冊（⑧～⑬）。
K. マルクス「フランスにおける内乱」（村田陽一訳），『マルクス・エンゲルス全集』第17巻，大月書店。
水岡不二雄「社会資本論の基本性格」,『経済学研究』（一橋大学）30（1989年）。
宮本憲一『社会資本論』有斐閣，1967年。
宮本憲一「地球環境を守るために」,『経済』1996年5月号。
宮本憲一『日本社会の可能性』岩波書店，2000年。

宮本憲一『維持可能な社会に向かって』岩波書店，2006年。
宮本憲一「都留重人先生と環境研究」，『学際』No.19。
宮本憲一『環境経済学（新版）』岩波書店，2007年。
Jason W. Moore, "Ecological Crises and the Agrarian Question in World-Historical Perspective", *Monthly Review*, Vol. 60, No. 6, November 2008.
村岡到『協議型社会主義の模索』社会評論，1999年。
村岡到『生存権・平等・エコロジー』白順社，2003年。
室田武『エネルギー経済とエコロジー』晃洋書房，2006年。
森岡孝二『貧困化するホワイトカラー』ちくま新書，2009年。
吉田文和『環境と技術の経済学』青木書店，1980年
渡辺雅男「技術論の反省」，『一橋大学研究年報 社会学研究』第24号（1986年）。
World Commission on Environment and Development, *Our Common Future*, Oxford University Press, 1987.

あとがき

　本書の冒頭において,「環境問題と貧困・失業は21世紀初頭の世界が直面している最大の課題である」とした。こうした現状認識は世界でも共有されていることがイギリスのBBC放送の国際世論調査によって報告されていた。2009年6～10月にかけて世界の2万5000人以上の人々への「世界で最も深刻な問題」という問いかけに対して,「極度の貧困」71%,「環境・汚染」64%,「食料・エネルギー価格の上昇」63%,「テロ・人権・感染症」59%,「気候変動」・「世界経済情勢」58%,「戦争」57%,という回答だった。また本書は,環境破壊の解決は資本主義の枠内では不可能であると結論づけたが,この国際世論調査（2009年11月）で「自由市場資本主義はうまくいっている」との回答は27ヵ国2万9000人以上のわずか11%にすぎず,4分の1近い23%が「自由市場資本主義」は「致命的な欠陥」を持っていると回答した。フランスでは43%,メキシコ38%,ブラジル35%,にのぼる。

　本書の基本的スタンスは,エコロジーと社会主義を結合（「婚約」）することにある。私の理想とする改革と社会主義についてはその概略を述べ（拙著『戦後の日本資本主義』第9・10章）,「緑の社会主義」構想は早くから持っていたが（森岡・杉浦・八木編『21世紀の経済社会を構想する』桜井書店,2001年,所収），本格的には論じてこなかった。しかし本来環境なるものは,人間が成長し成熟し老熟していく人生そのものにおける根本的な問題である。私の生活を振り返ってみても,自然環境,社会・教育環境,そして時代環境は決定的に自己形成過程に影響を与えてきた。私事にわたって恐縮であるが,敗戦による戦後民主主義教育は家庭・地域・学校での成長過程に絶大な影響を与えた。この3月に「古希を祝う同窓会」が開かれるが,福島県南部に一家をあげて「疎開」した私にとって,浅川町の社宅での共同生活や学校教育をともに送ってきた友人たちとの再会を楽しみにしている。浅川町の人たちは「疎開してきた東京人」を大切にしてくれた。この地方はのんびりとした田舎町であったが,自然環境は素晴らしかった。阿武隈山地に日の出を仰ぎ,那須連峰を眺望しながら野原で遊びあった後

で，八溝山系に沈む西日を惜しむ日々を過ごした。プールもない時代だったから，夏には阿武隈川の支流の社川で泳ぎ溺れかかったことも懐かしい想い出である。泳ぎに行くときは必ず味噌と塩を持っていったのは，お百姓さんたちが丹精して育てているキュウリやトマトを「食べる」ためであった。そういう食糧不足の時代でもあった。しかし心身ともに強くしてくれる自然環境でもあった。物資は不足していたが，自然に恵まれ心は豊かで，ハングリー精神が満ち溢れていた時代であった。学校での蝗採り・学校林の植林・稲刈り作業などの貴重な体験をすることもできた。隣の棚倉町にある東白川農商高校に進学したが，久慈川の源流地帯であり，進学校でもなかったから伸び伸びとした高校生活を送ることができた。

　幸いにも一橋大学に進学することができたが，最大の収穫は，学友でもあった嶋田由理子とめぐり合い結婚までできたことである。さまざまな経済学や社会科学を学ぶことができたが，エコロジーとの関係では人文地理関係や「環境経済学」関係の講義があった。『公害の政治経済学』の名著の都留重人教授の大学院講義では，「成長と発展の違い」とか「外部経済」と経済学との関連の話は新鮮であったが，本当の意義が今になって初めて理解できるようになった気がする。

　全国学園闘争も峠を起こした頃，私が関東学院大学に奉職したのを機会に，妻は祖父・鈴木六郎が創設し母の嶋田一枝が主宰する財団法人・嶋田学園を引き継ぐべく房総半島の大原町に帰った。私は学園林を案内されながら，下草を掃除し，水のはけ口を作り，苗を植え，草刈りをすることを理事長・六郎から直接教えてもらった。また10年以上育っている檜の木の下枝払いの作業をし，30年ぐらいに育った杉や檜の間伐作業も手伝ったりした。理事長の死後は，専門の山仕事をする人たちを「監督」しながら，「山の神を信仰しながら山仕事をする山師」たちから森林の成長過程についていろいろ教えてもらった。こうした意味では，林業におけるエコロジー問題を肌で学ぶことができたのは貴重な体験でもあったし，本書のようなものを子供たちの世代に遺しておきたいという思いが，執筆の私的な動機だった。由理子は会計学の研究と学園の運営と教育そして妻としての愛と家事・育児に充実した活動を開始したが，その生活は多忙を極め，かつ困難な「過重労働」であった。母親として子供を育てなが

らの研究・教育・経営の仕事を少しでも軽減しようとして，彼女たちは最初は無認可の「たんぽぽ保育園」を作り，町立の保育所に3歳未満児（乳幼児）保育所設置を求めて町議会や千葉県に陳情運動を起こしたが，1960年代後半・1970年代前半においては子供の成長は社会全体の責任であるとの認識が希薄であり，実現することができなかった。0歳児保育を最終的に引き受けてくれたのは，成田から移設してきた社会福祉法人「チルドレン・パラダイス」の子山保育園であった（『理により生きる』長島由理子遺稿集2）。その父母の会の副会長の仕事を引き受けざるをえなかったが，それがまた日頃の「過重労働」を増やしてしまった。少子高齢化時代を迎えて為政者たちはようやく社会的な育児制度や施設が必要不可欠であること，子供たちの育児は社会的責任であることを理解しはじめたのがこの日本の現状である。ジェンダー問題にようやく言及しはじめた私の書物を読んだら，あの世で微笑んでいるような気持がする。森林の重要性そして林業を自立した産業に建て直さなければならないことが，グローバルな環境破壊に直面してようやく政治的にも認識されはじめたことは，「遅すぎる」が歓迎すべきである。オバマ政権や鳩山政権が成立したことには一定の「期待」を持つが，とくに副総理を中心として計画されている「木材の国内自給率50％，雇用100万人創出」計画の動向に注目している。

　この間，私は関東学院大学で，研究・教育・組合活動をしていた。清水嘉治教授には公私にわたってご指導を受けたが，とくに精力的に仕事をしていた公害問題や環境問題になんらの協力もできなかったことは慚愧の至りである。それでも教授は，神奈川大学での「地域・日本・世界を考える研究会」における私の「エコロジカル社会主義」の報告（2009年10月1日）に対して，温かいアドヴァイスをしてくれた。また関東学院大学では高島善哉教授から親しくお話を聞くことができ，晩年の教授の「生産力の理論」や「生産力・生産関係・イデオロギー論」の本当の意図を知ることができた。全盲の教授から香る「時代に挑む社会科学者」の気概を想い出しながら，「唯物論の復活」なるだいそれたテーマを掲げてみた。また，ブンド系の学生運動から出発し環境問題にも実践的に取り組んでいた物理学者の河村隆二さんとの房総半島での交流は，私からエコロジー問題を忘れさせなかった。

　さて，本書の問題意識を簡単に説明しておこう。第1はすでに述べたように，

エコロジーと社会主義を「婚約」させる試みである。日本では先駆的な反公害運動がつづけられてきたし，その成果は環境問題を政治経済学から分析した『公害の政治経済学』(都留) や『環境経済学』(宮本憲一) などに結実しているが，ともすればエコロジーや環境経済学とマルクス経済学 (経済理論学会) とは交流が少なかった。この点では，アメリカ合衆国のマルクス主義者たちは異端の少数派であるが，エコロジーと社会主義なりマルクス主義を結合させようと努力している点 (エコロジカル社会主義ないしエコロジカル・マルクス主義) から学ぶべきであると考えた。J. オコーナー (James O'Connor) を中心として知りえた限りではあるが彼らの議論をなるべく紹介しようと試みた。第2は，環境問題を全面的に解明するためには，我々はマルクスやエンゲルスが提起した唯物史観 (弁証法的唯物論) を応用しなければならない。アメリカのエコロジカル・マルクス主義者たちも当然マルクスやエンゲルに帰りながら，彼らの未来社会論 (アソシエーション，社会的個人，「自由人の連合体」) こそエコロジー問題を正しく解決すると主張している。それと同時に我々は，マルクス＝エンゲルスが体系的には展開しなかった現代的課題を，彼らの方法を創造的に駆使しながら解明していかなければならない。エコロジー問題は従来から「広義の経済学」の課題とする構想があったように，エコロジーを全面的に政治経済学的に分析するためには経済学からエコロジー (自然) や人間・社会・文化の領域に入り込む覚悟が必要である。

　本書の構成は以下のようになる。序章では準備作業として，環境破壊の実態，環境経済学と唯物史観の到達点とこれからの課題を明確にしようとした。そして，エコロジストたちから「マルクスには固有のエコロジー論がない」と批判が出されているがそれは誤解であり，物質代謝論・母なる大地論・資本主義による労働力と土壌の破壊論があり，マルクス＝エンゲルスこそ環境経済学の先駆者である。もともと『資本論』体系を貫通する価値 (生産関係) 視点と使用価値 (生産力) 視点の統一視点こそ環境問題にも応用しなければならないし (素材の体制による包摂)，マルクスが展望した価値 (交換価値) から使用価値への転換，使用価値・社会的個人 (アソシエーション)・自由時間に立脚する社会の視点から現代資本主義をとらえなおす必要がある。マルクス＝エンゲルスが残した課題として，「生産力の理論化」(高島，オコーナー) やエコロジーと

社会主義の媒介項としての「中間システム」論（宮本）などがある（以上は第1章）。現代の危機は「システム統合の危機」としてシステム全体の危機として扱わなければならないが，環境問題もシステム全体の問題のなかで論じなければならない。そう扱うことによって，生産力や生産関係の内容が豊富になり，また両者の統一と対立関係も明確になる。また自然と文化は切り離すべきでなく，それを社会的労働によって結びつけようとするオコーナーの議論に注目した（第2章）。しかし資本主義経済では私的労働が直接的に支配し，労働者が搾取されている。資本主義は労働力と土地という生身の人間と母なる大地を商品化することによって，環境破壊を進めてきた。労働力と土地とそして社会（インフラ）を「資本の生産条件」としてとらえなおしたとき，生産条件には国家や市民社会が介入しているし，技術の資本主義的性格とその階級的機能を重視しなければならない（第3章）。さらに環境問題は資本蓄積のダイナミックな過程と関連づけて考察しなければならないし，環境破壊と過剰生産（過剰蓄積）は同じ資本蓄積過程の表裏である。オコーナーが資本蓄積・恐慌・不均等複合発展との関連において環境破壊を具体的に考察している点から学ぶと同時に，彼が提起する「資本主義の第一矛盾」（需要・実現の悪化）と「資本主義の第二矛盾」（生産条件の悪化）とは統合されなければならない（第4章）。エコロジカル社会主義を根拠づけるためには，そのための理論と運動を展開しなければならないことはいうまでもない。理論的問題としては，ポスト・マルクス主義批判の必要性，「旧社会主義」の批判的総括，フェミニズムやエコロジー運動などの新社会運動，「維持可能な社会」論，内発的発展論などと社会主義との結合の理論的可能性を追求しなければならない（第5章）。しかしグローバリゼーションの進展とともに国際的エコロジー運動は飛躍的に盛り上がり，環境運動は「コペルニクス的転換」を果たした。アメリカ合衆国と日本におけるエコロジー運動の現状分析（オコーナーと宮本）を踏まえながら，国際エコロジー社会主義を展望しなければならない。環境問題と貧困はともにグローバルな資本蓄積過程がもたらしているからである。オコーナーたちが，利潤原理に対してPreservation First! を対置し第5インターを提唱していることに注目していこう（第6章）。しかしエコ社会主義への道は多様でなければならない。第7章ではオコーナーが整理した伝統的社会主義とエコ社会主義との比較をコメント

し，私の見解も提起しておいた。

　最後になってしまったが，困難な出版事業にもかかわらず，今回も桜井書店・桜井香さんは快く本書の出版を引き受けてくれた。Green Recovery が提起されるような時代の変化を目撃しながら，私も桜井さんも編集工程が進むにつれてだんだんと熱意が上昇してきた。本書が「資本主義には致命的な欠陥があり，新しい社会システムへの変革を求める」理論と運動にいささかでも貢献するできることを期待して，創業10周年を乗り越えた桜井書店と桜井香さんに厚くお礼申しあげたい。なお，東京経済大学は2009年度国内研究員として私を研究に専念させてくれた。本書はその国内研究の成果であることを記して，大学に深謝したい。

2010年3月3日
上州の湯宿温泉・湯本館にて　長島誠一

長島誠一（ながしま せいいち）

東京経済大学教授
1941年，東京に生まれ，疎開先の福島で育つ。
1965年，一橋大学経済学部卒業，1970年，同大学院経済学研究科博士課程単位修得・満期退学。一橋大学助手，関東学院大学専任講師・助教授を経て，現職。
著書『独占資本主義の景気循環』新評論，1974年
　　『現代資本主義の循環と恐慌』岩波書店，1981年
　　『景気循環論』青木書店，1994年
　　『経済学原論』青木書店，1996年
　　『戦後の日本資本主義』桜井書店，2001年
　　『経済と社会』桜井書店，2004年
　　『現代の景気循環論（第2版）』桜井書店，2007年
　　『現代マルクス経済学』桜井書店，2008年
　　ほか

Mail seiichi@tku.ac.jp

エコロジカル・マルクス経済学
2010年4月5日　初　版

著　者　長島誠一
装幀者　加藤昌子
発行者　桜井　香
発行所　株式会社 桜井書店
　　　　東京都文京区本郷1丁目5-17 三洋ビル16
　　　　〒113-0033
　　　　電話　(03)5803-7353
　　　　Fax　(03)5803-7356
　　　　http://www.sakurai-shoten.com/
印刷所　株式会社 ミツワ
製本所　誠製本 株式会社

© 2010 Seiichi Nagashima

定価はカバー等に表示してあります。
本書の無断複写（コピー）は著作権法上
での例外を除き，禁じられています。
落丁本・乱丁本はお取り替えします。

ISBN978-4-921190-63-7　Printed in Japan

長島誠一著
現代マルクス経済学

『資本論』の経済学の現代化に取り組んだ挑戦的試み
A5判・定価3700円＋税

森岡孝二著
強欲資本主義の時代とその終焉

労働と生活に視点をすえて現代資本主義の現代性と多面性を分析
四六判・定価2800円＋税

福田泰雄著
コーポレート・グローバリゼーションと地域主権

多国籍巨大企業による「市場と制度」支配の実態に迫る現代帝国主義論
A5判・定価3400円＋税

鶴田満彦著
グローバル資本主義と日本経済

「100年に一度の危機」をどうみるか？ 理論的・実証的に分析する
四六判・定価2400円＋税

北村洋基著
現代社会経済学

マルクス『資本論』を大胆に現代化した経済学教科書
A5判・定価2200円＋税

一井　昭著
ポリティカル・エコノミー
『資本論』から現代へ

基礎理論から現代資本主義論までを体系的に叙述
A5判・定価2400円＋税

桜井書店
http://www.sakurai-shoten.com/